Burkhard G. Busch

Das professionelle 1x1
Aktive Kundenbindung

Cornelsen

Die Deutsche Bibliothek – CIP-Einheitsaufnahme

Busch, Burkhard G.:
Aktive Kundenbindung/Burkhard G. Busch. –
1. Aufl. – Berlin: Cornelsen, 1998
 (Das professionelle 1 x 1)
 ISBN 3-464-49041-6

Verlagsredaktion: Ralf Boden
Layout und technische Umsetzung: Theo Spangenberg, Neunkirchen
Umschlaggestaltung: Vera Bauer, Berlin

1. Auflage ✔   Druck 4 3 2   Jahr 01 2000

© 1998 Cornelsen Verlag, Berlin
Das Werk und seine Teile sind urheberrechtlich geschützt.
Jede Verwertung in anderen als den gesetzlich zugelassenen Fällen
bedarf deshalb der vorherigen schriftlichen Einwilligung des Verlages.

Druck: Lengericher Handelsdruckerei, Lengerich/Westfalen

ISBN 3-464-49041-6

Bestellnummer 490416

 gedruckt auf säurefreiem Papier, umweltschonend
hergestellt aus chlorfrei gebleichten Faserstoffen

Geleitwort

Brauchen wir in Unternehmen noch das klassische Marketingmix der vier Ps? Reichen »Product«, »Price«, »Place« und »Promotion« aus, um den vielfältigen Wünschen unserer Anspruchsgruppen effizient gerecht zu werden? Stellen aktuell diskutierte Konzepte wie »Relationship Marketing«, »Kundenbindungsmanagement« und »Clienting« inhaltlich neue Problemlösungsansätze dar?

»Clienting« als individualisiertes Zielgruppenmanagement (r)evolutioniert derzeit die klassische Marketingpraxis. Unternehmen müssen weg von undifferenzierten Kundengewinnungs- und -bindungsstrategien auf statischer, begrenzter Informationsbasis. Nicht Massenmarketing, sondern Individualmarketing ist gefragt, um den Herausforderungen am Markt erfolgreich zu begegnen und nachhaltige Wettbewerbsvorteile zu schaffen. Fertigungs-Know-how zu besitzen ist keine Überlebensgarantie mehr. Kundenerwartungen zu kennen aber ist Voraussetzung für Erfolg: Kundenerwartungen durch Leistung in Kundenbindung zu übertragen schafft langfristig verteidigungsfähige Wettbewerbsvorteile.

Das klassische absatzpolitische Instrumentarium wird außer Kraft gesetzt, wenn Dienstleistungen und Produkte individuellen Kundenbedürfnissen entsprechen sollen. »Clienting« ist ertragsorientiertes Kundenmanagement für heterogene Zielgruppenstrukturen und bedeutet Bedürfnisbefriedigung nach Maßgabe des Kundenwertes. Unternehmen dürfen nur dann in dauerhafte Kundenbeziehungen investieren, wenn sie ein kosteneffizientes Beziehungsmanagement aufbauen. Individualisierung der Kundenbeziehung in Massenmärkten: Es klingt wie Gegensatz, verheißt aber die höchsten Erfolgsaussichten.

Die vorliegende Publikation ist eine Einführung in die Grundkonzepte des Clienting bzw. Kundenbindungsmanagement. Sie richtet sich vor allem an Praktiker, die einen Querschnitt zentraler Fragen, Entscheidungstatbestände und Methoden der aktiven Kundenbindung suchen. Ich wünsche diesem Fachbuch eine Leserschaft, die intensiv das zukunftsorientierte Thema mit gestaltet.

März 1998

Hemjö Klein
Mitglied des Vorstandes
Deutsche Lufthansa AG

Inhaltsverzeichnis

Statt eines Vorwortes: Das Märchen von »Little Blue Village« 7

Einstimmung auf das Thema »Clienting und Kundenbindung« 16

1 **Nichts ist mehr, wie es war – Von der Dynamisierung der Turbulenzen** 24
1.1 Zehn Thesen zum Marketing der späten 90er-Jahre 31
1.1.1 *Die Rahmenbedingungen* ... 40
1.1.2 *Die Wertvorstellungen der Verbraucher/Endabnehmer* . 41
1.1.3 *Der allgemeine Wertewandel* 42
1.1.4 *Der multidimensionale Kunde* 43
1.1.5 *Das Zusammenwirken von neuen Marketing-Trends und soziokulturellen Trends* .. 43

2 **Exkurs in die Marketing-Theorie** 44
2.1 »USP« oder die Einmaligkeit Ihrer Verkaufsvoraussetzung . 44
2.2 »UCP« oder die Unverwechselbarkeit Ihrer Werbebotschaft . 49

3 **Völlig neues Denken in Sachen »Kunde«** 51
3.1 Stellen Sie sich individuell auf Ihre Kunden ein 51
3.2 Reden Sie ehrlich mit Ihren Kunden 56

4 **Vom Produktmanagement zum Kundenerfolgsmanagement** 61

5 **Vom Umgang mit Kunden: Exkurs in die Dialektik und Methodik von Clienting** ... 64
5.1 Sprechen Sie die Sprache Ihrer Kunden 66
5.2 Argumentieren Sie nicht mit Produktmerkmalen, sondern mit konkretem Kundennutzen. 69
5.2.1 *Führen Sie einen Nutzen-Workshop durch* .. 72
5.2.2 *Das Wortfeld Kundennutzen* 72
5.3 Aktivieren Sie die persönlichen Handlungsmotive Ihrer Kunden 73
5.4 Stellen Sie die richtigen Fragen richtig 77

6 **Von der Reklamationsannahme zum Beschwerdemanagement** 79
6.1 Die Rahmenbedingungen wirkungsvollen Beschwerdemanagements 82
  – Schaffen Sie die organisatorischen Voraussetzungen . 82
  – Ihre Mitarbeiter müssen fachlich und organisatorisch fit sein 85

- Nur zufriedene Mitarbeiter schaffen zufriedene Kunden. *86*
- Seien Sie Vorbild *88*

7 EMPFEHLUNGSMANAGEMENT – WAS MEINEN SIE, WEN IHR KUNDE ALLES KENNT? *93*

8 VON DER BETRIEBLICHEN DATENSAMMLUNG ZUM »KUNDENINFORMATIONSMANAGEMENT«. *97*

8.1 Was wissen Sie eigentlich über Ihre Kunden – und Ihre Mitarbeiter? *97*

8.1.1 VON DER INFORMATIONSSAMMLUNG ZUM SYSTEMISCHEN INFORMATIONSGEFÜGE *99*

8.1.2 DAS KORRELIEREN VON DATEN GIBT AUFSCHLUSS ÜBER DEN »KUNDENZUFRIEDENHEITSGRAD« *100*

8.1.3 WELCHE INFORMATIONEN BRINGEN SIE WEITER? *107*

8.1.4 WELCHE KORRELATIONEN BRINGEN SIE WEITER? *113*

8.1.5 CHECKLISTE ZUM THEMA KUNDENINFORMATIONSMANAGEMENT *116*

8.2 Welche Informationen würde ein böser Mitarbeiter bei Ihnen entwenden? *119*

9 ÜBERRASCHENDE ERFOLGE MIT MERCHANDISING, EVENT-MANAGEMENT UND AKTIONEN. *124*

9.1 Merchandising: Binden Sie Ihre Kunden durch Nebenprodukte *124*

9.2 Event-Marketing: Bieten Sie Ihren Kunden etwas *126*

10 MAL GANZ PRAKTISCH *132*

10.1 Clienting-Strategie am Beispiel einer kleineren Volksbank .. *132*

10.2 Clienting-Strategie am Beispiel eines Baubetriebes *148*

10.3 Clienting-Strategie am Beispiel eines regionalen Autohauses. *154*

10.4 Clienting-Strategie am Beispiel »Gastronomie« *160*

10.5 Clienting-Strategie am Beispiel einer Arztpraxis *163*

11 DAMIT SIE NICHTS VERGESSEN – CHECKLISTE FÜR ERFOLGREICHES CLIENTING – *165*

Weiterführende Literaturempfehlungen und Quellen . *178*

Verzeichnis wichtiger Fachausdrücke *179*

Stichwortverzeichnis *190*

DAS MÄRCHEN VON »LITTLE BLUE VILLAGE«

Statt eines Vorwortes:
Das Märchen von »Little Blue Village«

Wie alle Märchen beginnt auch dieses Märchen mit ...

... es war einmal eine Konferenz auf dem fernen Stern Drosa, vierhundert Lichtjahre entfernt von unserer Erde. Die Drosarianer nannten die Erde nicht Erde, sondern »Little Blue Village«. Vermutlich, weil die Erde so klein ist. Und weil die Erde von weitem ziemlich blau aussieht, wasserblau sozusagen. Die sechs Teilnehmer der Konferenz auf dem Planeten Drosa saßen an einem runden Tisch und schauten auf ein Modell von »Little Blue Village«.

»Die Erdenmenschen nennen das Globus ...«, sagte der Wortführer der Drosarianer wissend. Und dann:

»Wir waren vor einhundert Jahren zuletzt auf ›Little Blue Village‹, um nach dem Rechten zu sehen. Und nun soll einer von uns wieder hinüber – mal schauen, was sich so verändert hat.«

Derjenige, der mal wieder hinüber sollte, war ein kleiner Kerl mit metallglänzender, silbriger Haut – kaum drei Fuß groß. Der Kleine nickte und schaute auf den Globus. Die fünf anderen erklärten ihm ein paar wesentliche Dinge, die er wissen musste, vor der Reise.

»Also, das Wichtigste ist:
›Little Blue Village‹ ist furchtbar klein und zerbrechlich. Und die Erdenmenschen sind ein wirklich merkwürdiges Volk. Es gibt ein paar Stadtteile in diesem kleinen blauen Dorf. Zunächst die Stadtteile, die wir Altstadt nennen, Afrika, China, Ägypten und Kleinasien. Also, die Altstadt musst du dir unbedingt ansehen. Dort stand die Wiege der Erdenmenschen.

Dann haben wir hier, getrennt von ein paar Metern Wasser, einen neuen Stadtteil, der sehr jung ist. Den nennen die Erdenmenschen USA. Das ist so eine Art Freizeitpark der unbegrenzten Möglichkeiten. Und hier, mittendrin, das nennen die Menschen Europa ...«

Derjenige, der mal wieder hinüber sollte, schaute interessiert auf das kugelrunde Modell von »Little Blue Village«, um sich die winzigen Stadtteile einzuprägen, damit er sich zurechtfinden würde in »Little Blue Village«.

Das Märchen von »Little Blue Village«

Der Wortführer der Drosarianer erklärte:
»Als wir die letzte Reise machten, vor hundert Jahren, wurden uns auf ›Little Blue Village‹ merkwürdige Dinge berichtet. Die Herren Daimler und Benz werkelten damals an einem Wagen, der selbstständig über Land fahren sollte. Und Herr Otto entwickelte eine Maschine, die fossile Brennstoffe benötigte, um sich zu bewegen. Und ein Herr Robert Bosch baute damals für diese merkwürdigen Gefährte allerlei elektrisches Spielzeug. Damals bastelte Herr Siemens verrückte Sachen, um so genannte Häuser von innen her zu beleuchten. Und an Masten wurden glühende Glaskolben montiert, die die Straßen hell machen sollten. In den Kolben wurden Wolframfäden zum Glimmen gebracht. Das nannten die Bewohner von ›Little Blue Village‹ Licht machen.«

Die Zuhörer schüttelten verwundert und beeindruckt ihre metallglänzenden Köpfe und lachten. Wie niedlich und naiv das alles schien – gemessen am fortgeschrittenen High-Tech der Drosarianer.

Der Wortführer hob den Zeigefinger und erklärte:
»Und Universitäten haben die Erdianer auch. Eine der berühmtesten Universitäten lag direkt in einem Stadtteil, den die Erdmenschen ›Deutschland‹ nennen. Dort lehrten damals Herr Einstein, Herr Sauerbruch und Professor Max Planck. Die Deutschen bevölkern den merkwürdigsten Stadtteil des ›Little Blue Village‹. Deutschland, das war bei unserer damaligen Reise das Innovationszentrum von ›Little Blue Village‹. Nur Denker, Erfinder und Unternehmer lebten vor hundert Jahren in diesem Stadtteil. Die Bewohner aller anderen Stadtteile wollten unbedingt nur Produkte kaufen, auf denen ›Made in Germany‹ aufgedruckt stand. Das bedeutete so viel wie, ›In diesem Stadtteil gemacht‹, und das war damals so eine Art Qualitätsmerkmal, das alle anderen Stadtteile anerkannten.

Du musst bei deiner Reise unbedingt nachsehen, was daraus geworden ist und was die Herren Adam Opel und Otto Hahn so treiben.«

Der, der mal wieder hinüber sollte, zum Planeten »Little Blue Village«, um nachzusehen, was aus all den Innovationen und großen Ideen geworden war, hörte aufmerksam zu und notierte alles Gehörte und Gesehene in seinem Brain-Ram.

Das Märchen von »Little Blue Village«

So war der reisende Drosarianer gut gerüstet für alle Eventualitäten und machte sich schließlich auf den Weg.

Die Reise zum Planeten »Little Blue Village« dauerte kaum ein halbes Wimpernzucken. Er reiste mit einer Geschwindigkeit von Sol 12 und kam fast vor der Abreise an. Es war Pech, dass er den Landeort irgendwie unkorrekt gewählt hatte – er landete in einem Reisfeld im Stadtteil China und war pudelnass. Von den Kulturschätzen der vergangenen Jahrhunderte sah er wenig. Überall nur eintönige Hochhäuser, mit Wandzeitungen beklebte Mauern und eine Unmenge von Erdenmenschen, die wort- und lustlos auf metallenen Drahtrahmen mit Speichenrädern umherfuhren. Der Reisende erinnerte sich, dass man diese Vehikel »Fahrrad« nannte.

Er wanderte ein paar Meter weiter in den Stadtteil Japan und fand dort lärmende Hektik und Computercenter an Computercenter und überall diese selbst fahrenden Wagen, von denen der alte Drosarianer gesprochen hatte. »Autos« wurden die fahrenden Wagen genannt. Der Reisende von Drosa fragte nach dem Weg zum Stadtteil Deutschland, wo die Innovatoren sein sollten und all die Unternehmer und Denker.

Einige Bürger im Stadtteil Japan lachten ihn aus, als er nach dem Stadtteil Deutschland fragte: Denker? Innovatoren? Unternehmer? In Deutschland? Das sei lange her, wurde ihm erklärt. Wo er denn herkäme, der Kleine. Wohl von einem anderen Stern, was? Er sei wohl nicht so ganz auf dem Laufenden. Aber man wies ihm freundlich den Weg nach Westen. Es sei nicht weit. Dort sei Deutschland. Aber was er da wolle?

»Die Erfinder, die Denker und die Innovatoren besuchen«, sagte der kleine, metallisch glänzende Reisende und war etwas peinlich berührt, als die Japaner nur kicherten und nach Westen zeigten...

Der metallisch glänzende Kleine wanderte dennoch unbeirrt nach Westen und nach ein paar Schritten war er an den Alpen vorbei und am Rhein. Das war also Deutschland, das Land der Denker und Innovatoren, der Unternehmer und der Techniker.

Der Rhein, die Loreley und die liebliche Landschaft beeindruckten ihn sehr. Allerdings sahen die Denker und Unternehmer,

DAS MÄRCHEN VON »LITTLE BLUE VILLAGE«

die Innovatoren und Techniker anders aus, als man sie ihm geschildert hatte – ganz anders.

Er fragte einen deutschen Denker, der an ihm vorbeieilen wollte: »Sag mal, Denker, warum hast du solche Scheuklappen an, solche schwarzen? Wozu dienen die? Du siehst doch rechts und links gar nichts, oder?«

Der Denker meinte, er habe keine Zeit, er müsse zur Vorlesung in die Universität, und wollte weitereilen.

»Was ist eine Vorlesung ...?« fragte der Drosarianer.

»Eine Vorlesung, da liest jemand etwas vor. Der Vorleser steht vorne und die Hörer hören ihm zu.«

Der Drosarianer war beunruhigt: »Aber ihr seid doch Denker und nicht Hörer, oder...?«

»Wir sind Hörer und denken über das nach, was wir vom Vorleser gehört haben. Wir haben keine Zeit, über Eigenes nachzudenken.«

»Und wieso diese unpraktischen schwarzen Scheuklappen?«, wollte der Reisende wissen.

»Wir sind nun mal scheu. Außerdem brauchen wir Einsicht. Das heißt, wir haben alle *EINE SICHT* der Dinge: die Sicht des Vorlesers, über dessen Vorlesen wir nachdenken. Wir denken immer über das nach, was der Vorleser vordenkt.«

»Wie wärs denn mal mit Vordenken statt Nachdenken?«, fragte der Reisende.

Der mit den schwarzen Scheuklappen sah ihn verständnislos an und hastete weiter.

Der Drosarianer nahm sein Kommunikationsset und funkte eine E-Mail nach Drosa: »Deutschen Denker getroffen in der Altstadt von ›Little Blue Village‹. Ist Nachdenker, nicht Vordenker, und hat Scheuklappen. Der Denker lebt in der Einfalt und nicht in der Vielfalt wie bei uns. Er wurde in der Altstadt zwar als Unikat geboren, ist nun aber bereits eine Kopie aller anderen Nachdenker, die den Vorlesern das Vorgedachte nachdenken – Ende.«

Er fragte ein Mädchen mit blonden Haaren und schwarzen Scheuklappen nach den Unternehmern und Erfindern, wo denn die zu finden seien im Stadtteil Deutschland. Und wo

Das Märchen von »Little Blue Village«

man die so bemerkenswerten Waren kaufen könne, die Waren mit »Made in Germany« draufgedruckt.

»Es gibt sie nicht mehr«, sagte das Mädchen. »Und wenn es sie gibt, kommen sie aus anderen Stadtteilen. *BMWs* aus USA, *FORDS* aus Spanien, *GRUNDIG*-Produkte aus dem Stadtteil Japan, *VWs* aus dem Stadtteil Mexiko und USA, *PUMA* aus dem Stadtteil Taiwan. Aber kaufen können Sie die Waren hier in der Altstadt immer noch. Aber nur an 25 % der Wochenstunden sind die Verkaufsstellen offen. Die Verkaufsverbotsgesetze sind sehr streng. Wir nennen sie Ladenschlussgesetze. Wer sich nicht daran hält, mit dessen Laden ist Schluss.

Die Ladenbewacher, die wir ›Verkäufer‹ nennen, darf man niemals stören. Und Scheuklappen sollten Sie sich aufsetzen, mein Herr, und eine demutsvolle Haltung einnehmen, wenn Sie mit den Ladenbewachern reden. Manchmal drohen die Kunden den Ladenbewachern keck mit Kauf und Auftrag. Das ist das Schlimmste. Dann verstecken sich die Ladenbewacher hinter Pfeilern und Mauern und werden sehr böse.«

Der Reisende von Drosa sah das Mädchen mit den Scheuklappen lange an und fragte: »Wer fühlt sich hier eigentlich noch wohl, in der Altstadt?«

»Keiner«, sagte das Mädchen, »keiner außer den Rentnern.«

Der Reisende nickte. Der Marktplatz in der innovativen Altstadt Deutschland hatte wohl etwas an Attraktivität verloren.

Am Rande der Altstadt sah der Reisende Regale wie riesige Kaninchenställe. Über hundert Meter hoch. Ein Käfig neben dem anderen. Alles fein gestapelt. Er fragte das Mädchen, was es mit diesen Regalen auf sich hätte.

»Das sind die Verwaltungstürme der Innovatoren und Unternehmer. Da gibt es Stellen.«

»Was ist das, eine *STELLE*?«, wollte der Reisende wissen.

»In jedem großen Stall gibt es Stellen. Alle Angestellten sitzen auf ihren Stellen und machen das, wofür sie dressiert sind«, sagte das Mädchen mit den Scheuklappen.

»Wer dressiert die, die in den Ställen auf einer Stelle sitzen?«

Das Märchen von »Little Blue Village«

»Die Wächter«, sagte das Mädchen. »Die Wächter haben etwas größere Stellen in den Ställen. Und sie haben meistens Tücher vor den Löchern in ihren Käfigen. Das nennen wir Gardinen. Die Wächter nennen wir Chef. Bei den Chefs müssen die Stellenbesitzer sich an- und abmelden und die Zeit abrechnen lassen, die sie in den Ställen auf ihren Stellen sitzen. Nachdenken ist auf den Stellen erlaubt – Vordenken ist nicht erlaubt. Es ist alles verboten, was nicht ausdrücklich erlaubt ist«, sagte das Mädchen.

»Was produzieren die Menschen dort auf den Stellen…?«, wollte der Reisende wissen und deutete auf ein blau glänzendes, verglastes Regal in dem wohl sehr viele Stellen gestapelt sein mussten, weil es sehr, sehr hoch war.

»Betonschwimmwesten«, sagte das Mädchen.

Der Reisende von Drosa lachte. So einen Unfug gab es auf Drosa nicht.

»Betonschwimmwesten schwimmen nicht und retten keine Leben, sie saufen ab!«, sagte der Reisende.

»Das mag sein. Aber sie saufen alle gleichförmig und in der exakt gleichen Zeit ab. Sie sind zertifiziert nach DIN ISO 9002«, sagte das Mädchen.

»Aber das ist Irrsinn …«, sagte der Reisende.

»Nein, das ist der Stadtteil Deutschland. Hier fragt keiner, ob eine Norm in einen Sinn passt. Wir fragen, ob ein Un-Sinn in eine Norm passt. Durch diese Richtlinien richten wir alles aus. Dann kann keiner mehr etwas anrichten.«

»Aber das ist Irrsinn …«, sagte der Reisende wieder.

Plötzlich war das Mädchen weg. Sie musste in ihren Stall klettern, um ihre Stelle zu besetzen und nachzudenken, was der Wächter vordachte.

Der Reisende von Drosa sah sich um. Er fragte einen Mann ohne Scheuklappen:

»Hallo, Sie da, Sie haben gar keine Scheuklappen. Haben Sie keine Stelle in einem solchen Stall?«

»Nein«, sagte der Mann, »Ich habe keine Stelle. Ich mache nichts. Dazu braucht es keine Stelle. Fast fünf Millionen ehemalige Stellenbesitzer produzieren nichts.«

Das Märchen von »Little Blue Village«

Das muss eine große, innovative Firma sein, dachte der Reisende, wenn fünf Millionen Menschen das Produkt *Nichts* produzieren.

Er fragte: »An wen verkaufen Sie all das *Nichts*, welches die fünf Millionen produzieren? Und wie heißt diese große, innovative Firma, wo ein solches Massenprodukt hergestellt wird?«

Der Mann ohne Scheuklappen sagte: »Wir verkaufen es nicht. Wir bewahren es. Die Firma allerdings ist wahrlich groß, Fremder. Sie ist der größte Stellengeber im Stadtteil Deutschland, die Firma Strukturwandel. Sie wächst von Monat zu Monat, von Jahr zu Jahr.«

»Fein«, sagte der Reisende, »und dieses Produkt, dieses *Nichts*, das alle Nicht-Stellenbesitzer in der Firma Strukturwandel herstellen, wozu dient es, wozu ist es nutze? Und hat es einen Stempel ›Made in Germany‹«?

Der Mann ohne Scheuklappen nickte: »Es ist garantiert und exclusiv ›Made in Germany‹. Es ist das teuerste Produkt des 20. Jahrhunderts und zu rein gar nichts nutze.«

Das verstand der Reisende von Drosa nun wirklich nicht. Wähnte er sich doch bereits am Ziel. Dachte er doch, er habe »Made in Germany« gefunden.

Aber er war ein freundlicher Kerl und freute sich wirklich, dass es wenigstens fünf Millionen Menschen in diesem seltsamen Stadtteil gab, die in dem sicheren Bewusstsein leben konnten, dass ihre innovative Firma jeden Monat weiter wuchs und mehr *Nichts* produzierte. Besser jedenfalls als Scheuklappen zu tragen und in den Ställen eine Stelle zu haben, dachte der Mann von Drosa.

Er lief in einen Laden und sagte freundlich: »Bitte, Herr Warenbewacher, verkaufen Sie mir etwas *Nichts*, dieses Massenprodukt der Nicht-Stellenbesitzer, das mit ›Made in Germany‹ drauf, welches von fünf Millionen Menschen täglich produziert wird.«

Der Warenbewacher schaute sehr traurig drein, als er dem Fremden sagte: »Ich kann Ihnen nicht *Nichts* verkaufen. Dafür kann ich nichts verlangen.«

Der kleine Drosarianer verstand nicht – aber er war ein freundlicher kleiner Kerl und lächelte den Warenbewacher an. Der Warenbewacher tat ihm Leid.

Das Märchen von »Little Blue Village«

Es war 17.00 Uhr.

Tausende von Stellenbesitzern strömten aus ihren Ställen. Einige der Stellenbesitzer hatten Probleme, ihr gekrümmtes Rückgrat aufzurichten, und wankten buckelig über die Straßen.

»Wo geht ihr hin …?«, wollte der Reisende wissen. Er hielt einen vorbeieilenden Stellenbesitzer am Mantel fest. Aus trüben Augen glotzte der Stellenbesitzer den Reisenden entlang seiner Scheuklappen an.

»Ich gehe, um etwas zu unternehmen«, sagte der Mann mit den Scheuklappen.

Aha, dachte der Reisende. Also doch ein Unternehmer. Vielleicht sogar innovativ, dachte der Reisende.

»Was unternehmen Sie? Sind Sie Unternehmer?«

Der Blick des Mannes mit den Scheuklappen erhellte sich. Er nahm die Scheuklappen ab und lächelte:

»Tja, so könnte man eigentlich sagen. Jetzt sind wir Stellenbesitzer privat, nach 17.00 Uhr. Jetzt ist es erlaubt zu denken. Sogar Vordenken ist erlaubt, nicht nur Nachdenken. Ich bin Vordenker in meinem Kaninchenzuchtverein. Da macht Leistung noch richtig Spaß. Alle, die Sie hier sehen, unternehmen jetzt etwas, was sie im Unternehmen während der Stallzeit auf ihrer Stelle nicht unternehmen durften. Nach 17.00 Uhr gibt es hier Vielfalt und keine Einfalt wie vor 17.00 Uhr.«

Der Reisende aus Drosa nickte wissend. Er verstand langsam, in welcher Welt er sich befand. »Aber warum macht ihr das mit? Täglich in die Ställe auf eure Stelle kriechen, um euch von den Wächtern etwas vordenken zu lassen, das ihr dann nachdenkt. Warum entwickelt ihr erst nach 17.00 Uhr unternehmerische Vielfalt?«

»Es ist sicher auf den Stellen in den Käfigen der Ställe. Ich bekomme eine regelmäßige Fütterung. Wir können sicher sein, dass nichts passiert. Und vor allem schützt man uns vor dem Kunden. Es richtet keiner mehr etwas an – und keiner mehr etwas aus.«

»Wer bezahlt denn euer Futter, euer Gehalt?«, wollte der Reisende nun wissen.

»Der Chef«, erwiderte der Mann, »dafür hat der Chef ein Budget.«

Der Reisende von Drosa wurde jetzt zornig: »Aber wie zum Teufel sollen denn die Menschen wachsen und lernen, sich fit zu machen für die neuen Märkte des nächsten Jahrtausends, wenn ihr so auf euren Stellen in den Ställen wie im Zoo gehalten werdet? Irgendwann wird dieser Luxus doch zu teuer. Was ist dann?«

»Dann werden die zu teuren Menschen sozialverträglich abgebaut und produzieren dann NICHTS – so sind Ordnung, Disziplin und Sicherheit gewahrt«, sagte der Mann.

»Aber was ist mit Innovation und Unternehmertum?« Der Reisende war nun sehr aufgeregt.

»Das verlagern wir dann in andere Stadtteile, damit uns die Unruhe der besonders innovativen Vordenker nicht beim Nachdenken stört«, sagte der Mann.

Der Reisende sah sehr traurig aus, als er meinte: »Aber es muss doch irgendwo im Stadtteil Deutschland Unternehmen geben, wo man etwas ausrichten kann, weil nichts ausgerichtet ist, wo nichts gerade ist, aber alles gerade richtig, wo nichts gleichgewichtet wird, aber alles im Gleichgewicht ist, wo nichts angeordnet, aber alles in Ordnung ist...«.

»Sagen Sie mal, kommen Sie von einem anderen Stern?«, fragte da der Mann mit den schwarzen Scheuklappen.

Einstimmung auf das Thema
»Clienting und Kundenbindung«

Zunächst einmal möchte ich Ihnen eine Problematik nahe bringen, die mit unserem Thema nur mittelbar etwas zu tun hat. Immer wieder wird in diesem Buch von Menschen gesprochen, von Männern und Frauen.

Wie kann ich als Autor, ohne mich zu verzetteln oder zu wiederholen, durch meine Sprache deutlich machen, dass es mir grundsätzlich gleichermaßen um Männer und um Frauen geht, wenn da zum Beispiel von »Kunden« die Rede ist oder von dem »Verkäufer«, den ich dann im nächsten Satz »ihn« nenne.

Innerhalb der deutschen Sprache – sicher eine der reichsten und vielfältigsten, die unsere Welt zu bieten hat – ist es schwierig, aus dem Korsett der maskulinen Formulierungen auszubrechen.

Sehen Sie es mir also – liebe Leserin, lieber Leser – nach, wenn ich nicht durchgängig von Mitarbeitern und Mitarbeiterinnen spreche oder von Unternehmern und Unternehmerinnen. Gemeint sind gleichermaßen Männer wie Frauen. Sollte trotzdem hier und da der Eindruck entstehen, dass wieder einmal zu patriarchalisch geredet wird, ist das bestenfalls meiner persönlichen Unfähigkeit, niemals aber böser Absicht zuzuschreiben.

Ganz im Gegenteil halte ich Frauen in vielen Lebensbereichen für die leistungsfähigeren Menschen. Besonders gilt das für den Bereich der so genannten »sozialen Intelligenz« – das, was wir häufig auch laienhafter mit »Menschenkenntnis« bezeichnen. Und Clienting hat viel mit Menschen und Menschenkenntnis zu tun.

Wir sind bereits mitten im Thema – schon bemerkt?

Das, was ich Ihnen gerade zum Thema »männliche/weibliche Sprache« verkauft habe, ist erstens meine tatsächliche Haltung – zweitens ist es bereits »Clienting«. Ich habe die Leserinnen in den Mittelpunkt meiner Aussage gestellt – der Erfolg wird sein, dass die Leserinnen der Lektüre dieses Buches positiver gegenüberstehen werden, als wenn ich dies nicht getan hätte. Hier haben wir also gewissermaßen ein Beispiel für »Leserinnen-Clienting«.

Einstimmung auf das Thema

Es gibt sicher ganz unterschiedliche Motive, in ein Buch zu schauen, darin zu blättern oder zu lesen: zum Beispiel zur reinen Unterhaltung, zur Zerstreuung oder auch um zu lernen.

Was für ein Motiv haben Sie, um in diesem Buch zu lesen?

Warum Sie nun gerade in diesem Buch lesen, hat im Wesentlichen ein ganz bestimmtes Motiv:

Sie, die Leserin, der Leser, interessieren sich offenbar intensiv für das Thema »Kundenbeziehungen und Kundenbindung«.

Vielleicht, weil Sie Unternehmer sind oder im Studium etwas mit Marketing und Vertrieb zu tun haben. Oder weil Ihnen vor kurzer Zeit ein Kunde abhanden gekommen ist und Sie nicht so recht wissen, warum?

Vielleicht sind Sie auch Dienstleister, sind möglicherweise Allgemeinmediziner oder Rechtsanwalt und möchten nicht nur erstklassige Arbeit leisten – sondern auch hochzufriedene Patienten und Mandanten, also erstklassiges Praxismarketing? Wenn das so wäre, hätten Sie bereits ein hoch entwickeltes Problembewusstsein für unser Thema.

Sie haben bereits ein gewisses Problembewusstsein entwickelt...

Andere Unternehmer sind da noch nicht so weit. Sie werden von den Zwängen des Marktes erst zum Nachdenken gebracht – was dann häufig zu spät ist. Jedenfalls war es 1996 ca. 80.000 mal zu spät. So viele Einzelunternehmer, Freiberufler und kleine GmbHs sind nämlich am Markt erstickt. Die einen aus Nachlässigkeit, die anderen, weil sie glaubten, hofften und träumten – aber nichts taten. Da zitiere ich den Top-Managementtrainer und Psychologen Professor Rupert Lay, der sinngemäß in einem seiner bemerkenswerten Bücher zum Thema Management und Führung sagte:

> *Ein Unternehmer ist nicht etwa Opfer einer Situation – er ist vielmehr Ursache für die Probleme, die er hat.*

Der Markt- und Wettbewerbsdruck der späten 90er-Jahre bläst wie ein Nordseesturm gegen die kleineren und mittleren Betriebe und auch den ganz großen fliegt welkes Laub um die Ohren, siehe *SKET* in Magdeburg oder *Mercedes* oder *Grundig*.

Einstimmung auf das Thema

So wie ein Baum sich hoch elastisch im Sturm verhält, ebenso hoch elastisch muss in den späten 90ern der Unternehmer – sich nicht etwa dem Sturm beugen – sondern die Veränderungen und Turbulenzen in den Märkten annehmen und sorgfältig auf seine Unternehmensziele adaptieren.

Die neue Diskontinuität im Marketing

Dieses Buch kümmert sich daher um eine Art »neue Diskontinuität« im Marketing, die viele Marketing-Verantwortliche seit einiger Zeit bereits irgendwie spüren und erfühlen, aber nicht so recht in ein neues Marketing-Ordnungssystem einbringen können.

Unter »Diskontinuität« verstehe ich einen Trend, der sich im Wesentlichen durch eine Vielzahl von neuen Marketing-Unberechenbarkeiten darstellt. Simpel ausgedrückt:

Keiner weiß mehr so recht Bescheid, im Marketing

Keiner weiß mehr so recht Bescheid im Marketing. Regeln, die bisher kontinuierlich funktionierten, passen auf einmal nicht mehr in die Landschaft der Märkte. So mancher Unternehmer oder Manager hat heute das fade Gefühl, er sei irgendwo doch Amateur im Marketing – nicht etwa geblieben, sondern geworden.

Marketing-Amateure (ob gewordene oder gebliebene) machen in aller Regel amateurhaftes Marketing. Pfiffige Denker dagegen erledigen den Marketing-Job auch mit mehr Pfiffigkeit als die anderen.

»Glückstreffer« im Marketing sind selten geworden

Der große »Glückstreffer« im Marketing ist allerdings selten geworden in einer Zeit, in der wir das Wagenrad erstens nicht neu erfinden müssen und zweitens es auch gar nicht könnten.

Weil es nämlich kaum noch tatsächliche, brandneue Ideen und Strategien gibt.

Alles ist schon mal da gewesen

Alles am Markt ist meist irgendwie ein Arrangement der schon bekannten Melodien – oder eine Fusion aus drei oder vier guten Ideen im neuen Gewand. Das führt gelegentlich dazu, dass sogar die Kreativen der großen Agenturen ratlos vor einer Zielgruppe sitzen und nicht so recht wissen, was denn nun zu tun ist. Besonders dann, wenn der Auftraggeber der Werbeagentur, also der Hersteller oder Vertreiber eines Produktes oder der Anbieter einer Dienstleistung, an der Werbesuppe mitkochen will, was häufig der Fall ist.

Einstimmung auf das Thema

Ein Ausweg aus der neuen Ratlosigkeit der Marketing-Macher scheint das Erhöhen von Werbeetats zu sein, also immer mehr Werbegeld mit großen Gießkannen durch den Markt schütten. Bestenfalls verfügt man noch über die vage Annahme, dass dies etwas nützen könnte.

Wer nicht mehr weiter weiß, erhöht den Werbeetat

Die abgesicherte Gewissheit, dass Werbung letztendlich auch Umsatz, Absatz und Rendite des Unternehmes sichert, gehört inzwischen in das Reich der Märchen. Wenigstens hundert Beispiele fallen mir ein, wo Unternehmen in der jüngeren Vergangenheit wirklich hohe Werbeetats einfach in den Sand gesetzt haben, weil die Verantwortlichen im Unternehmen versuchten, mit Methoden von gestern Märkte von morgen sichern zu wollen.

> **DIE TRADITIONELLEN MARKETING-ORGANISATOREN MANAGEN PRODUKTE UND LEISTUNGEN UND HABEN NOCH NICHT SO RECHT VERSTANDEN, DASS SIE IN DEN SPÄTEN 90ERN UND NACH DER JAHRTAUSENDWENDE IHRE KUNDEN MANAGEN MÜSSEN – UND NICHT PRODUKTE UND LEISTUNGEN.**

Vom Produkt-Management zum Kunden-Management

Sorglos jedoch wird weiter an der traditionellen Marketing-Suppe gekocht. Dabei ist jede Art von Sorglosigkeit zum Tema Marketing durch nichts mehr zu begründen. Bestenfalls der Spruch »Es wird schon schief gehen« erlangt im Rahmen des altbackenen 80er-Jahre-Marketing einen neuen Wahrheitsgehalt:
TATSÄCHLICH, UND ES WIRD AUCH SCHIEF GEHEN!
(Das ist übrigens das einzige Ausrufungszeichen in diesem Buch.)

Die Fähigkeit, mit unserer Sprache präzise und dialektisch sauber das auszudrücken, was wir meinen, was wir ausdrücken wollen, ist seit allen Zeiten Anspruch der Marketing-Leute. Tausende von Textern in den Agenturen und Firmen beschäftigen sich mit Sprache und Gestaltung von Sprache.

Sprache und sprachliche Leistungsfähigkeit können aber auch ein Spiegel des gedanklichen Hintergrundes der jeweiligen Marketingwelt sein, in der diese oder jene Art Sprache verwandt wird. Nimmt man die Sprache vieler Marketing-Macher wörtlich, könnte man den Eindruck gewinnen, dass

Die Sprache vieler Marketing-Macher

EINSTIMMUNG AUF DAS THEMA

sie nicht auf der Seite des Kunden argumentieren, sondern vielmehr mit dem Kunden im Krieg stehen.

So spricht man immer noch von »Zielgruppen«; wörtlich genommen also Gruppen, auf die »gezielt« wird. So mancher Vertriebsleiter sitzt im Meeting und redet davon, wie man im Rahmen einer »Bombenkampagne« die richtigen Argumente »ins Feld« führt, um den engen Markt »anzugreifen«, »Terrain« zu gewinnen und den Kunden letztlich zu »knacken«. Erfolgreiche Vertreter stehen ganz oben wegen ihrer »Abschüsse«.

Was für ein bemerkenswert kriegerischer Unfug findet im Sprachvolumen des Marketing statt. Andersherum würde ein Schuh daraus. Weg mit dem Kriegerischen, weg mit aller Arroganz, hin zum »Kundenzufriedenheitsmanagement«.

Kundenzufriedenheitsmanagement: Marketing konsequent am Interesse des Kunden ausrichten

Aber wer tut das heute schon, sein Marketing konsequent vom Konsumenten her anzudenken und diesen dann auch noch in den Mittelpunkt all seiner Bemühungen zu stellen? Die Unternehmen, die im Ansatz verstanden haben, wo der Weg langgeht, sind noch in der exklusiven Minderzahl.

Allein der Kunde »stört«

Immer noch ist es in weiten Bereichen so, dass der Kunde eher störend wirkt – wenn der nicht da wäre, wie schön ließe sich zum Beispiel die Filiale einer Sparkasse managen.

RTL »Wie bitte?«: hohe Einschaltquoten mit dem Ärger von Kunden

Wie tief die Frustrationen der Kunden sitzen, zeigen uns die bemerkenswerten Einschaltquoten der Meckersendung »Wie bitte?« des Privatsenders RTL. In der Spitze liegen die Einschaltquoten bei über 6 Mio.; 4 Mio. bis 5 Mio. Zuschauer sehen die Sendung immer. In der Redaktion kommen täglich zwischen 700 und 1.100 Mitteilungen und Anfragen an. Alle haben etwas gemeinsam:

Die Absender sind verärgerte und unzufriedene oder gar geschädigte Kunden.

»Wenn wir uns einschalten«, so der RTL-»Wie bitte?«-Producer Klaus Dieter Langenstein, »stellen die Unternehmen plötzlich alles als peinliches Versehen dar. Dann überschlagen sich die Serviceabteilungen.«

Unsere Leidensfähigkeit als Kunde unterstützt schlechtes Marketing

Erstaunlich ist hier, wie viele Kunden widerspruchslos überhöhte Rechnungen zu zahlen und schlechten Service zu akzeptieren bereit sind. Die Leidensfähigkeit scheint den Bundesbürgern in die Wiege gelegt zu sein.

Einstimmung auf das Thema

Der Geschäftsführer für Deutschland eines führenden asiatischen Autobauers brachte dieses – offenbar spezifisch deutsche – Leidensproblem auf den Punkt. Anlässlich der internationalen Automobilausstellung IAA in Frankfurt fragte ein ZDF-Journalist den Topmanager:
»Sagen Sie mal, Herr X, warum kostet Ihr Auto Typ XY in der BRD etwa 45% mehr als in Japan bei deutlich schlechterer Ausstattung?« Dazu der Geschäftsführer lachend:
»Warum nicht – der deutsche Markt gibt's her ...!«

Gegenteile zu suchen, nämlich Betriebe, die wirklich gutes Clienting aktiv betreiben, das ist schon mühsamer. Ein Beispiel geht mir dazu nicht aus dem Kopf – da war ich wirklich begeistert:

HEWLETT PACKARD: ein Beispiel für pfiffiges Clienting

Ich drucke mit einem gar nicht so teuren Drucker von HEWLETT PACKARD. Sie vielleicht auch. Diese Drucker sind inzwischen so um die 300,– bis 400,– DM zu haben, im Versandhaus sogar noch preiswerter.

Mein Drucker druckte nicht mehr. Ich rappelte an allen Kabeln, drückte alle Knöpfe, lud den Treiber neu ...

Ich rief HP in Böblingen an, erhielt dort sofort eine Hotline-Nummer, meldete mich dort – und war fassungslos:
Am nächsten Morgen um 9.00 Uhr stand UPS vor meiner Türe und lieferte mir kostenlos einen nagelneuen Drucker gleichen Typs – nahm den alten mit – und fertig.

Völlig unbürokratisch, herzlich und freundlich bin ich von HP behandelt worden. Weder bin ich Großabnehmer noch neige ich dazu, ständig Drucker zu kaufen. Ich, der ganz kleine HP-Kunde mit seinem einsamen Drucker, werde behandelt wie ein König.

Schnelle, unbürokratische und herzliche Hilfe

Natürlich ist klar, welche Absicht hinter dieser Art von Clienting und Kundenbindung steht:

Ein nicht funktionierender Drucker verzehrt auch keine Tinte und der Absatz von Tintenpatronen ist ein nicht unwesentlicher Faktor für HP. Indem also defekte Hardware ausgetauscht wird, wird gleichzeitig der Abverkauf von Druckerpatronen forciert und der Kunde gebunden.

Wenn dies mit Mitteln des Clienting erfolgt, sind alle Beteiligten Nutzer dieser Aktivitäten. HP verdient Geld und sichert Arbeitsplätze, immerhin 70.000. Ich als Kunde bin

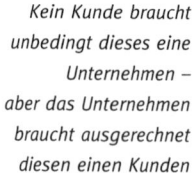

EINSTIMMUNG AUF DAS THEMA

hochzufrieden, empfehle allen Freunden und Ihnen *HP*-Drukker und verhalte mich markentreu. Ich werde niemals darauf kommen, mir einen anderen Drucker als *HP* zu kaufen – wegen dieses Clientings. Das nennt man Potenzialsicherung.

Kein Kunde braucht unbedingt dieses eine Unternehmen – aber das Unternehmen braucht ausgerechnet diesen einen Kunden

Bei HEWLETT PACKARD weiß man genau: Der Klient (der Kunde) diktiert das gesamte Geschehen am Druckermarkt der späten 90er-Jahre. Der Kampf um Marktanteile, die zunehmende Polarisierung des Marktes sind unerhört hart. Heute entscheidet sich, welcher Druckerhersteller am Markt bleibt und wer morgen verschwindet. Kein Klient braucht ausgerechnet HEWLETT PACKARD – HEWLETT PACKARD aber braucht unbedingt und ausgerechnet jeden einzelnen Klienten um Arbeitsplätze zu sichern und erfolgreich zu sein. Also haben die *HP*-Marketing-Leute sich etwas einfallen lassen. Kein Wunder eigentlich. Kommt das Marketing von *HP* doch aus der Clienting-Schmiede der amerikanischen Mutter.

HEWLETT PACKARD kann natürlich nicht verhindern, dass durch dieses großzügige Clienting ein paar ganz clevere Zeitgenossen sich regelmäßig – rein vorsorglich – neue Drucker beschaffen, indem sie einfach behaupten, ihr alter sei defekt. Damit kann *HP* leben. Solange die Tintenkartuschen laufen, ist der Markt jedenfalls gesichert.

Kooperatives Marketing zwischen zwei sich ergänzenden Produktlinien

Diese Art von kooperierendem Marketing zwischen zwei Produktlinien eines Unternehmens (im Beispiel: Tintenkartuschen und Drucker) ist geradezu prädestiniert, Clienting zu forcieren.

Sie werden noch viele Beispiele in diesem Buch zum Thema »Kundenbindung und Clienting« finden

Wir werden dieses Beispiel und andere in diesem Buch auf verschiedene Branchen adaptieren. Sie werden sehen, was da alles möglich ist, bis hin zum mittelständischen Bäckerbetrieb an der Ecke.

Ich denke, es ist nun schon ziemlich klar, was ich mit aktiver Kundenbindung – aktivem Clienting meine.

Tatsächlich noch ein Buch über Marketing?

Sie können sich sicher vorstellen, dass der Verlag und ich es mir gut überlegt haben, ob wir zusätzlich zu den vielen schon existierenden Marketing-Büchern noch eines veröffentlichen sollen. Wir haben es dennoch getan – und ganz bewusst getan.

Denn den Klienten, den Kunden, in allen seinen vielfältigen Beziehungsgeflechten zum Unternehmen, zu Mitbewerbern,

Einstimmung auf das Thema

zu unseren Mitarbeitern, zu seinen Mitarbeitern – diesen Klienten und seine Motive und Haltungen gesamtheitlich (neudeutsch könnte man sagen »systemisch«) erstens zu analysieren und zweitens zu verstehen – das ist allemal ein neues Buch wert.

So werden Sie also »Clienting«-Spezialist, wenn Sie das befolgen, was meine Kollegen und ich Ihnen in diesem Buch empfehlen. Sie werden dann fast automatisch auch »Kundenerfolgsspezialist« und »Kundenbindungsspezialist«.

Werden Sie »Kundenerfolgsspezialist« und »Kundenbindungsspezialist«

Ob der Arzt in seiner Praxis, der Handelsbetrieb in der Kleinstadt, der Heizungsbauer im Gewerbegebiet oder der Geschäftsführer einer Volksbank am Marktplatz, sie alle werden verstehen, dass alles in ihren Betrieben letztendlich mit dem Wohl und Wehe des Klienten, des Kunden, verknüpft ist.

Hätte der Kunde buchstäblich Tränen vor Begeisterung in den Augen, weil Ihr Unternehmen ihn in den zentralen Mittelpunkt seines Denkens und Handelns stellt – dann müsste alles gut gehen.

Setzen Sie den Kunden in den Mittelpunkt des Interesses

Insoweit werfen wir in diesem Buch einen Blick voraus, um zu sehen, wie die Marketing-Landschaften sich zukünftig gestalten werden, um dann zurückzukehren und uns ordentlich auf die Veränderungen einzustellen. Dann kann alles nur gut gehen.

Ich habe nicht geschrieben:
Dann kann nichts mehr schief gehen, haben Sie aufgepasst? Denn positives Denken ist eine der wesentlichen Voraussetzungen für professionelles Clienting und Kundenbindung.

Clienting hat auch etwas mit »positivem Denken« zu tun.

Wenn ich nun eben von meinen Kollegen sprach, dann möchte ich diesen an dieser Stelle herzlich für ihre Mitarbeit und ihre Recherchen danken, ganz besonders dem Marketing- und Clienting-Spezialisten Alfred Hölzner aus Erfurt.

Last but not least: Ohne die Geduld und Professionalität meines Fachbuchlektors Ralf Boden vom Cornelsen Verlag wäre dieses Buch nie entstanden. Danke für Ihr Engagement.

Ich wünsche Ihnen viel Erfolg beim Clienting-Training und Lust am Lesen.

März 1998 *Burkhard G. Busch*

1 Nichts ist mehr, wie es war – Von der Dynamisierung der Turbulenzen

Die Ausgangssituation in Deutschland

Wo kommen die Überlegungen zum neuen Marketing her?

Aus welchen Überlegungen, Erkenntnissen oder Entwicklungen heraus wird die Idee von der Notwendigkeit eines neuen, veränderten Vorgehens im Marketing der späten 90er-Jahre gespeist?

Wer denkt über so etwas nach?

Wo kommen die neuen Denkansätze her – und warum befolgt sie kaum ein Unternehmer, wenn die neuen Überlegungen denn doch bekannt sind?

Das sagt Roman Herzog zu dem Zustand unserer Republik

Der Präsident der Bundesrepublik Deutschland, Roman Herzog, brachte es auf den Punkt, als er im Herbst 1997 sagte, wir Bundesbürger seien bequem geworden, hätten uns an gewisse Standards gewöhnt, bemerkten nicht oder kaum, dass sich fast alles um uns herum verändere, wir hielten zu fest an Bewährtem und das, was wir für neu erklärten, wäre im Kern lediglich ein wenig neues Arrangement einer bereits bekannten Melodie.

Wir Deutschen müssten raus aus unseren Schlafanzügen, es müsse ein Ruck durch die Wirtschaft gehen, um Neues zuzulassen und um die Märkte innovativ anzugehen. Wir müssten, wenn wir an der sozialen Besserstellung in Europa teilhaben wollten, in vielen Bereichen umdenken, so Roman Herzog, von der Ausbildung unserer Kinder angefangen bis hin zur Denkweise von Unternehmen und besonders Unternehmern. Denn nur Unternehmer können etwas tun. Ein Unternehmen selbst ist lediglich der Rahmen des Handelns – denken und handeln muss der Unternehmer, ob in Leitungsfunktion angestellt, ob als Shareholder oder als Eigentümer.

Wir sind Weltmeister im Leisten – Dienstleistung aber bleibt auf der Strecke

Die Bundesrepublik Deutschland ist Weltmeister im Leisten – aber Dienstleistung am Kunden? Ernsthaftes Sichkümmern um den, der doch letztendlich unsere Brötchen bezahlt, der Kunde nämlich, dieses Kümmern bleibt in vielen Unternehmen weit auf der Strecke.

Wenn die Unternehmer und die in den Unternehmen Verantwortlichen das kurzfristig nicht verstehen, verpassen wir die Zukunft und konzentrieren uns auf die weiter zunehmenden Schwierigkeiten ewiggestriger Vorgehensweisen.

Nichts ist mehr, wie es war

Wir produzieren ein Produkt oder bieten eine Dienstleistung an – und haben in weiten Bereichen noch nicht richtig verstanden, dass da jemand ist, der diese Leistung bezahlen soll und auch will, der Kunde nämlich.

Nur der Kunde zahlt die Zeche

»Customer Care Management« in den USA

Wenn wir in die USA blicken, stellen wir fest, dass »Kundenkümmern« (Customer Care Management) bereits integraler Bestandteil eines jeden strategischen Marketing-Ansatzes ist, von AMERCAN AIRLINES bis hinunter zum Pizzabäcker in der Bronx.

»Customer Care Management« – in den USA etwas völlig Normales

In den USA, dem Mutterland des Dienstleistens, werden Service und »Kundenkümmern« schon lange ganz groß geschrieben. Statt Schuldzuweisungen und Gegenreden erwarten den Kunden ehrliches Interesse und viel Verständnis für sein Anliegen.

»Wie kann ich Ihnen helfen …?« ist nach »Wie geht es …?« die meistgestellte Frage in den USA. Für die typisch deutsche Begrifflichkeit »Nicht zuständig …« gibt es im amerikanischen Sprachgebauch nicht einmal eine Übersetzung. Der Begriff ist dort unbekannt.

Im Land der unbegrenzten Möglichkeiten werden alle Waren, die man im Supermarkt kauft, von einem freundlichen Mitarbeiter in eine Papiertüte gepackt und zum Auto des Kunden getragen – lächelnd. Ganze Heerscharen von Kurieren und Boten liefern Irish Stew, Pizza oder Chop Suey ohne alle Mehrkosten rund um die Uhr frei Haus. Die Händler haben nicht nur an sieben Tagen in der Woche geöffnet, sie tauschen beanstandete Waren ohne jeden Kommentar sofort um und geben die Dollars zurück.

Rund 74% aller Beschäftigten in den USA arbeiten in der Dienstleistung. Und das nicht nur in den – wie man sagt – Billigjobs. Es gibt auch viele Tätigkeiten, die in höher oder hoch bezahlten Dienstleistungsbereichen stattfinden.

74% aller Jobs in den USA finden im Rahmen der Dienstleistung statt

Und: Selbst wenn die eher sozial Schwachen den Wiedereinstieg in den US-amerikanischen Arbeitsmarkt zunächst über einen Niedriglohnjob im Rahmen der Dienstleistung finden, kann dies doch bald dazu führen, bald eine höher qualifizierte Tätigkeit zu erlangen.

Ein Low-Salery-Job ist besser als gar kein Job – und sicher besser als Sozialhilfe

Nichts ist mehr, wie es war

Arbeit vermittelt Zufriedenheit und stabilisiert das soziale Miteinander

Sämtliche vergleichenden Untersuchungen der Verantwortlichen, der Bundesanstalt für Arbeit, der Landesarbeitsämter, der Selbsthilfeorganisationen etc., lassen den Schluss zu, dass das amerikanische Modell der Wiedereingliederung von schwer vermittelbaren Arbeitslosen dem bundesdeutschen Modell überlegen ist. Allein die Tatsache, dass den Menschen hier eine echte Aufgabe gegeben wird, führt zur Stabilisierung von Selbstwertgefühl und sozialem Miteinander.

Das amerikanische Modell des konsequenten ersten Arbeitsmarktes ist nachdenkenswert

Wollen wir in der Bundesrepublik ernsthaft die Zahl der Arbeitslosen halbieren oder reduzieren, wird nichts anderes übrig bleiben als in gesamtwirtschaftlicher Anstrengung darüber nachzudenken, was »Dienst am Kunden leisten« wirklich bedeutet und wie sich die Dienstleistungslandschaft sinnvoller und erfolgreicher gestalten lässt.

Und deshalb werden wir wahrscheinlich mittel- und langfristig gesehen nicht am amerikanischen Modell vorbeikommen.

Dienstleistungswüste Deutschland

Dienstleistung bedeutet mehr als nur »verkaufen«

Dienstleistung bedeutet allerdings mehr als nur etwas zu »verkaufen«, nämlich Kundenzufriedenheit und Kundenerfolg zu produzieren.

Zum Beispiel: Wir Deutschen sind Weltmeister im Verreisen. 70% dieser Reisen, so die *TUI*, führen uns Deutsche ins Ausland. Die Umsätze der großen und kleinen Veranstalter sind seit 1990 im neuen, wiedervereinigten Deutschland um rund 71% angestiegen.

Dagegen sind die Zahlen der Touristen, die aus dem Ausland kommend uns besuchen möchten, seit 1990 um 13% gesunken – obwohl sich Deutschland nach der Wende erheblich vergrößert hat und solche bemerkenswerten Gegenden wie den Spreewald, die Seenplatten in Mecklenburg oder den wunderbaren Thüringer Wald in den Wettbewerb führen könnte.

In einer Ausgabe der amerikanischen Zeitschrift »Newsweek« hieß es: »The German Decease«, im Untertitel: »Servicewüste Deutschland«.

Es gibt keine Zeitschrift von Rang in dieser Welt, von »Newsweek« bis zur südafrikanischen »Aufgemerkt«, die nicht lachend unsere deutsche Larmoyanz bekrittelte, wenn es um das Thema »Kundenzufriedenheit/Kundenbindung/Dienstleistung« geht.

Wir selber halten insoweit dem Ausland einen wirklich lästigen Konkurrenten vom Hals: Deutschland.

Das Ausland lacht über unsere wettbewerbsrechtlichen Ungereimtheiten wie Ladenschlussgesetz und Sonntagsbackverbot und unsere Fähigkeit, daraus staatskrisenähnliche Zustände zu entwickeln.

Behörden in der Bundesrepublik arbeiten nicht etwa mit interaktiven Bürgerschaltern online für verschiedenste Amtsbereiche, nein. Die Bürokratie arbeitet in streng gegliederten Amtsbereichen und zementierten Strukturen, mit der Absonderlichkeit, dass Unternehmer tarifvertraglich bis zu einem Arbeitstag im Monat Arbeitszeit verfügbar machen müssen, um den Mitarbeitern Behördengänge zu ermöglichen. Das ist einmalig, weltweit.

In bester deutscher Tradition wird verwaltet und abgearbeitet

Aus dieser deutschen Tradition heraus, so die Hochschule in Berkley Kalifornien in einer Studie, resultiert zum großen Teil das deutsche Unverständnis für flexibles Reagieren am Markt, flexible Arbeitszeiten, flexible Löhne und so weiter und so weiter ...

Service, Kundenzufriedenheit, Kundenbindung, Tragfähigkeit der Austauschbeziehung zwischen Kunde und Unternehmen, stabile Kundenbeziehungen, Dienstleistung im eigentlichen Sinne – das Alles hat bei uns weder große gesellschaftspolitische Bedeutung noch gesellschaftliche Wertigkeit. Von der »Dienstleistungsgesellschaft« zu sprechen kommt vielen kaum über die Lippen. Man hat davon gehört, ja – aber man ist kaum Betroffener und Beteiligter.

»Kundenkümmern« hat offenbar keinen großen gesellschaftlichen Wert

Wer Service leistet, vergibt sich nichts

Wer Service leistet, wer bedient, ist nichts – wer sich bedienen lässt, ist alles. Und nicht einmal das können wir Deutschen ordentlich und mit Anstand, so sagen die Ausländer, die uns in ihren Heimatländern bedienen, und rümpfen die Nase über die »arroganten Deutschen«.

Der Service Leistende ist nichts – wer sich bedienen lässt, ist alles

Wer je in einem amerikanischen Restaurant erlebt hat, wie Kunde und Kellner auf gleicher gesellschaftlicher Ebene trotz

Nichts ist mehr, wie es war

höchst unterschiedlicher Herkunft miteinander kommunizieren, wie Trinkgeld zu einem festen Bezahlungsanspruch entwickelt worden ist, der sieht eher die Form des buckligen Versteckens des Trinkgeldes, wie wir sie in Deutschland kennen.

Stellen Sie Ihr Fahrzeug vor ein amerikanisches Mittelklassehotel: sofort sprintet ein freundlicher junger Mann herbei, bietet »Valet Parking« und fährt Ihr Fahrzeug wie selbstverständlich in den Keller oder um die Ecke. Die deutschen Manager und Unternehmer sind da eher gezwungen, die eigene Ehefrau oder Freundin in die Obhut des Portiers zu geben, weil wir selber parken müssen und unser Auto nicht einem Fremden anvertrauen wollen.

Kein Mensch kommt in den USA darauf, in stundenlanger Polierarbeit seinen Daimler oder ein anderes Fahrzeug der oberen Mittelklasse zu bohnern. Er ruft »Instant Car Clean« an und ist bereit, für die Dienstleistung zu zahlen.

Produkte sind alles – Menschen zählen wenig

»Wir sind ein merkwürdiges Volk und haben ein merkwürdiges Verständnis von Dienstleistung, wenn wir mit Freude Maschinen bedienen und Schraubenzieher drehen, aber jedes Lächeln gefriert, wenn es um das Bedienen von Menschen geht«, sagte Roman Herzog in Berlin im Oktober 1997.

Wir haben in der Bundesrepublik Deutschland keine »Kundenzufriedenheitskultur« und keine »Dienstleistungskultur«. Die Tugend des Kümmerns und des Dienens fehlt uns offenbar – wie auch die Fähigkeit, uns tatsächlich anständig bedienen zu lassen, das heißt »mit Anstand« Dienstleistung hinzunehmen, ohne den Dienst Leistenden zu diskriminieren.

Unsere Mentalitätslücke liegt in der eher einseitigen Orientierung und der eher einseitigen Konzentration auf Güterproduktion, Forschung und Politik.

Von der Industriegesellschaft zur Informationsgesellschaft

Zukünftig allerdings werden die »Softfacts« die »Hardfacts« schlagen. Die Fähigkeit, »kundendienlich« zu sein, die Fähigkeit, Kunden an uns zu »binden«, wird über Erfolg und Ertrag eines Unternehmens entscheiden.

Kundennutzen: »Customer Lifetime Value«

»Customer Lifetime Value« (des Kunden Lebensqualitätswert) wird die Bewertungsformel für Kundennutzen von mor-

28

gen. Einzig und allein der Kunde, seine Beziehung zu unserem Unternehmen, seine Sichtweise der Dinge, seine Bindung zu uns, sein Vertrauen in uns und seine Verlässlichkeit uns gegenüber bestimmen zukünftig unseren Unternehmenserfolg.

Es werden zukünftig immer mehr Menschen Dienste in Anspruch nehmen, Service erledigen lassen.

Der Trendbruch von der Industriegesellschaft zur Informationsgesellschaft hat längst stattgefunden – auch im mittelständischen Bereich bis hin zum Kleinbetrieb. Nicht die Produktionsanlagen, nicht die Technik, nicht das Herumwerkeln bestimmen den Erfolg, sondern Informationsvorsprünge.

Der Trendbruch hat längst stattgefunden

Nur dasjenige Unternehmen wird langfristig am Markt überleben können, welches sein Potenzial am besten im Sinne des Kundennutzens einsetzen kann – und hier ist nicht die Rede vom Preis einer Leistung, sondern von der Art und Weise, wie wir diese Leistung an Mann und Frau und Kind bringen.

Das Vorteilsdenken des Unternehmens muss in Vorteilshandeln für den Kunden umgesetzt werden.

Der Blick in das nächste Jahrtausend zeigt eine globale Wirtschaft – die Welt wird »Global Village« werden. Drei Industrien werden die Märkte beherrschen:

Denken in der Dimension von »Global Village«

1. die Informationstechnologie,
2. die Telekommunikation,
3. der Tourismus in vielfältiger Form.

Es wird keine regionalen Märkte mehr geben, wenn seit dem 1.1.1998 zum Beispiel der portugiesische Dachdecker in Köln die Grundschule deckt und die Märkte zukünftig letztendlich völlig offen sein werden.

Es wird auch für den Mittelständler mittelfristig (vielleicht sogar bereits kurzfristig) keine aufgeteilte Welt mehr geben, keine regionalen Kunden, keine regionalen Handelsbeziehungen.

Nichts ist mehr, wie es war

Wir subventionieren nicht zukunftsträchtige Branchen und unterstützen Zukunftsbranchen zu wenig

Viele Milliarden Mark zahlt der Bund jährlich als Subvention für die marode Steinkohlenindustrie. Jeder Arbeitsplatz dieser Branche wird mit hohen Summen jährlich unterstützt – ohne dass für die unterstützten Arbeitnehmer damit so etwas wie eine garantierte Sicherheit des Arbeitsplatzes verbunden wäre.

Demgegenüber arbeitet inzwischen in den Call-Centern in der Bundesrepublik, von *QUELLE* über die *LUFTHANSA* bis hin zu *FIELMANN* und *TELEGATE*, die dreifache Anzahl von Beschäftigten – und keinerlei Subventionen sind nötig, um diese Menge von Arbeitsplätzen zu sichern.

Marketing-Master-Plan

Wir benötigen in der Bundesrepublik Deutschland so eine Art Marketing-Master-Plan, um die wesentlichen Eckpunkte des neuen Marketing abzustecken und für mehr Menschen verstehbar zu machen.

Eckpunkte eines Marketing-Master-Plans

Dies wären die Eckpunkte eines solchen Master-Plans:

1. Die Zeiten sind vorbei, wo Wissen Macht war. Zum ersten Mal seit Gutenberg ist »Wissen« einfach nur verfügbar – man muss es nur abrufen.

2. Innovationsfeindlichkeit und Handlungsblockaden müssen abgebaut werden – zu Gunsten innovativen Handelns und klarer Zielorientiertheit.

3. Fertigungs-Know-how ist out und selbstverständlich. Rein technisches Know-how ist out und ebenfalls selbstverständlich.
Darüber muss keiner mehr ein Wort verlieren.
Gewinnen wird nur der Unternehmer, der neben diesen Selbstverständlichkeiten Informationsvorsprung am besten umsetzt, der seine Kunden am besten kennt, am schnellsten reagiert und »Kundenerfolg« verkauft.

Solange die Qualität von Produkten schon allein durch die Zertifizierung mit DIN ISO 9000 oder 9002 abgesichert zu sein scheint, erliegen wir leicht der Gefahr, dass wir gewissermaßen nur Betonschwimmwesten zertifizieren und so im übertragenen Sinne lediglich sicherstellen, dass sie alle gleichförmig schnell absaufen.

Den Kern der Sache, nämlich sehr individuelle Lösungen zu bauen und etwas weniger auf die Zertifizierung zu achten, aber dafür wirklich erstklassige, für den Kunden und nicht für die Norm maßgeschneiderte Leistung abzuliefern, das haben wir noch nicht so recht verstanden.

Wenn unser Marketing stirbt, dann ordentlich, bürokratisch und zertifiziert

1.1 Zehn Thesen zum Marketing der späten 90er-Jahre

Nicht nur die Universitäten rund um den Globus machen sich Gedanken um das neue Marketing. Auch die Politik und gesellschaftliche Gruppierungen strengen vielfältige Überlegungen zu neuen, besseren Strategien an.

Thesen zum neuen Marketing

Nicht alles, was von den nationalen und internationalen Hochschulen und Universitäten kommt, ist allerdings auch dem mittelständischen Unternehmer dienlich – aber einiges, wenn man es richtig zu interpretieren versteht, ist wirklich sehr, sehr brauchbar.

Über den Tellerrand schauen

Es ist die Eigenart des Tagesgeschäfts eines mittelständischen Unternehmers oder Handwerksbetriebes, dass man selten in den abstrakten Wissenschaftstürmen herumstöbert – eher konzentriert sich der Verantwortliche im Unternehmen auf die täglichen, sehr bodenständigen Dinge, wie Disposition der Mitarbeiter im Baubetrieb, Kümmern um Abwicklung und Beschaffung von Materialien und so weiter. Der Rest der Zeit geht dann mit endloser Buchhalterei weiter und bis in die Nacht hinein füllt der Unternehmer all die Formulare aus: Die Formulare der statistischen Landesämter, der Berufsgenossenschaften, der IHKs und Handwerkskammern.

Das Tagesgeschäft, das Tagesgeschäft ...

Natürlich ist die Zeit da knapp, um über neues Marketing nachzudenken.

Wir kümmern uns in diesem Buch allerdings um etwas anderes, nicht um das Abverwalten und Formularausfüllen: nämlich um neue Marketing-Strategien, um Trends, um die aktive Kundenbindung mittelständischer Unternehmen.

Und dazu gehört, sich die Märkte und Entwicklungen der späten 90er-Jahre zunächst einmal anzuschauen, um sie zu verstehen. Dazu zehn Thesen, wie die Märkte zukünftig aussehen werden.

Marketing-These 1:
DIE DYNAMISIERUNG VON TURBULENZEN

10 Thesen zur zukünftigen Entwicklung der Märkte

Die Stabilität von Märkten und Teilmärkten wird immer geringer. Auf kaum eine Prognose kann man sich mehr verlassen. Die festen Elemente von Märkten und Käufergruppen lösen sich zunehmend auf. Die Daten und Berechnungen der Research-Institute sind kaum noch aktuell, wenn sie als Studie vorliegen.

Feste Elemente lösen sich auf

Wenn man zum Beispiel bisher davon ausgehen konnte, dass eine ziemlich klar definierte Gruppe von Kunden die Leistungen einer Schreinerei in Anspruch genommen hat, stimmt diese Definition heute nicht mal mehr im Ansatz:

Möbelhäuser, Mitnahmemärkte, Bauunternehmen, Fertighaushersteller, Baumärkte, alle mischen in dem angestammten Markt des Schreinermeisters mit, bis hin zu Billiganbietern aus den nahen östlichen Staaten.

Das Gleiche gilt für die Handelsbetriebe. Kaum eine Kundengruppe ist noch stabil planbar und in Bezug auf Ihre Umsätze und Wünsche prognostizierbar. Durch diese Turbulenzen im Rahmen der Zielgruppendefinitionen entstehen beim Unternehmer neue Unsicherheiten.

WENN DAS MARKETING BISHER ÜBER JAHRE HINWEG EINE GEWISSE KONTINUITÄT HATTE, WIRD IN DEN SPÄTEN 90ER-JAHREN DIE DISKONTINUITÄT ZUR REGEL.

Marketing-These 2:
DAS UMFELD UND DAS UNTERNEHMEN VERMISCHEN UND VERMASCHEN SICH

Aufträge kommen mehr und mehr nur noch nach dem Prinzip »Gibst du mir, geb ich dir …«.

Nicht planbare persönliche Kontakte und Beziehungsgeflechte, besonders bei der Vergabe öffentlicher Aufträge, bevorzugen den einen und benachteiligen den anderen Unternehmer.

Unternehmen werden zukünftig an anderen Werten gemessen

Unternehmen werden zukünftig viel mehr an Aktivitäten gemessen, die mit ihren ursächlichen Produkten und Leistungen wenig zu tun haben. Unternehmer sein wird zukünftig auch viel mit sozialer Verantwortung und regionaler Verantwortung zu tun haben. Die Umfelder des Unternehmens, die Stadt, der Landkreis, die soziale Struktur der Bevölkerung, die ökologisch-ökonomischen Eingrenzungen werden erhebliche Einflüsse auf Entscheidungen der Unternehmen haben.

> *FÜR UNTERNEHMEN WIRD ES IMMER WENIGER UM PRODUKTE UND LEISTUNGEN GEHEN, ABER IMMER UM MENSCHEN UND DEREN LEBENSQUALITÄT.*

Marketing-These 3:
DIE SEHNSUCHT NACH GLAUBWÜRDIGKEIT

Immer mehr Gruppen und Grüppchen in der Gesellschaft rufen nach einer neuen Definition von Glaubwürdigkeit.

Wenn auch die einzelnen Gruppierungen, von den politischen Parteien angefangen über die Standesvereinigungen der Anwälte und Ärzte bis hin zu den Kammern und Bundesverbänden, das auch nicht so konkret formulieren:

Keiner glaubt mehr dem anderen

Kaum einer glaubt mehr dem anderen.

Das führt zu einer Marketing-Kultur, die mit der so hoch gelobten ehemaligen ehrlichen hanseatischen Kaufmannskultur nichts, aber auch gar nichts mehr gemeinsam hat. Lug und Trug scheint zum normalen, begleitenden Element in unserer so dynamischen Industriegesellschaft zu werden.

Die Bürger zum Beispiel glauben nicht den Politikern, die Politiker nicht den Wirtschaftsbossen, die Kunden nicht den Verkäufern, die Endverbraucher nicht der Werbung etc.

Dieser »Lug-und-Trug-Trend«, von der Schneider-Pleite, der Milliardenpleite des japanischen Brokerhauses im November 97, bis hin zur geplanten Wahllüge politischer Parteien und der gezielt gelogenen Werbebotschaft einer Werbeagentur, gehört offenbar zum Repertoire des Marketing der späten 90er-Jahre.

> *DIE KUNDEN WOLLEN UNTERNEHMEN, DEM UNTERNEHMENSUMFELD, DEN PRODUKTEN UND DIENSTLEISTUNGEN WIEDER VERTRAUEN KÖNNEN.*

Nichts ist mehr, wie es war

Marketing-These 4:
Ein stark zunehmender gesellschaftlicher »Gaia-Trend«

Der griechische Begriff »Gaia« bedeutet »Erde«. Insoweit haben wir es hier mit einem »Erdtrend« zu tun. Das heißt, das Verhältnis unserer Gesellschaft zu Ökologie und Umweltschutz wird sich in den späten 90er-Jahren global und national neu ordnen. Ganz besonders werden die nachwachsenden Generationen, bereits schon unsere Kinder, »Konsumieren« und »Marketing« völlig neu definieren. Schon heute sind archaische Verbrauchertrends bei vielen jüngeren Konsumenten mit höherer Bildung zu entdecken:

Für viele kritische jüngere Konsumenten ist Konsum längst nicht mehr alles

Konsum ist nicht alles, kaufe weniger, dafür aber besser, lass dich nicht »bescheißen«, lehne Unternehmen ab, die unmoralisch oder ökologisch bedenklich arbeiten.

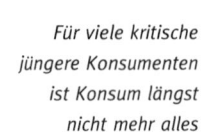

Es gibt keine verlässlichen Informationen über den Zustand unseres Ökosystems

Die Menschen »ahnen« irgendwie, dass es keine wirklich verlässlichen Informationsquellen mehr gibt, die uns Auskunft über den tatsächlichen Zustand unseres Ökosystems und den tatsächlichen Handlungsbedarf im Hinblick auf ökologisches und umweltschützendes Handeln liefern.

Die Industrie argumentiert aus ihrer Sicht, die Politik aus deren Sichtweise, *Greenpeace* und *Robin Wood* ebenfalls aus ihrer Ecke heraus. Weder die eine noch die andere Pressemitteilung hat einen relevanten Wahrheitsgehalt. Man ahnt, dass die tatsächlichen Wahrheiten häufig in der Mitte liegen und nicht in den nach außen formulierten polarisierenden Haltungen.

Das bisher vorherrschende weitgehend passive Verhalten der einzelnen Gruppen unserer Gesellschaft, der Staatsbürger und Verbraucher, wird sich zunehmend in ein aktives Fordern nach ökologischer und moralischer Glaubwürdigkeit wandeln. Die Verbraucher verstehen, dass sich ökonomisches, Gewinn maximierendes Handeln grundsätzlich nicht so einfach mit ökologischem Handeln vereinbaren lässt.

Das bedeutet für die Unternehmen:

Ehrliches, auf ökologische Nachhaltigkeit gerichtetes Auftreten und -Handeln werden zu tragenden Säulen unternehmerischen Handelns werden.

Marketing-These 5:
DIE GESELLSCHAFT ATOMISIERT SICH

Der allgemeine Werte- und Bedeutungswandel hat wenig allgemein verbindliche Normen oder eindeutige Rollenvorschriften hinterlassen.

Die bisher lebenslang gültigen Lebensstilkriterien wechseln immer schneller. Wir leben mit den so genannten »Konfetti-Generationen«. Kleinste Gruppierungen entwickeln ihr Rollenverhalten und ihre Gruppennormen, von den Yuppies über die Dinkys, von den Jungen Alten bis zu den Marketing-Verweigerern.

Überkommene soziokulturelle Systeme greifen nicht mehr

> DIE GESELLSCHAFT TEILT SICH IN IMMER KLEINERE, SITUATIVE EINHEITEN, DIE IMMER (AUF)DRINGLICHER IHRE UNTERSCHIEDLICHKEIT NACH AUSSEN FORMULIEREN UND NACH BEFRIEDIGUNG IHRER SPEZIFISCHEN BEDÜRFNISSE RUFEN.

Marketing-These 6:
»LEBENDIGKEIT UND ERLEBNIS« WIRD ZUR ZENTRALEN MARKETING-FORDERUNG

Durch die zunehmende »Echtzeit«-Informationsgesellschaft bestimmen auch Telekommunikation und Internet, Telearbeit und E-Mail die zukünftigen Wertvorstellungen der Verbraucher.

Das bedeutet, dass die Sehnsucht nach stetiger Bewegung und Veränderung, nach Lebendigkeit und Erlebnis zunimmt. Dieser Lebendigkeits- und Erlebnistrend findet sich in allen gesellschaftlichen Altersgruppen und sozialen Schichtungen wieder.

Nur das Erlebnis zählt

Beziehungen in Partnerschaften haben ihre Lebensdauer dramatisch reduziert, die Partnerbeziehung »auf Zeit« ist zwar nicht geplant, aber bereits Realität. 78% aller bundesdeutschen Paarbeziehungen scheitern innerhalb von 5 Jahren, 51% überleben nicht die 3-Jahres-Grenze. Das ist auch ein Ausdruck dieser rastlosen Sehnsucht nach ständiger Bewegung, nach ständig Neuem.

Zu sehen ist dies auch ganz besonders deutlich im Sportbereich und im Bereich der Gastronomie. Man geht nicht mehr zum Essen, um zu essen, sondern um ein »Ess-Erlebnis« zu haben. Man fährt nicht mehr in Urlaub, um zu entspannen, es muss etwas »passieren« im Urlaub. Man geht nicht mehr einkaufen, um Waren für den täglichen Bedarf zu beschaffen – man geht in den Saale-Park, in die glitzernde und aktive Einkaufs-Erlebnis-Welt der größten Abverkaufsfläche Europas.

> KONSUM IST NICHT LÄNGER NUR MITTEL ZUM ZWECK DES PRODUKTERWERBS ODER DER INANSPRUCHNAHME EINER DIENSTLEISTUNG, SONDERN DER KONSUMPROZESS SOLL SELBER ZUM ERLEBNIS WERDEN.

Marketing-These 7:
LEBENSQUALITÄT IST GEFORDERT

Immer mehr Verbraucher entscheiden – nicht zuletzt auch auf Grund der Sehnsucht nach ständig Neuem – nach dem Regelwerk:

Die Steigerung von Lebensqualität wird zum Leitwert des Konsumverhaltens

Was ist mir das Angebot im Moment wert, wie viel Lebensqualität »mehr« erlange ich durch das Angebot?

Die Angebotskompetenz der Anbieter wird dadurch reduziert, dass der Anbieter auf die spezifischen Auslegungen von »Lebensqualität« kaum mehr Einfluss nehmen kann.

Der relative, messbare Produktvorteil muss mit weiteren informellen, immateriellen Qualitäten gefüllt werden.

> DIE »SOFTWARE« VON ANGEBOTEN (DIE WERTE-AURA) WIRD ZUNEHMEND WICHTIGER ALS DIE »HARDWARE« DES ANGEBOTES (DIE TATSÄCHLICHE PRODUKT- ODER QUALITÄTSLEISTUNG).

Marketing-These 8:
HIGH-TECH UND HIGH-TOUCH FUSIONIEREN

In unserer exponentiell wachsenden Informationsgesellschaft verbinden sich High-tech (Hochtechnologie) und Hightouch (hohe emotionale Nähe, Beteiligtsein an den Dingen des Lebens).

Zehn Thesen zum Marketing der späten 90er-Jahre

Die Verbraucher (die Menschen schlechtweg) wollen immer mehr Erlebnis, mehr Lebensqualität, geplante Geselligkeit, emotionale Nähe und Wärme. Das Schwergewicht liegt hier auf der Aussage »GEPLANTE Geselligkeit und GEPLANTE emotionale Nähe«.

Wunsch nach Involvement und hoher Emotionalität in der Echtzeit-Gesellschaft

Durch die grundsätzlich zunehmende emotionale Distanzierung der Menschen voneinander, die immer weiter zunehmende Zahl der Einpersonen Haushalte, die stärker werdende Vereinsamung wird der Weg frei für diese von Dritten geplante Erlebniswelt.

Das passt zusammen mit der Häufung von Berichten und Features in vielen Medien, die davon sprechen, dass wir Menschen in dieser Welt offenbar die nicht befriedigten emotionalen Sehnsüchte auch bei den unterschiedlichsten esoterisch ausgerichteten Vereinen und Gruppierungen suchen.

Noch nie gab es so viele Grüppchen und Gruppen, die von den tatsächlich oder vermeintlich außerirdischen Kräften etwas an uns abgeben wollen.

Die Informationstechnologie vermittelt nicht nur Fakten und Daten, sondern auch Sozialkontakte, Authentizität und Emotionen.

Marketing-These 9:
Soziale Erwünschtheit bestimmt zunehmend die Gruppennormen und Verhaltensmuster

Der Begriff »soziale Erwünschtheit« beschreibt in der Marketingpsychologie (aber auch in der Verhaltenspsychologie) das Phänomen, dass bestimmte Verhaltensweisen von bestimmten sozialen Gruppen (Verbrauchergruppen) sich an vielfach nicht mehr sofort durchschaubaren Normen orientieren.

So neigen zum Beispiel Verbraucher mit eher niedrigem sozialem Status dazu, sich in ihrem Kaufverhalten so darzustellen, dass sie demonstrieren, der nächst höheren sozialen Schichtung anzugehören, kaufen ein zu großes Auto, zu teure Konsumgüter, neigen zur Überschuldung.

NICHTS IST MEHR, WIE ES WAR

In anderen Bereichen, zum Beispiel dem Management, führt dieses »Erwünschtheits-Phänomen« zu einer Kleider-Uniformität von Markenkleidung. In manchen Banketagen in Frankfurt/Main findet sich bei den jungen dynamischen Männern nur noch eine Sakko-Marke wieder.

Die Maßstäbe des »Erwünschten« ordnen sich neu

Die Atomisierung der Gesellschaft, die Ausbildung von immer mehr unterschiedlichen Gruppen und Grüppchen, von Konsumentengruppen mit unterschiedlichsten Wertvorstellungen und Normvorstellungen darüber, was denn in »meiner« Gruppe »erwünscht« ist, fordert eine völlig neue Sichtweise im Marketing von Seiten der Anbieter her.

Wenn früher zum Beispiel das Massenmarketing von »den Hausfrauen« sprach, können wir heute von wenigstens zwanzig unterschiedlichen Gruppen von Hausfrauen sprechen, die alle eine andere Wertevorstellung und Selbsteinschätzung zum Thema und zum Rollenverhalten einer »Hausfrau« haben.

> DAS MARKETING DER ANBIETER WIRD IMMER DIFFERENZIERTERE WERT- UND NORMVORSTELLUNGEN IMMER KLEINERER KONSUMENTENGRUPPEN ANSPRECHEN MÜSSEN.

Marketing-(Mega-)These 10:
IN 1000 TAGEN WIRD NICHTS MEHR SO SEIN, WIE ES HEUTE IST, AUCH SOZIOLOGISCH

1000 Tage, das sind knapp drei Jahre.

Es wird in drei Jahren im Marketing – nicht nur in der Bundesrepublik Deutschland – so wie das Marketing heute gemauert ist, kaum ein Stein mehr auf dem anderen stehen.

Da kommt was auf uns zu

Völlig neue Kundenzufriedenheitsstrategien werden greifen – bisher bewährtes Marketing-Management wird vielfach ins Leere laufen. Neue Marketing-Ideen und veränderte Branchen werden entstehen, High-tech wird auch Verbraucher interessieren und erreichen, die heute damit noch wenig zu schaffen haben. Es wird Internet-Telefon und Internet-Fernsehen geben, die Tele-Arbeit (zur Zeit 850.000 Arbeitsplätze in der Bundesrepublik Deutschland) wird sich verdreifachen, digitale Kommunikation wird zur Normalität werden. In der Rückseite eines jeden Flugzeugsessels werden Bildschirme Videoclips und Teleshopping anbieten. Die Provider der Telefon-Funknetze werden Millionen von Handys einfach verschenken und auch keine Telefongebühren mehr berechnen – wenn ich mir als Kunde alle zwei Minuten einen Werbeblock anhöre.

Ökologische und moralische Erfordernisse werden von den atomisierten sozialen Grüppchen und Gruppen definiert und Werte installiert, die wir heute noch gar nicht kennen etc.

Die Diskontinuität des Marketing wird zur Regel werden – die Werbeleute und Marketing-Manager werden dann wissen, dass sie nichts wissen. Der stetige schnelle Wandel wird das einzig Beständige sein.

Eine bemerkenswerte soziologische Komponente wird sich in den nächsten 1000 Tagen stabilisieren:
Der Wandel von der im Rahmen der sog. »Mittelstandsgesellschaft« bisher gefestigten Dreiklassengesellschaft in eine Zweiklassengesellschaft.

Auf Grund der langfristigen Auswirkungen der hohen Arbeitslosigkeit werden sich die sozialen Schichtungen umwälzen und von einer Struktur Oben – Mitte – Unten in »die da oben« und »die da unten« polarisieren. Der Mittelbau der Gesellschaft wird sich zunehmend zu Gunsten der Ober- und Unterschicht verkleinern. Oder anders ausgedrückt:
Die bundesdeutsche Gesellschaft wird sich neu ordnen in die »Habenden« und die »Habenichtse«.

Durch den Abbau der Mittelschicht und die zunehmende Polarisierung der Gesellschaft in eine Zwei-Klassen-Gesellschaft werden sich auch die Trends verstärken.

Der Wandel von der Dreiklassengesellschaft in eine Zweiklassengesellschaft

Die Umordnung in ein System der »Habenden« und »Habenichtse« wird top-down stattfinden – also von oben nach unten, wie dies in den USA schon länger zu beobachten ist.

1.1.1 Die Rahmenbedingungen

Diese vorgenannten 10 Trendthesen werden in ihrer Wirkung von 10 weiteren Einflussgrößen verstärkt, die gewohntes unternehmerisches Handeln in Frage stellen und – wenn der Unternehmer eine Anpassungsreaktion an die neuen Bedingungen unterlässt – das Unternehmen ernsthaft und nachhaltig gefährden können.

Im Jahre 1997 ist das bereits rund 80.000 Unternehmen, Einzelhändlern, Handwerkern, Freiberuflern, GmbHs und Kleinstunternehmern in der Bundesrepublik Deutschland begegnet: Sie sind bankrott oder stecken im Konkurs oder haben aufgegeben.

Die 10 Rahmenbedingungen für die Marketing-Trends

Im Folgenden die 10 Rahmenbedingungen, innerhalb derer die Trends leben werden:

1. Es herrscht eine bisher nie gekannte allgemeine Prognoseunsicherheit. Nichts scheint mehr berechenbar zu sein.
2. Der Faktor Zeit wird zum wesentlichen Wettbewerbsfaktor.
3. Die Märkte splittern sich dramatisch in Teilmärkte und kleinste Nischen auf.
4. Die Leistungserbringung wird sich von produktbezogenen auf wertbezogene Kriterien umstellen.
5. Teams werden völlig selbstverantwortlich, selbstmotivierend und selbstkontrollierend in den Unternehmen arbeiten.
6. Der Beruf des »Chancen-Managers« (in USA bereits bekannt) wird auch in der Bundesrepublik geboren werden.
7. Eine zeitgleiche Internationalisierung und Lokalisierung des wirtschaftlichen Lebens wird stattfinden. – Dies erfordert an allen Märkten zugleich ein Denken in der Dimension von »Global Playing« und ein Handeln im Sinne von »Territory Care« (regional sorgsam).
8. »Human resources Management« wird das A und O allen Handelns werden. Nicht Produkte unterscheiden sich – nur die Menschen unterscheiden sich.
9. Die gesellschaftlichen Verhältnisse in der Bundesrepublik Deutschland werden sich sehr schnell in Richtung einer Zwei-Klassen-Gesellschaft entwickeln, wie dies in den USA

Die Rahmenbedingungen

schon der Fall ist. Die Soziologen rechnen binnen der nächsten 10 – 15 Jahre damit. Ich rechne früher damit.

10. Das soziale Netz wird sich völlig neu ordnen und von oben her neu definieren, nicht von unten her.

1.1.2 Die Wertvorstellungen der Verbraucher und Endabnehmer

Bereits in den vergangenen Jahren seit 1990 haben sich die Wertvorstellungen der Verbraucher/Konsumenten in der Bundesrepublik erheblich verändert. Dennoch ist dieser Werteveränderungstrend in seiner Bedeutung noch nicht von den Unternehmen umgesetzt worden – wenn auch weitgehend erkannt.

Nach jeweiliger, kaum vorhersehbarer Lust und Laune ändert der Verbraucher seine Haltungen und Einstellungen. Markenartikel verlieren angestammte Käufergruppen – und gewinnen dann völig unvermutet neue Gruppen.

Ausgeprägtes Unikatdenken (ich bin ich – ich bin etwas Besonderes) kollidiert mit Uniformierung im Marketing. Diesen Widerspruch ignoriert der Verbraucher allerdings nachhaltig – er nimmt Unlogik nicht mehr zur Kenntnis, kausales Verhalten ist kaum mehr erkennbar.

Die Wertevorstellungen »lustvoll«, »intensiv«, »Erlebnis«, »Sex«, »Abenteuer«, »Grenzen suchen«, »Sehnsucht nach Geborgenheit« etc. fusionieren sich im Verbraucher. Er will ALLES am besten gleich zum günstigsten Preis, z.B. Baden, Segeln, Tauchen, Surfen und Reiki-Training in einer Woche Urlaub.

Diese Werteveränderungen sind für uns heute so wenig prognostizierbar, wie sich etwa ein fünfjähriges kleines Mädchen niemals ernsthaft vorstellen könnte, 20 Jahre alt zu sein. Denn als 20-Jährige hätte das Mädchen natürlich völlig andere Wertvorstellungen und Moralwerte, Planungsideen und Lebensabsichten, die sie als Fünfjährige unmöglich kennen konnte.

Moralische, ethische und soziale Werte verändern sich ständig und sind nicht mehr prognostizierbar

Um dieses Phänomen des unplanbaren Wertewandels noch deutlicher zu machen, ein Beispiel:

Würden wir irgendwelche Menschen auffordern, uns die drei oder vier für sie wesentlichsten Erlebnisse ihres vergangenen Lebens zu schildern, dann käme dabei heraus, dass alle von etwas berichten würden, was sie emotional stark angerührt hat. Geburt, Tod, Verlust eines Menschen, Gewinn einer neuen Liebe, Finden einer neuen Heimat, Verlust von Geborgenheit und so weiter.

Würden wir die gleichen Menschen aber fragen, was sie in der Zukunft als wesentliche Erlebnisse bewerten würden, würde sich die Aussage auf vage Vermutungen, wie etwa »gut leben«, »Zufriedenheit«, »Gesund bleiben« usw. reduzieren.

Insoweit sind wir immer nur hinterher schlauer – niemals vorher. Wertvorstellungen lassen sich immer weniger prognostizieren und werden stärker emotionalisiert.

1.1.3 Der allgemeine Wertewandel

DIESER ALLGEMEINE WERTEWANDEL FORDERT VOM NEUEN MARKETING, DASS ES GANZHEITLICH DAHERKOMMT. MIT DER BISHER GEWÖHNTEN LINEARITÄT DES MARKETING WERDEN DIE UNTERNEHMEN ZUKÜNFTIG WENIG ERFOLGE FÜR SICH VERBUCHEN KÖNNEN.

Mit der in vielen Unternehmen noch vorhandenen produkt- und herstellungsorientierten Haltung werden die Marketing-Manager der Multioptionalität der Verbraucher nicht mehr gerecht.

»Parallel-Marketing«: Marketing muss nach innen und außen wirken

Die hier umrissenen neuen Wirklichkeiten, in denen das Unternehmen leben wird, fordern eine schrittweise Neuorientierung hin zum »Parallel-Marketing«, also zu einem Marketing, welches sich zunächst nach innen, in das Unternehmen hinein *(INBOUND-MARKETING)*, und zeitgleich parallel nach außen wendet *(OUTBOUND-MARKETING)*. Wenn die »internen Kunden« (die Abteilungen und Leistungsbereiche bis hin zum einzelnen Arbeitnehmer) im Unternehmen nicht lernen, miteinander erfolgreich, ehrlich und verantwortungsvoll umzugehen, dann wird auch im Außenverhältnis nicht viel zu ändern sein.

Man kann lediglich das nach außen weitergeben, was man auch im Innenverhältnis des Unternehmens mit Leben erfüllt.

Der allgemeine Wertewandel

Zufriedene Mitarbeiter, befriedigende Arbeitssituationen etc. schaffen eher Platz für zufriedene Kunden und tragfähige Kundenbeziehungen.

1.1.4 Der multidimensionale Kunde

Konsumenten (Endverbraucher, Nutzer von Ware und Leistung) sind sehr lernfähig. Sie werden schnell lernen und haben teilweise bereits erlernt, dass die Komplexität ihrer Vorstellungswelten von den Unternehmen angenommen werden muss, wenn das Unternehmen weiterhin am Markt präsent sein möchte.

> DIE VERBRAUCHER WERDEN ZUKÜNFTIG AN DAS UNTERNEHMEN NOCH MEHR UND NOCH HÖHERE ANSPRÜCHE STELLEN ALS BISHER. UND SIE WERDEN DIESES ANSPRUCHSDENKEN AUCH AUSSPIELEN.

Sie wollen mehr und mehr klassisch unvereinbare Vorstellungen von Konsum unter einen Hut bringen, zum Beispiel viel Geld verdienen – wenig arbeiten, viel Geld ausgeben – gleichzeitig viel sparen, optimale Leistung – kleinster Preis, hoher Grad der Gesundheitsvorsorge – hochgefährliche sportliche Hobbys und so weiter bis in ganz konkrete Bereiche.

Die multidimensionalen Konsumenten wollen alles – und am besten gleich

1.1.5 Das Zusammenwirken von neuen Marketing-Trends und soziokulturellen Trends

Von den beschriebenen Marketing-Trends lassen sich grundsätzliche zukünftige grobe Leitlinienstrategien ableiten. Materielle und immaterielle Ziele der Strategien eines Unternehmens müssen sich zukünftig an diesen Trends ausrichten. Unternehmen, die da nicht mit sich reden lassen, werden ansonsten am Markt bald nichts mehr zu sagen haben.

Bemerkenswert wird sein, dass sich die Unternehmen besonders auf einen brisanten sozialen Trend einstellen müssen: Immer weniger Menschen werden über eine immer höhere Kaufkraft verfügen. Die Gesellschaft wird sich von der gewachsenen bundesdeutschen Drei-Klassen-Gesellschaft in eine neue Zwei-Klassen-Gesellschaft umwandeln, in der sich die Mittelschicht zunehmend nach oben und unten hin auflösen wird.

Böse ausgedrückt bedeutet das:
Die bundesdeutsche Marketing-Welt wird sich in die Habenden und die »Habenichtse« aufteilen.

Nur mit hoher Kaufkraft können auch hohe Umsätze erzielt werden

Netter ausgedrückt:
Die bundesdeutsche Marketing-Welt wird sich in die aufteilen, die Anteil haben, und die, welche keinen Anteil an der sozialen Besserstellung mehr haben werden und auch langfristig nicht mehr erlangen können.

Geld verdienen können wir nur noch mit denen, die auch Geld ausgeben können

Da aber ein Unternehmen, um Geld zu verdienen, langfristig auf Kunden mit einer gewissen stabilen Kaufkraft und auch einer gewissen Preisresistenz angewiesen ist, müssen sich die Unternehmen in Zukunft um diese zahlungskräftigen Kunden geradezu rührend kümmern.

2 Exkurs in die Marketing-Theorie

2.1 »USP« oder die Einmaligkeit Ihrer Verkaufsvoraussetzung

Um auf die in den vorangegangenen Kapiteln dargestellten Trends und Rahmenbedingungen angemessen reagieren und in Sachen »Kunde« wirklich neu denken zu können, möchte ich mit Ihnen einen kurzen Ausflug in die theoretische Marketing-Wissenschaft machen.

In der Marketing-Theorie begegnet uns der Fachbegriff »USP«. Der Begriff kommt aus dem amerikanischen Sprachgebrauch, wie so vieles im neuen Marketing. Die Bedeutung dieses Begriffes lautet in der wörtlichen Übersetzung:

U =	Unique	=	einmalig
S =	Selling	=	verkaufen
P =	Proposition	=	Voraussetzung

In der sinngemäßen Übersetzung bedeutet das so viel wie: »Einmaligkeit der Verkaufsvoraussetzung«.

Hinter diesem Begriff verbirgt sich eine weit reichende Fragestellung:

Die Einnmaligkeit Ihrer Verkaufsvoraussetzung

*Warum eigentlich soll irgendjemand **meine Leistung** oder **mein Produkt** kaufen – und nicht das Produkt oder die Leistung des Wettbewerbers?*

Da gäbe es nun die verschiedensten Antwortmöglichkeiten auf diese Frage. Zum Beispiel könnte man antworten:

- Weil unsere Produkte und Dienstleistungen billiger sind als die Produkte der Konkurrenz.
- Oder: Weil unsere Leistung zwar teurer als die vom Wettbewerber, aber dafür umso besser ist.
- Oder: Weil unsere Sekretärin so hübsch ist und durch ihre Ausstrahlung alle für sich einnimmt und gewinnt.

Ihnen fallen dazu bestimmt auch Antworten aus Ihren Bereichen ein, die brauchbar für die Definition Ihrer »einmaligen Verkaufsvoraussetzung« – Ihres USP wären.

Wenn ein Unternehmen diese USP-Frage wirklich überzeugend im Sinne der Kunden beantworten könnte, wäre es eigentlich zum Erfolg verurteilt.

Weil das offenbar in dieser heutigen Marketing-Welt nicht der Fall ist, nämlich zum Erfolg verurteilt zu sein, so kann man folgerichtig daraus schließen, dass es auch nicht so einfach ist, die USP-Frage ordentlich und schlüssig zu beantworten.

Denken Sie in diesem Zusammenhang einmal an die Klagen vieler Universalkaufhäuser und Cash-und-Carry-Märkte nach dem jährlichen Weihnachtsgeschäft.

Viele erklären übereinstimmend, dass die Umsatzzahlen schlecht und die Roherträge eher rot als schwarz sind. Und viele sind sich einig in der Beurteilung, dass das Weihnachtsgeschäft von Jahr zu Jahr zunehmend zur tatsächlich schlimmen Bescherung im Einzelhandel wird.

Da könnte man doch die USP-Frage stellen:

»Warum soll jemand seine Weihnachtseinkäufe ausgerechnet in dem Kaufhaus tätigen und nicht bei dem anderen?«

Ich stellte einem bundesdeutschen Kaufhaus-Geschäftsführer eines mittleren Hauses exakt diese Frage. Seine spontane Antwort:

Mit einem im Sinne Ihrer Kunden schlüssigen USP sind Sie gewissermaßen zum Erfolg verurteilt

45

EXKURS IN DIE MARKETING-THEORIE

»Weil unser Haus gute Qualität zum günstigen Preis bietet«.

»Tun die anderen auch ...«, antwortete ich, »bitte weiter, das reicht nicht für einen überzeugenden USP.«

»Weil wir hier Parkplätze haben und so verkehrsgünstig liegen ...«, vermutete der Manager.

»Haben die anderen auch, die liegen auch verkehrsgünstig«, antwortete ich, »bitte weiter, das reicht noch nicht für einen überzeugenden USP«.

Er überlegte: »Weil wir hier eine echte Einkaufs-Erlebnis-Atmosphäre bieten ...«

Ich nickte ... Der Geschäftsführer lächelte mich an. Warum eigentlich kann der noch lächeln, dachte ich.

Er überlegte wieder einen langen Moment und antwortete:

»Und weil wir Stammkunden haben, die uns treu sind«.

Da war ich etwas fassungslos.

Wenn das alles so wäre, hätte er ja keinerlei Veranlassung, sich über die eher schlechten Umsätze zu Weihnachten zu beschweren, gab ich zu bedenken. Ganz offensichtlich hätte er eben NICHT genug treue Stammkunden.

Mit dem USP haben wir eine der Grundvoraussetzungen zum weiteren Verständnis von Kundenzufriedenheitsmarketing erklärt.

ES IST EINE ZWINGENDE VORAUSSETZUNG, EINDEUTIG IM UNTERNEHMEN ZU KLÄREN, WELCHEN USP DAS UNTERNEHMEN UND SEINE LEISTUNGEN HABEN.

Klären Sie Ihren USP mit Ihren Mitarbeitern

Berufen Sie einen USP-Workshop ein

Sie sollten also, wenn Sie Unternehmer sind, ob Spediteur oder Gärtner, ob Arzt oder Heizungsbauer, bevor Sie überhaupt weiterlesen, einen drei- oder vierstündigen USP-Workshop in Ihrem Unternehmen einberufen.

Stellen Sie Ihren Managern und Verantwortlichen, Ihrer Friseuse und Ihrem Meister, Ihrer Arzthelferin und Ihrem Klempner ganz konkret diese so weitreichende USP-Frage:

Die Einnmaligkeit Ihrer Verkaufsvoraussetzung

»Warum soll irgendjemand ausgerechnet unsere Transport- oder Speditionsleistung in Anspruch nehmen und nicht die von *Haniel* oder *Schenker* oder sonstwem.«

»Warum eigentlich soll irgendein Patient ausgerechnet zu uns in die Praxis kommen – und nicht zu Dr. XY um die Ecke?«

»Warum eigentlich soll irgendjemand seinen Wein bei *Jaques Weindepot* kaufen – und nicht bei *Kaiser's*?«

Teilen Sie an jeden Mitarbeiter zwanzig bunte Kärtchen aus und bitten Sie Ihre Mitarbeiter, auf jede bunte Karte nur jeweils einen Grund (einen USP) zu schreiben – aber möglichst viele Kärtchen auszufüllen. Lassen Sie sich Zeit dabei. Kritisieren Sie nicht an den Antworten Ihrer Mitarbeiter herum. Alles ist zunächst erlaubt. Sortiert wird später.

Arbeiten Sie mit farbigen Kärtchen

Sammeln Sie die Antwortkärtchen aller Mitarbeiter ein und pinnen Sie die Kärtchen an einen Flipchart oder auf eine Pinnwand. Lesen Sie dabei jede Antwort vor und fragen, von wem die Antwort kam. Besprechen Sie mit der Gruppe der Mitarbeiter, in welche Gruppe von Antworten dieses Kärtchen hineinpasst. Fragen Sie die Mitarbeiter, ob ihnen zu dem Begriff noch mehr einfällt. Mehr Köpfe denken mehr – mehr Augen sehen mehr.

Bilden Sie Gruppen möglicher USPs auf einer Pinnwand

Bilden Sie dann Gruppen von ähnlichen Argumenten an der Pinnwand und fassen Sie die USPs zu Bündeln zusammen. Überprüfen Sie mit Ihren Mitarbeitern den Realitätsgehalt der USPs. Sortieren Sie zu fantasievolle, zu realitätsfremde USPs. Übrig bleibt eine Summe von Kärtchen an Ihrer Pinnwand, die die Basis für eine USP-Diskussion mit den Mitarbeitern ist.

Überprüfen Sie den Realitätsgehalt der gesammelten USPs

Dieses Vorgehen, viele spontane Ideen zu einem Thema auf Kärtchen zu sammeln, für alle sichtbar an eine Pinnwand oder Tafel zu heften und dann inhaltlich zu strukturieren, hat sich sehr bewährt und heißt »*Meta-Plan-Methode*«.

Die »Meta-Plan-Technik« hat sich sehr bewährt

So könnten Sie Ihrem vermutlichen oder tatsächlichen Unternehmens-USP und den Produkt-USPs schon sehr viel näher kommen – oder aber auch blanke Enttäuschungen erleben, weil niemand auf einen wirklich brauchbaren USP gekommen ist. Vielleicht ist das der Grund, warum Ihr Banker Sie immer so schräg anschaut, wenn Sie nach einer Erhöhung Ihres Firmendispos fragen.

EXKURS IN DIE MARKETING-THEORIE

Auch Banken fragen zunehmend nach dem USP ihrer Kunden

Die Banken nämlich lassen sich zunehmend die USPs ihrer Kunden in Form von kurzen Darstellungen oder Kurzgutachten präsentieren.

Offenbar haben auch die Orga-Chefs, die Geschäftsführer und Filialleiter der Banken inzwischen nachvollzogen, was ein USP ist und dass ein Unternehmen ohne stichhaltig ausgewiesenen USP wahrscheinlich in kurzer Zeit von seinen Rücklagen leben muss, wenn es nicht aufpasst. Deshalb passen die Banker auf.

Ich jedenfalls habe mit meinen Mitarbeitern im vergangenen Jahr eine Menge Beratungstage in den Banken verbracht – immer mit einem Thema:
Geschäftskundensicherung durch USP-Transparenz und USP-Akzeptanz.

Der Preis ist ein miserabler USP

Zurück zu Ihrem USP-Workshop in Ihrem Unternehmen. Sie werden gleichermaßen erschrocken und beeindruckt sein, was Ihre Mitarbeiter, auch die leitenden, Ihnen da erzählen – im Positiven wie im Negativen. Sehr häufig kommt da schnell das simpelste USP-Argument:

»Weil wir billiger sind, als die anderen...«

Wenn dieses Argument tatsächlich von den Mitarbeitern in Ihrem USP-Workshop genannt wird, sollten beim Unternehmer alle roten Warnlichter angehen. Überlegen Sie:

Wenn der wesentliche Grund für die Inanspruchnahme Ihrer Leistung oder Ihres Produktes tatsächlich der günstige Preis wäre, würden Sie Ihre Kunden also über den Preis managen.

Wer wegen eines fünfprozentigen Preisvorteiles zu Ihnen kommt, der geht auch wieder wegen fünf Prozent

Ein Kunde allerdings, der wegen eines Vorteils von, sagen wir mal, 5% Nachlass oder 5% Preisvorteil zu Ihnen kommt – der ist folgerichtig auch sofort wieder weg, wenn ein anderer Anbieter ihm 6% oder 10% Nachlass bietet.

DER PREIS IST DER MISERABELSTE USP, DEN MAN SICH DENKEN KANN. JEDER ANDERE GRUND FÜR DIE INANSPRUCHNAHME DER LEISTUNGEN EINES UNTERNEHMENS IST GÜNSTIGER, WEIL DER USP DAMIT WENIGER AUSTAUSCHBAR UND SO SCHLÜSSIGER UND BESTÄNDIGER IST.

Die Einnmaligkeit Ihrer Verkaufsvoraussetzung

Ein einfaches Beispiel dazu:
Nehmen wir einmal an, eine junge Frau, so um die dreißig, ginge seit Jahren immer und immer zum selben Friseur, zur selben Friseuse. Würde der Inhaber dieses Salons nun die Preise um 10 % erhöhen, würde die junge Frau vermutlich weiterhin kommen, wenn sie nicht des Preises wegen käme und andere Gründe – welche auch immer – für sie eine Rolle spielen würden. Wäre der alleinige USP der Preis, würde der Friseur die Kundin verlieren.

Je subjektiver Ihr USP Ihre Kunden zufriedenstellt, desto länger werden Sie Ihnen die Treue halten

Die USP-Frage lässt sich nicht nur den Leitenden im Betrieb stellen. Auch die Mitarbeiter in der Plattform der Hierarchie müssen in einem Unternehmen definitiv wissen, warum die Leistungen des Unternehmens tatsächlich von den Kunden in Anspruch genommen werden.

Wenn Sie das bei sich im Unternehmen einmal kritisch überprüfen, werden Sie sehen, dass viele nicht in der Lage sind, vom Azubi bis zum Lagerleiter, einen brauchbaren USP aufzuzeigen. Wenn Ihnen selber da auch nichts einfällt ...

2.2 »UCP« oder die Unverwechselbarkeit Ihrer Werbebotschaft

Der zweite Begriff, den ich in diesem Exkurs klären möchte, ist der der »Unique Communication Proposition« (UCP), was so viel bedeutet wie »Einmaligkeit der kommunikativen Voraussetzung«.

Wenn Sie einen in Bezug auf den Kundennutzen spezifischen USP gefunden haben, müssen Sie diesen auch nach außen kommunizieren. Dieses tun Sie u. a. mit Hilfe der UCP.

Der UCP ist als Begriff eher etwas abstrakt. In der Werbung sprechen die Werbeleute auch von einem »CLAIM«. Der Claim ist das, was sich wie ein roter Faden als inhaltlich Gleiches durch sämtliche Maßnahmen Ihrer Marketing-Kommunikation hindurchzieht. Der Begriff »Claim« erinnert an die Goldgräberzeit, auch da wurden Claims abgesteckt. Durch Ihren Werbeslogan signalisieren Sie auf dem Markt Ihren Kunden die Einmaligkeit Ihrer Produkte und Leistungen und stecken sich – um im Bild zu bleiben – so gewissermaßen Ihren Marktanteil ab. Ebenso werden in der Werbebotschaft eindeutige, unverwechselbare kommunikative Aussagen abgesteckt.

Stecken Sie auf dem Markt Ihre »CLAIMS« ab

Exkurs in die Marketing-Theorie

Zwei Beispiele werden das deutlich machen:
Erstens das Unternehmen *DHL*, einer der großen Carrier neben *United Parcel Service* und *Federal Express*. Die Firma *DHL* schaltet seit einiger Zeit einen Werbespot in allen Kanälen, der einen sehr guten UCP (einen guten Claim) hat. Der UCP lautet:
»*DHL – wir halten Ihre Versprechen.*«
Zweitens die Firma *Ford*. Seit längerer Zeit lautet deren UCP:
»*Ford, die tun was ...*«
Die Reihe der UCPs ließe sich beliebig fortsetzen, von *DEA*, »*Hier tanken Sie auf*«, bis »*Haribo macht Kinder froh ...*«
Was ist nun das Besondere daran, einen UCP zu haben? Eine Binsenweisheit eigentlich:

Einen einmal eingeführten UCP kann kein Wettbewerber abkupfern – einen USP dagegen durchaus, besonders wenn dieser USP lediglich der Preis einer Leistung oder eines Produktes ist.

Positionieren Sie Ihr Unternehmen unverwechselbar im Markt

Wie würde es sich zum Beispiel anhören, wenn *Opel* mit dem UCP von *Ford* auftreten würde? »Opel, die tun was ...« Das würde ja geradezu in den Ohren schmerzen. Jeder würde sofort bemerken, dass *Opel* offenbar nichts mehr einfällt und den Spruch von *Ford* abgekupfert hat.

Die beiden Begriffsklärungen in diesem Exkurs in die Marketing-Theorie sind deshalb so wichtig, weil damit ein ganz wesentlicher Zustand beschrieben wird:
nämlich die Einmaligkeit eines Angebotes und die Einmaligkeit eines Unternehmens.

Werden Sie Primus inter Pares

Sie, wenn Sie Unternehmer wären, sollten intensiv mit Ihren Mitarbeitern darüber nachdenken, wie sich die Einmaligkeit Ihres Leistungsangebotes tatsächlich definiert und wie diese Unverwechselbarkeit sich geeignet nach außen formulieren lässt. Das wäre die unabdingbare Voraussetzung, weiter über Kundenbindung nachzudenken und geeignete Strategien dazu zu entwickeln.

Auch der Klempner in der Kleinstadt kann sich unverwechselbar positionieren, seine drei oder vier Fahrzeuge unverwechselbar beschriften und einen unverwechselbaren UCP entwickeln. Das, in Verbindung mit einem einheitlichen Erscheinungsbild der Firmenidentität – »*Corporate Design*« – kann dann in der überschaubaren Region so etwas wie ein Markenzeichen werden.

Es ist unbedingt erforderlich, dass Sie für Ihr Unternehmen einen spezifischen USP und einen treffenden UCP finden.

Gelingt dies nicht, wird die Umsetzung von aktiver Kundenbindung, Clienting und neuem Marketing problematisch. Dann bleiben Sie der ewige eine unter vielen anderen. Sie werden dann nie »Primus inter Pares« in Ihrem Markt werden können.

Und nun zum eigentlichen Thema ...

3 Völlig neues Denken in Sachen »Kunde«

Alte Denkweise:
Der Kunde ist planbar, in seinem Verhalten beeinflussbar und berechenbar.

Neue Denkweise:
Der Kunde ist unberechenbar, sein Verhalten nicht mehr prognostizierbar. Was wir heute über die für uns interessanten Kundengruppen wissen, ist morgen Makulatur.

3.1 Stellen Sie sich individuell auf Ihre Kunden ein

Viele Marketing-Verantwortliche der großen Betriebe, besonders aber viele mittelständische Unternehmer und ganz besonders die Gruppe der Handwerker und handwerklichen Dienstleister verhalten sich heute noch so, als wären Kunden beliebig zu beeinflussen. Einstellbar und berechenbar in den verschiedensten Marktsegmenten. Fast wie ein Lichtschalter, den man an- und ausschaltet. Bei den Marketing-Machern kommt erst dann Erstaunen auf, wenn dies auf einmal nicht mehr so recht funktioniert.

Fast alle Hersteller und Vertreiber kümmern sich heute noch in erster Linie um das Management von Produkten und Leis-

Völlig neues Denken in Sachen »Kunde«

Managen Sie Kunden – nicht Produkte

tungen. Es gibt Unmengen von »Produktmanagern«, aber keine »Kundenmanager« im eigentlichen Sinne.

Produkte werden zunehmend austauschbar – Ihre Kunden nicht

Produkte werden zunehmend austauschbar – aber die Kunden unterscheiden sich

Wir sprechen zu intensiv von PRODUKTMANAGEMENT, anstatt von KUNDENZUFRIEDENHEITSMANAGEMENT zu reden. Wir reden von PRODUKTPOLITIK anstatt von KUNDENPOLITIK. Überall hören wir von PRODUKTDIFFERENZIERUNGEN, statt von KUNDENGRUPPENDIFFERENZIERUNGEN zu reden. Dabei wird das Einzige, was im zukünftigen Markt noch unterscheidbar sein wird, der Kunde sein, nicht die Produkte.

Meinen Seminarteilnehmern eines japanischen Autoherstellers – allesamt hoch qualifizierte Regionalleiter in der europäischen Händlerorganisation dieses Autoherstellers – stellte ich beim letzten Seminar zwölf rote Kleinwagen auf den Hotelparkplatz. Einen CORSA, einen CLIO, einen MICRA, einen KA, einen SWIFT und so weiter und so weiter.

Alle Fahrzeuge waren in einem ähnlichen Rot lackiert – und allen Fahrzeugen fehlten die Typenschilder und die Kennzeichen, die ich hatte abmontieren lassen. Die Autos drehten uns allesamt die Kehrseite zu und standen in einer schnurgeraden Reihe.

Die zwölf Regionalleiter des asiatischen Herstellers sollten ein geradezu körperliches Gefühl dafür bekommen, dass die USP-Frage sich niemals mehr mit der Produktleistung allein erklären lässt.

Ich fragte draußen auf dem Parkplatz, etwa vierzig Meter von den zwölf roten Kleinwagen entfernt, die Herren des Vertriebs: »Warum eigentlich soll irgendein Kunde den dritten Wagen von links kaufen – und nicht etwa den vierten von rechts in der Reihe.«

Die Manager lachten und blinzelten in die Sonne. Der Kollege aus Östereich schnarrte:
»Also, ich würde den Zweiten von links nehmen, oder Moment mal ... den Dritten von links ...«

Ich fragte: »Warum ...?«

Der österreichische Statthalter:
»Tja, i glaub, des is unser Modell ... oder ...?«

52

Stellen Sie sich individuell auf Ihre Kunden ein

»Ist es Ihr Modell oder nicht?«, fragte ich.

Alle lachten und waren sich unsicher. Im Ergebnis dauerte es einige Zeit, bis die Manager allen Autos ihr Typenschild zuordnen konnten. Fazit:

Nichts ähnelt einem Produkt mehr als das Produkt eines Wettbewerbers.

Produkte sind sich nicht nur in der Automobilbranche so ähnlich geworden, dass es selbst Profis kaum mehr möglich ist, das eigene Produkt vom Wettbewerbsprodukt spontan zu unterscheiden.

Das einzige, was sich zukünftig voneinander unterscheidet, sind die Kunden, die ein Produkt kaufen sollen.

Kunden sind nicht gleich Kunden

- Jeder Kunde ist in Bezug auf seine Bedeutung für uns anders zu bewerten.
- Manche Kunden werden mehr Wichtigkeit für den Betrieb haben – andere Kunden werden als weniger wichtig identifiziert.
- Manche Kunden werden im Laufe der Zeit neue Kundenbeziehungen zu uns bringen, andere Kunden werden nicht dazu in der Lage sein.
- Einige Kunden werden mittelfristig oder langfristig sogar einen eher negativen Einfluss für das Unternehmen haben – von diesen Kunden sollte man sich dann trennen.

Lebenslange Kundenbindung

Die Voraussetzung, um über ein konsequentes und wirkungsvolles Kundenmanagement nachzudenken, ist die gute Kenntnis aller Wirkungsparameter aller Kunden. Statt sich da einen wirklichen Wissensvorsprung zu verschaffen, beschäftigen sich zu viele Verantwortliche in den bundesdeutschen Betrieben und Organisationen noch zu sehr mit zu allgemeinen Fragestellungen.

Ein Beispiel dazu:

Der amerikanische Hersteller von Cornflakes und vielen Varianten von Knusperzeug zum Frühstück, die Firma *Kellog*,

VÖLLIG NEUES DENKEN IN SACHEN »KUNDE«

(nicht etwa Kellog's – das ist nur der Genitiv) die ihre Produkte weltweit vertreibt, ist schon längst dazu übergegangen, sich die folgende Frage zu stellen:

Was müssen wir tun, um einen KELLOG-Kunden ein Leben lang beim Produkt zu halten?

Die Frage lautet also schon lange nicht mehr: Was müssen wir tun, um KELLOG'S Cornflakes im Markt zu verkaufen?

Bilden Sie eine »Lifetime-Connection« zum Kunden

Lebenslange Produktbindung strebt auch der japanische Anbieter SONY an, der unter dem Label MY FIRST SONY Audiogeräte für Kinder vertreibt; dem ersten Gerät von SONY, das noch die Eltern kaufen, sollen also noch viele andere folgen, die der zukünftige Jugendliche und Erwachsene einmal selbst erwerben wird.

Machen wir das Phänomen der Kundenbindung noch plastischer. Ich erklärte meinen Regionalleitern des asiatischen Autobauers im Marketing-Seminar folgendes:

Ein 20-jähriger Mann, ein Kunde, der eines Ihrer Autohäuser in Köln betritt, bedeutet für Sie ein Umsatzpotenzial von etwa 337.500,– DM. Der junge Mann trägt nämlich ein Absatzpotenzial von etwa 11,25 Autos (pro Wagen so um die 30.000,– DM), die er im Laufe seines Lebens kaufen wird, in Ihren Laden.

Würde es gelingen, diesen Mann dauerhaft zu binden und bei der Marke zu halten, wäre das nicht nur fantastisch, es würde auch eine fantastische Sicherung des eigenen Marktes und der Anteile am Gesamtmarkt bedeuten.

Dazu wäre es allerdings nötig, KUNDENNUTZENMANAGEMENT, KUNDENERFOLGSMANAGEMENT und KUNDENBINDUNGSMANAGEMENT aktiv zu gestalten – und nicht aggressiv zu verkaufen.

Machen wir es nun eine Nummer kleiner.

Auch der kleine Handwerksbetrieb kann Kunden binden

Nehmen wir das typische Beispiel eines kleineren Handwerksbetriebs im Bereich der Klima-, Heizungs- und Bädertechnik, wie wir sie überall in Deutschland antreffen. Der Betrieb, wenn er überhaupt aktiv über Marketing nachdenkt, denkt in der konventionellen Dimension, möglichst viele Kunden in seinem Einzugsgebiet zu bedienen und zu beliefern.

Er denkt in aller Regel aber nicht darüber nach, *jeden einzelnen Kunden* seines Kundenbestandes so perfekt und so

Stellen Sie sich individuell auf Ihre Kunden ein

gut zu bedienen, dass der Kunde ein Leben lang Kunde bleiben wird und die Unternehmung dadurch völlig resistent gegen Wettbewerbseinflüsse wird.

Anstatt sich darauf zu stürzen, möglichst vielen Kunden möglichst viele Produkte und Leistungen zu verkaufen, sollte sich der Unternehmer darum kümmern, den einzelnen Kunden lebenslang so intensiv wie möglich zu binden.

Möglichst lange liefern und binden

Warum verlieren Unternehmen Kunden?

Wenn wir uns einmal anschauen, welche Gründe dazu führen, dass Unternehmen Kunden verlieren, stoßen wir auf bemerkenswerte Daten, die das neue Marketing im Sinne von Clienting und Kundenbindung eindrucksvoll bestätigen.

Sie dachten bisher, dass man Kunden verliert, weil der Preis nicht mehr stimmt? Dachten Sie, dass man Kunden verliert, weil der Wettbewerber besser ist?

Sie irren. Die Gründe für Kundenverluste sehen ganz anders aus:

Gründe für Kundenverluste:

1 % der Kunden stirbt einfach weg – ist nicht mehr da. Da kann man nichts machen.

3 % der Kunden verschwinden durch Umzug aus unserem Einzugsgebiet – wir können sie nicht mehr betreuen, da der Aufwand zu hoch ist, bei der Entfernung (es sei denn, wir wären Versandhändler ...).

5 % verändern ihre Wertvorstellungen im Laufe der Zeit. Sie ändern Gewohnheiten, Kaufgewohnheiten, Bestellgewohnheiten auf Grund von kundeninternen, für uns nicht überprüfbaren Einflüssen.

9 % gehen bei einer Preiserhöhung nicht mit. Sie steigen aus, weil der USP der Preis ist.

14 % akzeptieren einen Qualitätsmangel des Produktes oder der Leistung nicht und gehen deshalb zum Wettbewerb.

68 % verlassen ihren Lieferanten wegen der mangelnden Servicequalität und eines Defizits an Kundenfreundlichkeit.

Völlig neues Denken in Sachen »Kunde«

> *Wenn ein Unternehmen einen Kunden verliert, dann im Wesentlichen wegen mangelnder Anstrengungen, die Beziehung zum Kunden im Sinne von »Clienting« warm, verantwortungsvoll und sorgsam zu gestalten.*

Nun zum nächsten Punkt:

Die Art der Kommunikation mit dem Kunden. Die Art und Weise, wie wir unsere Kunden ansprechen, wie wir werben und in welchen Intervallen wir uns um unsere Kunden kümmern.

3.2 Reden Sie ehrlich mit Ihren Kunden

> **Alte Denkweise:**
> Wir müssen den Kunden möglichst intensiv ansprechen und massenweise mit Werbung »beharken«. Irgendwann wird er »mürbe« und kauft dann auch.
>
> **Neue Denkweise:**
> Die Privatsphäre des Kunden müssen wir respektieren, ihn mehr in Ruhe lassen und ehrlicher und authentischer mit ihm umgehen.

Big brother is watching you ...

Sie kennen alle das bemerkenswerte Buch »1984« mit seiner wesentlichen Aussage:

»Big brother is watching you«.

George Orwell schrieb es 1948.

Heute scheint dieser Große Bruder, der uns irgendwie stets zu beobachten scheint, im Marketing zu sitzen; er hetzt uns zwar nicht die Gedankenpolizei auf den Hals wie im Buch, aber er berührt Alltagsleben und auch die Privatsphäre vieler Konsumenten sehr empfindlich.

Dieser Große Bruder heißt mal *GFK* (Gesellschaft für Konsumforschung), mal *EMNID* oder *NIELSEN*, seine Schwestern heißen *SAMPLE* oder *INFAS* usw. Und alle haben gemeinsam, dass sie idealerweise die Verbraucher ausforschen wollen, bis auch die letzten Geheimnisse der Konsumenten gelüftet sind.

Reden Sie ehrlich mit Ihren Kunden

Jede erdenkliche Art von Information ist im Sinne von Marketing-Research zu Geld zu machen. Daraus hat sich in der Bundesrepublik – an allen Datenschutzbestimmungen vorbei – eine regelrechte Mammutbranche entwickelt.

Wann immer der Verbraucher ein Auto kauft, eine Garantiekarte ausfüllt, sich oder sein Auto um- oder anmeldet, ein Baby bekommt, heiratet oder sich scheiden lässt, einen Kredit aufnimmt oder zurückgezahlt hat, ein Bügeleisen bei NECKERMANN bestellt oder den Offenbarungseid leistet – irgendwer beschafft sich diese Daten und vekauft sie an alle, die meinen sie brauchen zu können.

Gießkannen-Marketing

Dann wird der Betroffene mit Mengen von bedrucktem Papier zugeschüttet, in der Annahme, er werde irgendwann schon schwach werden.

Diese Werbeansprachen der 80er-Jahre werden zukünftig immer weniger Rücklauf, immer weniger »RESPONSE« bringen. Die Werbeerfolgskontrolle der Marketing-Controlling-Abteilungen wird in weiten Bereichen nicht mehr brauchbare Daten liefern können. Werbeetats müssen deshalb immer mehr hochgerüstet werden – mit weiterhin zweifelhaftem Erfolg. Dieser Spiraltrend des Hochschraubens von Werbeetats mit eher zweifelhaftem Erfolg ist heute in manchen Branchen deutlich zu beobachten, zum Beispiel bei den Buchklubs, bei den Versandhäusern, bei den Klassenlotterien usw.

Immer höhere Etats bringen immer weniger Rückläufe

Alle die Prospekte, Folder oder Flyer wandern letztlich in nicht überprüfbare Kanäle, in den Mülleimer oder bestenfalls auf die Ladentheke zum Einpacken von Fisch oder Blumenkohl. Den interessanten Kundengruppen, den »Habenden« nämlich, ist es zunehmend lästig, ständig Papiere zu bekommen, die sie nicht haben wollen. Außerdem läuft dieser Papierversand massiv gegen den sich stabilisierenden Gaia-Trend (vgl. Marketing-These 4) und gegen den Glaubwürdigkeitstrend (vgl. Marketing-These 3).

Handeln Sie nicht gegen die Trends

**Sprechen Sie Individuen an –
keine unspezifizierte Kundenmasse**

Der Informationsübersättigungsgrad liegt in der Bundesrepublik bei ca. 91%. Das heißt, rund 91% aller ausgesendeten Werbebotschaften landen ungelesen oder nicht beachtet irgendwo im Müll.

Unsere Gesellschaft leidet an Informationsübersättigung

Völlig neues Denken in Sachen »Kunde«

Sie selber verhalten sich doch ebenso – weg mit dem Mist, der in Ihrem Briefkasten steckt. Wie kommen Sie eigentlich darauf, dass andere sich anders verhalten als Sie?

91% der Werbebotschaften landen im Marketing-Nichts.

Wenn man das bedenkt, funktioniert unser Advertising System mit den verbleibenden 9% recht gut. Das zeigt aber auch, wie wenig sich ändern würde, wenn die Flut der Folder, Briefe und Flyer reduziert würde.

Diese Massenabarbeitung von Kunden und Interessenten mag in den 80ern und in den 90ern noch recht gut funktioniert haben.

Bei den ermittelten und von den Wissenschaftlern weitgehend gesicherten Trends der späten 90er-Jahre und der Zeit nach der Jahrtausendwende wird dieses Massensystem nur noch sehr begrenzten Erfolg haben, in zehn Jahren gar keinen mehr.

Sie erinnern sich an die Beschreibung der 10 Marketing-Trends mit deren Rahmenbedingungen? Erinnern Sie sich besonders an den Mega-Trend Nr. 10?

Kümmern Sie sich nur um die Kunden, bei denen sich das Kümmern auch lohnt

Die sozialen Gruppen in der Bundesrepublik werden sich neu ordnen – zu einer Art Zweiklassengesellschaft. Eigenart dieser Zweiklassengesellschaft wird sein, dass die »Habenden« in ihrem Konsumverhalten immer anspruchsvoller werden – die »Habenichtse« leider zwangsläufig anspruchsloser, weil ihnen das Geld fehlt, Forderungen zu stellen. Da werden Massenmailing-Aktionen immer teurer und immer uneffektiver, für beide Käufergruppen.

Die Werbung-Treibenden, die sich im Wesentlichen um die preisresistenten Habenden kümmern, müssen in den direkten und ehrlichen Dialog mit den Käufergruppen treten.

Auch bei der Auswahl der Daten gilt: Klasse statt Masse

Von außenstehenden unternehmensfremden Research-Unternehmen zusammengestellte Datensammlungen taugen da nicht mehr viel. Massenhaft ausgesendete Mailings an gekaufte Adressen werden weitgehend nutzlos im Sande verlaufen.

Reden Sie ehrlich mit Ihren Kunden

Bald werden die Kunden nicht mehr stillhalten, wenn die Informationen eines Autohändlers von anderen Anbietern dazu genutzt werden, dem Kunden Dinge anzubieten, die er nicht braucht und nicht haben will, von der unangenehmen Papiermenge im Briefkasten einmal ganz abgesehen.

Stopfen Sie keine Briefkästen voll: Die sind voll genug

Die wirklich nützlichen Informationen über den Kunden erhält ein Versandhaus zum Beispiel zukünftig nur noch über seine eigenen Call-Center und Außendienstmitarbeiter, nicht mehr von den Datenbanksystemen der externen Adressenhändler.

Da muss der persönliche Zufriedenheitgrad mit dem Katalogangebot abgefragt werden, Geburtstagskarten müssen verschickt werden und laufend wird die Beständigkeit und Stabilität des kaufenden Kunden ermittelt.

Werden Persönlichkeit und Privatsphäre der Kunden beachtet, werden die Daten dieses ehrlichen Dialoges zum wertvollsten Analyseinstrument des Kundenverhaltens.

Ein Beispiel dazu.

Die Firma PORSCHE, als ein hochpreisiger Anbieter von erstklassigen Sportfahrzeugen bekannt, hatte 1997 ihr erfolgreichstes Geschäftsjahr seit Bestehen des Unternehmens. Die Leitlinien für diesen Erfolg waren kein Zufall und denkbar einfach:

Zum Beispiel PORSCHE

1. Absolute Qualität bieten – im Sinne von kontinuierlicher Verbesserung (»Kaizen-Prinzip«) nicht nur der Produkte, sondern ganz besonders auch des Umgangs mit Interessenten und Kunden.
2. Die wirklich nützlichen Informationen über Kunden erfährt das Unternehmen nur aus dem ernsthaften Dialog mit dem Kunden.
3. Vertrauen zum Produkt und Vertrauen auf PORSCHE als Partner bedeutet alles. Vordergründiges, schnelles Verkaufen bedeutet nichts mehr.
4. Mit persönlichen Daten des Kunden wird sehr sorgfältig und verantwortungsvoll umgegangen.

Völlig neues Denken in Sachen »Kunde«

5. Jede Art von »Kettensägenmentalität« der PORSCHE-Vertriebsorganisation wurde rigoros unterbunden. Aggressives Verkaufen gehört dort buchstäblich in den Bereich der Körper- und Kundenverletzung. Verkaufstrainings herkömmlicher Prägung wurden abgeschafft.

Die Kleinen haben hier einen Vorteil

Es ist in einem großen Unternehmen sehr viel schwieriger, einen solchen Weg zu beschreiben, als in einem eher überschaubaren, kleinen Betrieb.

Gerade die kleinen und mittelständischen Unternehmen haben deshalb hier ihre wahre Chance, wenn sie sie zu nutzen in der Lage sind. Die kleineren und mittleren Unternehmen haben das Ohr viel näher an ihren regionalen und kundenspezifischen Gegebenheiten als die ganz Großen.

Ich behaupte, es ist sehr viel einfacher, einem mittelständischen Möbelhaus an der Peripherie einer Großstadt »Clienting« und »Neues Marketing« erfolgreich beizubringen als dem weltweit operierenden Unternehmen PORSCHE in Stuttgart.

Umso mehr habe ich Respekt vor der Leistung der PORSCHE-Leute, die ihr Marketing völlig umgekrempelt haben und tatsächlich den Kunden in den zentralen Mitelpunkt ihres Interesses stellen. Und der geradezu einmalige Erfolg gibt ihnen Recht.

Der kritische Leser könnte nun sagen, na ja, PORSCHE ist mit meinem Betrieb mit fünf Mitarbeitern ja wohl nicht zu vergleichen, oder?

Richtig.

Mit fünf oder zehn Mitarbeitern über Clienting und Kundenbindung nachzudenken ist sehr viel einfacher, als in einem Großkonzern darüber 620 Workshops einzurichten und viele Millionen Mark in das Training der Mitarbeiter zu investieren.

Gerade die kleinen und die mittleren Unternehmen haben die einmalige Chance, ihr Marketing mit einem vergleichsweise kleinen Etat auf völlig neue Füsse zu stellen.

4 Vom Produktmanagement zum Kundenerfolgsmanagement

Es soll Firmen geben, die seit Jahren am Markt tätig sind, und das auch mehr oder weniger erfolgreich. Aber nicht einmal im Ansatz wissen diese Unternehmen, mit welchen Kunden sie es tatsächlich zu tun haben.

Wer sind eigentlich Ihre Kunden?

Wenn ein Unternehmen nicht genau weiß, mit wem es im Bereich der Kunden zu tun hat, dann liegt das daran, dass offenbar keiner dafür verantwortlich ist, eine vernünftige Kundendatenbank einzurichten und zu pflegen und sich um Kunden ständig zu kümmern.

Dabei gibt es keine kommunikative oder technologische Schranke mehr, die einen Unternehmer (aber auch einen Vertriebsleiter oder Geschäftsführer) ernsthaft daran hindert, Informationen über seine Kunden zu sammeln, diese Daten intelligent zu fusionieren und ordentlich zu verwalten.

Sammeln Sie die wirklich interessanten Daten und nur die

Die Art und Weise, wie Ihr Unternehmen sein Marketing gestaltet, ist letztendlich eine Funktion aus den vielfältigen Faktoren Ihrer Unternehmensorganisation.

In Bezug auf diese Funktionen ergeben sich manchmal merkwürdige Zusammenhänge und Verhältnisse.

Da arbeitet ein mittelständischer Handwerksbetrieb im Bereich Heizungsbau/Klima/Kälte zwar intensiv mit großen Herstellern und Lieferanten zusammen, kümmert sich aber kaum um seine kaufenden Kunden.

Der Begriff *»Key-Account-Manager«*, was in etwa soviel wie »Schlüsselkunden-(Erschließungs)-Manager« bedeutet, scheint im Handwerksbereich völlig unbekannt zu sein.

Werden Sie zum »Kundenkümmerer«, zum »Key Account Manager«

In einem meiner Marketing-Seminare bestätigte mir der Leiter Aus- und Weiterbildung einer Handwerkskammer meinen Verdacht.

In seinem Kammerbezirk sei ein ganz deutlicher Nachholbedarf in Sachen *»Kundenerfolgsmanagement«* zu verzeichnen. Das Produktmanagement funktioniere bei den Handwerksbetrieben ganz gut – auch durch die Hilfe der leistungsfähigen Marketingabteilungen der Hersteller der Produkte. Aber ein geplantes *»Key-Accountment«* (Kümmern um wichtige Kundengruppen) sei unbekannt.

Vom Produktmanagement zum Kundenerfolgsmanagement

Schauen wir einmal, was wir da von den Großen lernen können.

Das Beispiel COCA COLA

Da arbeitet in einem Großunternehmen wie COCA COLA eine riesige Mannschaft von Produktmanagern. Sie alle kümmern sich zehn bis zwölf Stunden am Tag um die richtige Platzierung von Weißblechdosen, 0,2 Liter, mit dem Schriftzug COCA COLA, weiß auf rotem Grund, oder darum, die Marke FANTA in den Supermärkten zu platzieren oder BONAQUA in der 1,5-Liter-Mehrwegflasche bundesweit zu managen.

Keiner der Produktmanager kümmert sich um die kaufenden Kunden – man kümmert sich um die vielfältigen Produkte, die COCA COLA am Markt vertreibt.

Produktmanager und Key Account Manager

COCA COLA allerdings beschäftigt neben den »Produktkümmerern«, den Produktmanagern, auch eine ganze Garde von »Kundenkümmerern«, Key-Account-Managern, in der Bundesrepublik. Deren Aufgabe ist es, Tag für Tag im engen Dialog mit den Einkäufern und Geschäftsführern der großen Märkte und Handelsketten darüber zu reden, was man tun könnte, um den Abverkauf noch einfacher, günstiger und effektiver für alle Beteiligten zu gestalten. Was man tun könnte, um den jeweiligen Einkäufer noch zufriedener und beständiger in die Vertriebsphilosophie von COCA COLA einzubetten.

Beispiel AMERICAN EXPRESS Deutschland.

»KUNDENGRUPPEN-MANAGER« analysieren das Kaufverhalten der Kunden

Die AMERICAN-EXPRESS-Bank kennt natürlich die Anschriften, Berufe, Bankverbindungen und Vermögensverhältnisse ihrer Millionen von Kunden, den Karteninhabern. Das ist nichts Besonderes. Besonders ist, dass AMERICAN EXPRESS alle Umsätze der Kunden auf deren Karten genau analysiert – und zwar bei allen Kunden.

Da bilden sich schnell sehr interessante Kundengruppen heraus. Zum Beispiel die Vielflieger, die im Jahr Tausende von Meilen mit den großen Luftfahrtgesellschaften national und international zurücklegen und ständig Autos bei AVIS, SIXT oder HERTZ mieten.

Oder zum Beispiel diejenigen, die AMERICAN EXPRESS nur im Urlaub verwenden, oder die Karteninhaber, die ihre Karte nur für Geschenke oder Mitbringsel nutzen oder die Karte lediglich in bestimmten Regionen einsetzen.

Vom Produktmanagement zum Kundenerfolgsmanagement

AMERICAN EXPRESS nennt diese Kundengruppen »LOYALITÄTS-GRUPPEN«. Jede dieser Loyalitätsgruppen weist z. B. in Bezug auf Kaufverhalten, Interessenlage, soziale Zugehörigkeit etc. eine gemeinsame und in Bezug auf andere Gruppen ganz spezifische Merkmalsausprägung auf. Alle diese unterschiedlichen »KUNDENPORTFOLIOS« werden von einem »PORTFOLIOMANAGER« landesweit gemanagt. Das bedeutet, dass er sehr gute Kenntnis über seine Kundengruppe hat und der Gruppe natürlich sehr präzise Angebote machen kann, auch Angebote, die mit der ursächlichen AMERICAN-EXPRESS-Kreditkarte gar nichts direkt zu tun haben müssen.

Kunden werden in Gruppen mit bestimmten Merkmalsausprägungen sog. »KUNDENPORTFOLIOS« gegliedert

Da fällt mir das Beispiel eines meiner Mitarbeiter ein, der sechs Monate einen unserer Kunden in Brüssel betreute und deshalb fast jede Woche in der belgischen Metropole war.

Er flog wöchentlich mit der Lufthansa und zahlte immer mit AMERICAN EXPRESS sein Ticket. Nach ein paar Wochen erhielt er von AMERICAN EXPRESS einen recht gut gemachten, sehr persönlichen Brief. Das Angebot bezog sich auf City-Apartments in Brüssel, die er sich einmal ansehen sollte. Das sei günstiger als ständig die Übernachtungen in den Hotels und auch sehr viel angenehmer. Und er könne das Ganze sogar noch steuerlich geltend machen, weil ein interessantes belgisches Abschreibungsmodell eingeschlossen sei.

Nutzen Sie die Kenntnis der Interessen Ihrer Kunden für Zusatzangebote

Nun gut, mein Mitarbeiter hat das Angebot nicht angenommen, aber er hat sich die City-Wohnungen in Brüssel immerhin angesehen. Ich fragte ihn, wie ein solches Angebot auf ihn wirke. Er meinte, er habe das Gefühl, dass sich da jemand seine Gedanken gemacht habe, bei AMERICAN EXPRESS.

Machen Sie sich Gedanken über Ihre Kunden

Und das, denke ich, ist die wesentliche Kernaussage. Da hat sich jemand Gedanken gemacht über seine Kunden.

Der jeweilige Kundengruppenmanager bei AMERICAN EXPRESS ist verantwortlich dafür, dass seine Gruppe von Kunden mit dem Leistungsangebot von AMERICAN EXPRESS langfristig wirklich zufrieden ist und eine interessante Menge von sehr individuellen Zusatzangeboten an diese Kunden herausgeht. Die Zusatzangebote müssen alle im Loyalitätsbereich der Kunden liegen – also exakt im Bereich der Interessen, die die Kundengruppe an das Haus bindet – und hier möglichst punktgenau eine ganz konkrete Interessenlage treffen.

63

Vom Produktmanagement zum Kundenerfolgsmanagement

Von den Großen lernen

Und was kann der kleinere oder mittlere Mittelständler daraus lernen? Da muss offenbar etwas neu kanalisiert werden, in den kleineren Betrieben.

Auch die kleineren Betriebe brauchen, wenn sie die harten Zeiten der späten 90er-Jahre erfolgreich überstehen wollen, Kundenkümmerer, also »Key-Account-Manager« oder »Loyalitätsmanager«. Das könnte im kleinen bis mittleren Betrieb natürlich der Unternehmer selber oder sein Stellvertreter erledigen. Die Erfahrung zeigt, dass er es in der Regel aber nicht tut.

Die richtige Kommunikation ist alles.

Kaum ein Handwerksbetrieb, kaum eine Bäckerei oder ein Autohaus, die sich aktiv darum kümmern, was die Kunden, besonders die Schlüsselkunden, wirklich wollen und wünschen.

5 Vom Umgang mit Kunden: Exkurs in die Dialektik und Methodik von Clienting

Nun haben wir bereits eine ganze Menge von Ansichten und Haltungen, Beispielen und Fällen zum Thema Kundenzufriedenheitsmanagement gehört.

Bei allen Schilderungen und Empfehlungen zum Thema Kundenbindung und Kundenmanagement geht mir dauernd ein Satz meines Professors aus Bonn durch den Kopf.

Den Satz sagte er Anfang der 80er-Jahre in einer Vorlesung zum Thema der Grundlagenmethodik der Psychologie. Ein Student beschwerte sich in der 4. Grundlagenvorlesung darüber, dass der Professor jedes Mal wieder bei Adam und Eva beginne und ständig schon bekannte Grundlagen wiederhole. Der Professor lächelte, hielt inne und sagte so leise, dass der ganze Hörsaal mäuschenstill war:

Etwas wissen bedeutet noch nicht es auch anzuwenden

»Etwas zwanzigmal gehört oder gelesen zu haben heißt noch lange nicht, es auch verstanden zu haben. Und wenn Sie es verstanden haben, bedeutet das nicht notwendig, dass Sie es auch akzeptieren. Nehmen wir an, Sie hätten es akzeptiert ... Wetten, dass Sie tausend Gründe finden, die erlernte Methode nicht anzuwenden?«

Exkurs in die Dialektik und methodik von Clienting

Zwar sitzen wir hier nicht im Hörsaal. Aber ich habe in den bisherigen Abschnitten einfach unterstellt, dass Sie, die Leser und Leserinnen, ausreichend Kenntnis über die grundlegenden dialektischen und methodischen Vorgehensweisen der Kommunikationstheorie haben. Und ich weiß: Auch wenn die werten Leser die methodischen und dialektischen Grundlagen kennen, bedeutet das noch lange nicht, dass sie sie auch beherrschen und anwenden.

Da spreche ich aus jahrelanger Erfahrung. Selbst hochtrainierte Verkäufer beherrschen eher so genannte »Skills« (auswendig gelernte Methoden und Vorgehensweisen in Gesprächen mit den Kunden) als dialektisch-dynamische Methoden. Das beweisen mir viele Vertriebsleute in ausnahmslos jedem meiner Dialektik-Seminare.

Auch so mancher Talkmaster beweist mir das in seiner entsprechenden Sendung. Sie nutzen die Zeit, während ihre Gäste erzählen und reden – also authentische und relevante Informationen liefern – viel zu häufig dazu, sich bereits die eigenen Antworten und Fragen zu überlegen – anstatt wirklich zuzuhören.

Wenn Sie, die Leser und Leserinnen, diese methodischen und dialektischen Voraussetzungen und Vorgehensweisen wirkungsvoller Kommunikation kennen und beherrschen, können Sie alles, was Sie bisher gelesen haben, erstens selber tatsächlich erfolgreich anwenden und zweitens – was noch viel wichtiger ist – Ihren Mitarbeitern ebenfalls vermitteln. Also widmen wir uns jetzt in einem Exkurs dem Thema Dialektik und Methodik.

Das Wort *Dialektik* setzt sich aus den beiden Begriffen »Dias«, der Tag oder die Helligkeit, und »Logos«, das Wort, zusammen. In der Übersetzung des Begriffs Dialektik könnte man also sagen, er bedeutet soviel wie Klarheit oder Durchsichtigkeit der Sprache.

Da ausschließlich die gesprochene Sprache und die geschriebene Sprache die Kontakte zu unseren Kunden (zu Menschen überhaupt) aufrechterhalten, ja erst einmal möglich machen, ist der Stellenwert von Dialektik kaum zu überschätzen.

Der ehemalige VW-Chef Daniel Goedevert antwortete 1994 in einem Interview auf die Frage, was ihn denn als studier-

Sie können wissen was Sie wollen – wenn Sie es nicht wirkungsvoll nach außen formulieren können, ist es wertlos

EXKURS IN DIE DIALEKTIK UND METHODIK VON CLIENTING

ten Philosophen und Romanisten ohne jede technische Vorbildung in den Chefsessel von Ford und dann zu VW gebracht hat:

»Das ist einfach zu beantworten. Ich habe zwar keine Ahnung von Technik oder Autos. Ein wenig habe ich zwar gelernt, aber nicht so viel. Aber ich habe Ahnung von Menschen und kann mit ihnen reden. Und dann folgen die Menschen mir zu den Zielen, die ich ihnen erklärt habe, ganz einfach«.

Diese wohltuende Bescheidenheit.

So einfach ist das nämlich gar nicht. Hier die Grundlagen:

5.1 Sprechen Sie die Sprache Ihrer Kunden

Kommunikation mit Kunden (mit Menschen überhaupt) ist abhängig davon, dass die Gesprächspartner die gleiche Sprache sprechen, sich also verstehen.

Nun ja, das ist doch wohl eine Binsenweisheit, könnten Sie sagen. Nein, ist es nicht. Es ist viel komplizierter, die gleiche Sprache zu sprechen, als Sie denken.

Es können nur die Marketing-Informationen ankommen, die Sie auch absenden

Da reden wir mit dem Kunden über ein Thema und der Kunde scheint nichts zu verstehen. Wir erklären und erklären – er versteht immer noch nicht. Und wir bemerken nicht, dass ausschließlich wir selber verantwortlich sind für das, was an Botschaften beim Kunden ankommt. Denn eine bemerkenswerte Binsenweisheit der Kommunikation sagt:

Es kann immer nur das ankommen, was wir absenden – nicht mehr und nicht weniger.

Der Kommunikationsforscher und Psychologe Paul Watzlawik schreibt in einem seiner bemerkenswerten Bücher sinngemäß:

»Nur der Absender einer Nachricht ist verantwortlich für das, was beim Empfänger ankommt. Insoweit ist es völliger Unfug, davon zu reden, dass ich FALSCH VERSTANDEN wurde. Nein, wenn das so wäre, hätte ich etwas FALSCH ABGESENDET.«

Voraussetzung für das ordentliche und richtige Absenden von Marketing-Botschaften, Werbebotschaften oder Informationen wäre also, das persönliche Leistungs- und Motivationsniveau des Kunden zu kennen. Einfacher ausgedrückt:

Sprechen Sie die Sprache Ihrer Kunden

Sie als verantwortlicher Absender von Kommunikation müssen lernen, mit wem Sie es präzise zu tun haben. Sie können nicht erwarten, dass ein Werbebrief, der in einem hohen sprachlichen Niveau verfasst worden ist, von einem intellektuell einfachen Menschen verstanden wird. Und auch umgekehrt wird kein Schuh daraus.

Hohlen Sie Ihre Kunden dort ab, wo sie sich aktuell befinden

Stellen Sie sich vor, Sie bekommen einen Werbebrief einer Lottofirma, der in Sprache und Argumentation völlig an Ihrem persönlichen Hintergrund vorbeiformuliert ist.

Ich bekam vor ein paar Wochen einen solchen Brief. Die Verfasser behandelten mich in dem Schreiben nicht etwa wie einen Marketing-Spezialisten oder einen Psychologen, sondern es wurden da völlig unhaltbare Behauptungen zu Lotto-Gewinnmöglichkeiten aufgestellt.

Weg von den Massenschreiben – und hin zur gezielten individuellen Ansprache

Die Lottofirma hat es versäumt, ihre Kunden- und Interessentendaten ordentlich abzustecken und zu recherchieren. Da wurde ein undifferenziertes Massenanschreiben versendet, in völliger Unkenntnis der genauen Adressatengruppe.

Nun könnte man sagen, ich gehöre nicht zur typischen Zielguppe für Lotto-Systemspiele. Aber immerhin hat die Lottofirma ja meine Adresse gekauft und Geld dafür bezahlt. Geld, das die Firma sich hätte schenken können.

Fazit für den kleineren Betrieb und den Mittelständler:

Achten Sie ganz genau darauf, mit wem Sie es zu tun haben. Einfach strukturierte Kundengruppen benötigen eine einfache Ansprache. Komplexer strukturierte Kundengruppen benötigen eine komplexere Ansprache.

Sollen Marketing-Aktivitäten nachhaltig wirkungsvoll sein, ist es unerlässlich, im Rahmen des spezifischen Anspruchsniveaus eines jeden Kunden zu argumentieren.

Ganz besonders deutlich lässt sich das Phänomen der spezifischen Kundenansprache zum Beispiel an der Kundengruppe Ärzte darstellen. Wenn Sie es als Anbieter mit Ärzten zu tun haben, lassen sich hier ziemlich klare Regelwerke aufstellen, die auch hinreichend bekannt sind.

Analysieren Sie die Werte Ihrer Kundengruppen kritisch

Exkurs in die Dialektik und Methodik von Clienting

Sammeln Sie Fakten zum Verhaltensrepertoire Ihrer Kunden

Ärzte haben ein ausgeprägtes Standesbewusstsein. Sie verfügen über ein sehr hohes soziales Prestige (Ansehen) und halten ihr ethisches und moralisches Bewusstsein für ausgeprägter als das anderer Berufsgruppen. Ärzte sind meist überdurchschnittlich ausgebildet und haben höhere soziokulturelle Ansprüche. Sie empfinden sich selber als sehr verantwortungsvoll, verlässlich und menschlich kompetent etc.

Wenn Sie nun als mittelständischer Heizungs- und Klimatechnikbetrieb langfristig erstens das Einfamilienhaus des Arztes am Stadtrand in bester Wohnlage betreuen möchten und zweitens seine Praxis auch noch mit Klimatechnik ausstatten möchten, ist es Ihre Verpflichtung, sich auf das spezifische Niveau dieser Gruppe von Kunden zu begeben.

Wenn es Ihnen gelänge, sich auf diese Gruppe einzupegeln, hätten Sie es vermutlich mit einem weitgehend preisresistenten, aber sehr qualitätsbewussten Kunden zu tun. Das wäre ja schon sehr in Ordnung. Den sollten Sie dann ein Leben lang pflegen und behalten.

Denken Sie daran, dass langfristig grundsätzlich nur Gleiches mit Gleichem gut klarkommt. Im Marketing wäre es völlig verfehlt zu glauben, dass Gegensätze sich anziehen.

Ganz konkret:

Wie müsste eine Kundenansprache mit der Zielgruppe Ärzte aussehen, damit sie vermutlich erfolgreich ist? Ich argumentiere da im Umkehrschluss – und sage Ihnen, was Sie *NICHT* tun sollten:

- Niemals Mailing – immer individueller Brief an die Privatanschrift.
- Niemals Freistempler – immer Briefmarke und handschriftliche Anschrift auf den Umschlag.
- Keine Fensterumschläge beim Erstkontakt.
- Immer Qualität formulieren und in Nutzenvorstellungen argumentieren, keine Merkmalargumentationen.

Und da sind wir gleich beim nächsten Thema von Marketing-Dialektik.

ARGUMENTIEREN SIE MIT GANZ KONKRETEM KUNDENNUTZEN

5.2 Argumentieren Sie nicht mit Produktmerkmalen, sondern mit ganz konkretem Kundennutzen

Fast jeder Brief, den wir im Briefkasten finden, beschäftigt sich seitenweise mit Argumenten, die mit Merkmalen von Produkten zu tun haben – aber wenig oder fast nichts mit den Nutzenvorstellungen des Kunden. Die Verfasser dieser Schreiben sind in die Falle der Merkmal-Argumente gelaufen.

Das ist zu abstrakt?

Ich mache es konkret am Beispiel einer Niedrigtemperaturheizung, die ein Klima-Technik-Betrieb verkaufen möchte:

Hier die typischen Merkmale einer modernen Niedrigtemperatur-Ölheizung:

- hohe Qualität der Fertigung
- lange Lebensdauer
- niedrige Betriebstemperaturen
- geringere CO_2-Emmission
- hoher Wirkungsgrad
- schnelle Installation
- computerunterstützter Support
- geringer Ölverbrauch
- geringe Vorlauftemperaturen
- wenig Kohlenstoffausstoß

Diese Liste von Produktmerkmalen lässt sich beliebig fortsetzen. Thematisiert und vorgestellt werden so aber nur die Merkmale eines Produktes – nicht etwa der Nutzen dieses Produktes. Wenn Sie dahingehend einmal Ihre Kundenanschreiben untersuchen, werden Sie schnell feststellen, dass hier in der Regel nur von Produktmerkmalen die Rede ist – aber nicht von dem Nutzen, den Sie als Kunde davon haben.

Ein Produktmerkmal weist noch nicht notwendig auch den damit für den Kunden verbundenen Nutzen aus

Nun könnte man sagen, den Nutzen einer modernen Niedrigtemperatur-Ölheizung kennt doch jedes Kind. Stimmt nicht.

Im Detail kennt den Nutzen nur der Fachmann, nämlich Sie. Da nämlich Ihr Kunde etwas anderes zu tun hat, als den

Den Nutzen kennt in der Regel nur der Fachmann

EXKURS IN DIE DIALEKTIK UND METHODIK VON CLIENTING

ganzen Tag über moderne Heizsysteme nachzudenken, ist ihm der durch die einzelnen Produktmerkmale realisierbare Nutzen wenig klar, meist sogar unklar.

Um den Unterschied zwischen einer Aufzählung von Merkmalen und einer Argumentation von Nutzen ganz deutlich zu machen: hier die gleiche Liste der Merkmale mit dem jeweils dazugehörigen Kundennutzen und das damit angesprochene Handlungsmotiv in der gleichen Reihenfolge.

Setzen Sie Produktmerkmale in Kundennutzen um

- Hohe Qualität der Fertigung
  NUTZEN:
  Sie können sicher sein, dass keine technischen Ausfälle eintreten. Sie spüren von der Heizung gar nichts, sie läuft perfekt und es ist einfach warm. Das bedeutet für Sie höchste Bequemlichkeit und Behaglichkeit.
  HANDLUNGSMOTIVANSPRACHE:
  Sicherheitsstreben und Bequemlichkeit

- Lange Lebensdauer
  NUTZEN:
  Die lange Lebensdauer senkt Kosten. Das heißt, Sie sparen effektiv Geld und mindern Ausgaben.
  HANDLUNGSMOTIVANSPRACHE:
  Gewinnstreben, Sicherheitsstreben und Bequemlichkeit

- Niedrige Betriebstemperaturen
  NUTZEN:
  Das bedeutet sehr viel weniger Ölverbrauch und damit eine bemerkenswerte Kostenersparnis.
  HANDLUNGSMOTIVANSPRACHE:
  Gewinnstreben, Sicherheitssteben, soziale Verantwortung

- Geringere CO_2-Emmission
  NUTZEN:
  Das heißt, Sie beteiligen sich nicht an Umweltverschmutzung. Es bedeutet, Sie leben aktiv Verantwortung.
  HANDLUNGSMOTIVANSPRACHE:
  Sicherheitsstreben, soziale Verantwortung

- Hoher Wirkungsgrad
  NUTZEN:
  Der hohe Wirkungsgrad sichert geringsten Ölverbrauch und bedeutet geringste Emissionswerte.

Argumentieren Sie mit ganz konkretem Kundennutzen

Handlungsmotivansprache:
Bereicherung, Sicherheitsstreben, soziale Verantwortung

- Schnelle Installation
  Nutzen:
  Das heißt, wir werden lediglich sechs Stunden in Ihrem Haus sein – dann steht die Anlage betriebsbereit. Das bedeutet für Sie, dass alles einfach, sauber und schnell geht. Und dass die Kosten im Keller bleiben.
  Handlungsmotivansprache:
  Bequemlichkeit, Gewinnstreben, Sicherheit

- Computerunterstützter Support
  Nutzen:
  Das heißt, bei einer Wartung schließt unser Mitarbeiter sein Notebook an und hat in Sekundenschnelle den Betriebsstatus der Anlage auf dem Bildschirm. Das bedeutet, die Sache ist in fünf Minuten erledigt und könnte im Hochzeitskleid gemacht werden, so sauber ist alles. Sie können sich leicht vorstellen, wie kostengünstig das ist.
  Handlungsmotivansprache:
  Sicherheitsstreben, Bequemlichkeit, Gewinnstreben

- Geringer Ölverbrauch
  Nutzen:
  Der geringe Ölverbrauch senkt die Betriebskosten erheblich. Gegenüber einer herkömmlichen Heizung sparen Sie um die 60% Ölkosten bei höherer Leistung. Sie verhalten sich dabei ökologisch verantwortlich und sichern den verantwortungsvollen Umgang mit fossilen Brennstoffen.
  Handlungsmotivansprache:
  soziale Verantwortung, Gewinnstreben, Bequemlichkeit, Sicherheit

- Geringe Vorlauftemperaturen
  Nutzen:
  Sie senken Kosten und können die Heizung praktisch das ganze Jahr laufen lassen. Das sichert Behaglichkeit und Bequemlichkeit, wenn zum Beispiel mal ein Sommerabend etwas kälter ausfällt. Sie können so auf zusätzliche Heizquellen wie Radiatoren einfach verzichten.
  Handlungsmotivansprache:
  Bequemlichkeit, Gewinnstreben, soziale Verantwortung

EXKURS IN DIE DIALEKTIK UND METHODIK VON CLIENTING

- Wenig Kohlenstoffausstoß
  NUTZEN:
  Das heißt, Sie verursachen weniger Umweltverschmutzung.
  Es bedeutet, Sie leben aktiv Verantwortung.
  HANDLUNGSMOTIVANSPRACHE:
  Sicherheitsstreben, soziale Verantwortung

Jede Branche kann einen spezifischen Kundennutzen argumentieren

Das war zu anstrengend? Ich sage Ihnen – die Anstrengungen lohnen sich. Sie sollten überprüfen, wie Sie in Ihrem Betrieb mit den Merkmalen und dem Nutzen umgehen. Sie werden erstaunt sein, wie wenig tatsächliche Nutzenargumentationen Ihnen spontan einfallen. Sie werden feststellen, dass es gar nicht so einfach ist, für Ihre Leistungen und Angebote Nutzenvorstellungen so präzise zu formulieren, dass sie für Ihre Kunden wirklich schlüssig sind.

Das Beispiel aus dem Bereich Heizung/Klima ist ein typisches Beispiel. Diese Vorgehensweise kann jeder Unternehmer für alle seine Leistungen auch wählen.

5.2.1 Führen Sie einen Nutzen-Workshop durch

Beteiligen Sie Ihre Mitarbeiter an einem »Nutzen-Workshop«. Stellen Sie dabei immer nur ein Merkmal eines Produktes in den Raum und fragen Sie alle Beteiligten:

»Wo ist der Nutzen dieses Merkmales?«

Zusammen mit dem USP Ihres Produktes (siehe Kap. 2.1) liefert die Nutzenargumentation fast schon den kompletten Werbebrief oder das komplette Verkaufsgespräch.

Arbeiten Sie in dem »Nutzen-Workshop« auch mit farbigen Kärtchen, die Sie an einer Tafel aufhängen (»Meta-Plan Technik«). Das ist einfach, überschaubar und sichert Ihnen, dass Sie nichts vergessen.

5.2.2 Das Wortfeld Kundennutzen

Ist Ihnen etwas aufgefallen an dem Beispiel aus der Heizungs- und Klimatechnik, etwas Sprachliches?

Verben bringen den Nutzen zum Ausdruck

Der Nutzen wird immer mit einem Verb argumentiert, nie mit Adjektiven. Der Nutzen bringt den Kunden immer strategisch weiter.

Zur Erinnerung: Diese und ähnliche Nutzen-Verben habe ich im Rahmen der Nutzen-Argumentation genutzt:

Argumentieren Sie mit ganz konkretem Kundennutzen

»Kundennutzen« argumentieren Sie am wirkungsvollsten mit Hilfe von Verben:
- das bedeutet für Sie ...
- das erhöht Ihre ...
- das senkt Ihre ...
- das sichert Ihnen ...
- das erklärt Ihnen ...
- das bringt Ihnen ...
- das beinhaltet für Sie ... etc.

Man könnte ein riesiges Feld von Nutzen-Verben aufschreiben. Fragen Sie Ihre Mitarbeiter, was denen noch einfällt zum Thema »Wortfeld Nutzen«. Häufig ist es so, dass gerade die Techniker und Monteure, die Mitarbeiterinnen und Mitarbeiter in der Plattform der Mitarbeiterschaft (die, die »unten« arbeiten) sehr gute Kontakte zu Kunden haben und deshalb auch deren Nutzenvorstellungen ganz gut kennen. Wenn Sie als Leitender oder Inhaber nun die Ideen der Mitarbeiter in eine noch präzisere Sprache verpacken – dann haben Sie einen erfolgreichen Nutzen-Workshop abgeschlossen.

Achten Sie auf die Sprache Ihrer Mitarbeiter

Noch einmal:

> »USP« UND »KUNDENNUTZEN« SIND DAS A+O JEDER ART VON MARKETING-DIALEKTIK. OHNE BEACHTUNG DIESER BEIDEN PUNKTE GERATEN SIE IM MARKETING DER SPÄTEN 90ER-JAHRE IN EINE SACKGASSE.

5.3 Aktivieren Sie die persönlichen Handlungsmotive Ihrer Kunden

Dem interessierten Leser ist im Rahmen des Nutzen-Beispiels sicher aufgefallen, dass ich stets von so genannten »HANDLUNGSMOTIVEN« sprach. Lassen Sie uns einen kleinen Exkurs in die Motivationstheorie machen, dann wird die Wichtigkeit von Handlungsmotiven und so genannten »MOTIVANSPRACHEN« noch deutlicher.

Exkurs in die Dialektik und Methodik von Clienting

Etwas ganz Grundsätzliches zum Thema Motive:

KEIN MENSCH TUT ODER UNTERLÄSST IRGENDETWAS IM LEBEN, OHNE EIN MOTIV DAFÜR ZU HABEN. KEIN MENSCH KAUFT IRGENDEINE LEISTUNG ODER EIN PRODUKT, OHNE EINEN IRGENDWIE GEARTETEN NUTZEN DAVON ZU HABEN.

Nun gut, könnten Sie sagen. Ich kenne aber mindestens eine Person, die öfter mal völlig unmotiviert handelt oder etwas unmotiviert kauft.

Wenn das so wäre, würde es sich um neurotisches Handeln drehen. Jemand, der neurotisch handelt, benötigt keine Motive für sein Handeln, zumindest sind die Motive für uns Außenstehende nicht offen erkennbar. Da es sich bei all unseren Kunden in der Regel nicht um neurotische Menschen handelt, können wir getrost davon ausgehen, dass ein Kunde (wie wir selber auch) nichts ohne ein Handlungsmotiv tut.

Sieben wesentliche Gründe, etwas zu tun oder zu lassen

Wenn Sie bisher der Annahme waren, dass es eine Unmenge Gründe gibt, etwas zu tun oder zu lassen – da kann ich Sie beruhigen. Alle diese Gründe lassen sich im Wesentlichen auf sieben Kern-Handlungsmotive zurückführen, aus denen heraus wir Menschen unser Leben und unsere Aktivitäten gestalten. Da Kunden auch Menschen sind, liegt es auf der Hand, dass diese Regel auch für Kunden gilt – und zwar ausnahmslos für alle Kunden aller Produkte und Leistungen aller Branchen. Vom Käufer einer Luxus-Motorjacht bis zum Kauf einer Tageszeitung am Kiosk.

Hier zunächst die sieben wesentlichen Leitmotive und Antriebe für unser menschliches Handeln:

Alles menschliche Handeln und Tun lässt sich auf sieben grundlegende Leitmotive zurückführen

- *GEWINNSTREBEN*
  Im Umkehrschluss bedeutet das Kosten vermeiden.
- *SICHERHEITSSTREBEN*
  Im Umkehrschluss bedeutet das auch das Vermeiden von Unsicherheit.

DIE PERSÖNLICHEN HANDLUNGSMOTIVE IHRER KUNDEN

- *BEQUEMLICHKEITSSTREBEN*
  Der Umkehrschluss lautet: Bloß keinen Aufwand betreiben.
- *GESUNDHEITSSTREBEN*
  Im Umkehrschluss bedeutet das alles vermeiden, was krank macht.
- *SOZIALE VERANTWORTUNG ÜBERNEHMEN*
  Umkehrschluss: Bloß nicht unsozial oder unmenschlich erscheinen.
- *NEUGIER UND ENTDECKUNG*
  Umkehrschluss: Langeweile vermeiden.
- *STREBEN NACH ANERKENNUNG UND GELTUNG, PRESTIGESTREBEN*
  Im Umkehrschluss heißt das Peinlichkeiten vermeiden und verhindern, ignoriert zu werden.

Alles, so schrieb ich ein paar Zeilen vorher, alles, was wir Menschen tun oder lassen, lässt sich recht einfach mit diesen sieben wesentlichen Antrieben oder auch Handlungsmotiven erklären.

Nehmen wir ein ganz nahe liegendes Beispiel. Sie haben dieses Buch gekauft. Nach meiner Darstellung lässt sich der Kaufentscheidungsprozess für dieses Buch im Rahmen der beschriebenen sieben Handlungsmotive wiederfinden.

Die Motive für den Kauf und die Lektüre dieses Buches

Richtig, und zwar:

- Motiv für den Kauf dieses Buches: Neugier und Entdeckung. Sie möchten mehr wissen über Marketing, Kundenbindung und Clienting.

- Motiv für den Kauf dieses Buches: Sicherheitsstreben, Vermeiden von Unsicherheit.
  Sie vermuten, dass Ihr Unternehmen die Informationen dieses Buches gut verwerten kann, um dann mit mehr Sicherheit den Markt anzugehen.

- Motiv für den Kauf dieses Buches: Gewinnstreben.
  Sie hoffen, dass man mit ordentlichem Marketing auch Geld verdienen kann.

Exkurs in die Dialektik und Methodik von Clienting

Sie sehen, selbst ein so einfacher Entscheidungsprozess wie der Kauf eines Fachbuches lässt sich ziemlich problemlos innerhalb der vorhandenen sieben Handlungsmotiven unterbringen. Bei diesem Beispiel waren drei Handlungsmotive bestimmend:

1. Neugier und Entdeckung,
2. Sicherheitsstreben,
3. Gewinnstreben.

Sicher spielen bei vielen Kaufentscheidungsprozessen die restlichen der sieben Motive auch eine gewisse Rolle. Bei einigen Kaufentscheidungen kommen alle sieben Motive ins Rennen, bei anderen Entscheidungen reichen ein Motiv oder zwei.

Genau so, wie wir selber uns an Handlungsmotiven orientieren, verhalten sich unsere Kunden also auch.

Damit die Argumentation den subjektiven Hintergrund des Kunden auch exakt trifft, sollte Folgendes beachtet werden:

> **Die aus den Produktmerkmalen abgeleiteten Nutzenargumente sollten folgerichtig zu den Handlungsmotiven führen. Produktmerkmale, Nutzenvorstellungen und dazugehörige Handlungsmotive sollten sinnvoll zusammenpassen.**

Um dies leisten zu können, müssen wir Kenntnis von den wesentlichen Handlungsmotiven unserer Kunden haben.

Und das zu erfahren ist gar nicht so schwierig. Man muss nur richtig fragen und die richtigen Fragen stellen. Dann kommen wir dahinter, welche wesentlichen Motive unsere Kunden zum Kauf einer Ware oder Leistung bewegen.

Verschaffen Sie sich Kenntnis über die Leitmotive Ihrer Kunden

Wie gesagt, Motive tauchen bei Kaufentscheidungsprozessen niemals einzeln auf – oder wenigstens ganz selten. Meist ist es so, dass wir ein ganzes Bündel von Entscheidungsmotiven antreffen. Das nennen die Marketing-Psychologen dann ein »*Motivbündel*«.

Jeder Mensch hat zudem so eine Art »*Leitmotiv*«. Ein Leitmotiv prägt das grundsätzliche gesamte Verhalten eines Menschen (eines Kunden).

DIE PERSÖNLICHEN HANDLUNGSMOTIVE IHRER KUNDEN

So kennen Sie sicher auch eher ängstliche Kunden (Leitmotiv: Sicherheitsstreben), eher mutige Kunden (Leitmotiv: Neugier und Entdeckung), eher ökologisch orientierte Kunden (Leitmotiv: soziale Verantwortung), einige Kunden neigen zur Selbstdarstellung (Leitmotiv: Prestige und Anerkennung) etc.

Alles Handeln lässt sich mit den Motiven erklären

5.4 Stellen Sie die richtigen Fragen richtig

Die dialektische Methode, treffende Fragen zu stellen und dadurch verwertbare Informationen zu erlangen, auch über die Motivhaltungen unserer Kunden, nennen wir »FRAGE-METHODIK«. (Das ist das, was viele Talkmaster nicht so richtig beherrschen; Sie erinnern sich.)

Wer sinnvoll fragt, erhält auch verwertbare Antworten

Wenn Sie die Absicht hätten, mehr über Ihre Kunden zu erfahren, Neigungen, Leitmotive, Haltungen und Einstellungen, dann bieten sich die so genannten »W-FRAGEN« an.

W-Fragen haben die Eigenart, dass sie mit dem Buchstaben W anfangen und niemals sinnvoll mit einem »Ja« oder »Nein« zu beantworten sind, W-Fragen sind daher immer auch »OFFENE FRAGEN«.

Eine W-Frage führt immer zu detaillierteren Informationen als eine so genannte »GESCHLOSSENE FRAGE«.

»W-FRAGEN« führen zu Detailinformationen

Ein Beispiel zu einer W-Frage:
»Welche Ausstattung des OPEL VECTRA scheint Ihnen am sinnvollsten?«

Diese Frage ist nicht mit einem »Ja« oder »Nein« zu beantworten. Der Kunde muss, wenn er antwortet, reden, reden, reden. Er erzählt Ihnen dann, welche Vorstellungen er zu dem Produkt hat. Daraus lassen sich, wenn Sie aufmerksam zuhören, sehr schnell die Haltungen und Motive heraushören.

Dann können wir als Anbieter einer Ware oder Leistung dem Kunden etwas wirklich Gutes tun:
Sein wesentliches Motiv ansprechen und DAS Angebot machen, welches sein Leitmotiv wirklich befriedigt. Das ist dann auch ein Baustein zu aktiver Kundenbindung.

Hierzu ein Beispiel:
Kunde betritt den Verkaufsraum, sieht sich um, geht ein paar Schritte auf ein Modell zu, wendet sich ab, schaut sich einen CORSA an, steht herum.

Exkurs in die Dialektik und Methodik von Clienting

Der Verkäufer kommt zum Kunden, grüßt freundlich und fragt: »Was darf ich für Sie tun, wie kann ich Ihnen helfen?«

KUNDE:

»Na ja, ich wollte mich mal umsehen ...«

VERKÄUFER:

»Sie sind sich noch nicht so sicher? Was schwebt Ihnen denn vor, wenn es um das Thema Auto geht?«

KUNDE:

»Also, ich wollte eigentlich nicht so viel Geld ausgeben, aber doch Platz haben, also Platz muss das Auto schon haben.«

VERKÄUFER:

»Sie wollen eine gute Raumnutzung, hm, und einen günstigen Preis. Lassen Sie uns mal rüber gehen, zu dem *ASTRA* dort drüben. Der bietet großzügige Platzverhältnisse zu einem bemerkenswert günstigen Preis ...«

Mit welchen Handlungsmotiven haben wir es bei diesem Beispiel zu tun?

1. Gewinnstreben (Kostenminimierung).
2. Bequemlichkeit (zu klein ist unbequem).
3. Sicherheitsstreben (bloß keinen Fehler machen).

Sie sollten Ihre Mitarbeiter auch bei diesem Thema genauso wie bei den anderen Themen einbeziehen. Trainieren Sie Ihre Mitarbeiter, sensibel darauf zu achten, welche Motive ein Kunde formuliert.

Das Respektieren der Handlungsmotive der Kunden hat nichts mit aggressivem Verkaufen zu tun – eher mit Hilfe anbieten und sich kümmern um die Belange des Kunden.

Zufrieden ist nur der Kunde, auf dessen Motive wirklich eingegangen wird

Jeder Mensch, dessen Handlungsmotive befriedigt werden, ist grundsätzlich zufrieden, uns grundsätzlich wohlgesonnen.

Ist uns der Kunde grundsätzlich wohlgesonnen, bedeutet das auch, dass wir unsere Kundenbeziehung stabilisieren und den Kunden so an uns binden.

Dieser Prozess der Kaufentscheidung, der Prozess der Entwicklung von Motiven, der Prozess der Entwicklung von Haltungen und Einstellungen zu unserem Unternehmen, zu unserer Marke, zu unseren Angeboten ist im Wesentlichen ein Prozess, der im Unterbewusstsein des Kunden stattfindet.

Stellen Sie die richtigen Fragen richtig

Das bedeutet, dem Kunden ist dieser Prozess gar nicht recht bewusst – der Entscheidungsprozess läuft einfach ab.

Bedenken Sie:
Rund 80% aller Entscheidungen in unserem Leben treffen wir mit unseren unterbewussten Haltungen und Motiven, nicht etwa kognitiv, mit dem Kopf.

Das Unterbewusstsein entscheidet, der Kopf ist kaum beteiligt

6 Von der Reklamationsannahme zum Beschwerdemanagement

»Wie bitte? Sie meinen, die Gebühren sind falsch berechnet?« Die Mitarbeiterin der Sparkasse ist entsetzt. Ungläubig schaut sie den Kunden an:
»Das hat unser Rechenzentrum so errechnet, die Gebühren sind völlig richtig. Die machen da keine Fehler im Rechenzentrum. Außerdem können Sie die Kosten für die Kontoführung in den Allgemeinen Geschäftsbedingungen nachlesen ... Kann ich mir nicht vorstellen, dass da ein Fehler drin ist«, brummelt die Bankmitarbeiterin.
»Außerdem ist eigentlich meine Kollegin für Ihren Kontonummernkreis zuständig und die ist gerade in der Pause.«

Es gibt viele Negativbeispiele in Bezug auf Service und Kundenfreundlichkeit

»Nein, das geht nicht. Umtausch nach mehr als vier Wochen?« Mit empörtem Gesichtsausdruck schaut die Verkäuferin den Kunden an: »Das soll meine Kollegin Ihnen zugesagt haben?«

»Was, der Drucker soll nicht funktionieren? Da haben Sie sicher die Druckertreiber falsch geladen. Gehen Sie doch bitte erst mal nach Hause und laden die Treiber noch mal auf die Platte. Aber gucken Sie vorher ins Handbuch, das müssen Sie schon tun.«

Der Kunde hat sich geirrt. Der Kunde hat etwas falsch gemacht. Der Kunde ist nicht in der Lage, eine Betriebsanleitung richtig zu lesen, hat zu wenig technisches Verständnis.

»Das kann nicht sein«, »Da bin ich nicht zuständig«, »Das kann ich gar nicht glauben, was Sie da erzählen« – Weiterverweisen, Ausflüchte, Gegenreden und Schuldzuweisungen gehören zum täglich benutzten Sprach- und Verhaltensrepertoire der Mitarbeiter von Geldinstituten, Einzelhandel, Kaufhäusern oder Werkstätten und vielen anderen Unternehmen.

Beschwerdemanagement statt Reklamationsannahme

Kundenzufriedenheit und Kundenbindung sind häufig nur Lippenbekenntnisse

Begriffe wie »Beschwerdemanagement« und »Kundenbindung« finden sich durchaus in den Chefetagen deutscher Unternehmen, auch bei den mittelständischen Betrieben – aber sie sind nicht mit Leben erfüllt.

Oft existieren die Begriffe lediglich als Lippenbekenntnisse – mit der aktiven Umsetzung dieser Ideen hapert es jedoch gewaltig.

Das Kundenbarometer bringt es jährlich an den Tag

Die Deutsche Marketing Vereinigung e.V. in Düsseldorf ermittelt jährlich mit dem »Deutschen Kundenbarometer« den Grad der Kundenzufriedenheit und der Kundentreue in über 40 Branchen und mehr als 800 Unternehmen. Das Ergebnis für 1996:

»Dramatische Verschlechterung der Kundenzufriedenheit in allen Branchen.«

Mangelnde Kundennähe kostet Geld

Was oberflächlich betrachtet wie eine etwas ärgerliche Begleiterscheinung des Massenkonsumverhaltens aussieht, hat in Wahrheit ganz dramatische Konsequenzen. Weil unfähige und unfreundliche Mitarbeiter die Kunden vergraulen, entgehen vielen Unternehmen dringend notwendige Umsätze und Gewinne.

Der ehemalige Vorstandssprecher der *Deutschen Bank*, Hilmar Kopper, erklärte in einem Interview, er vermute, dass seiner Bankorganisation jährlich etwa 25 % des gesamten Umsatzvolumens wegen mangelnder Kundennähe und mangelndem Engagement der Mitarbeiter gegenüber den Kunden verloren gingen.

Der japanische Unternehmensberater Minoru Tominaga, ehemals Chef der bundesdeutschen Dependance von *Yamaha*, in einem Spiegel-Interview:

»Die Deutschen kennen Begriffe wie Kundenzufriedenheit und Clienting überhaupt nicht. Die bundesdeutschen Verkäuferinnen sind bestenfalls Warenaufpasserinnen.«

Wenn man in Japan einkaufe, so Tominaga, bedanke sich jede japanische Verkäuferin beim Kunden – in der Bundesrepublik müsse der Kunde bereits glücklich sein, überhaupt zur Kenntnis genommen zu werden, von Beschwerden und Konflikten ganz zu schweigen.

BESCHWERDEMANAGEMENT STATT REKLAMATIONSANNAHME

Alle Untersuchungen zu der Qualität bundesdeutscher Dienstleistung geben dem Japaner Recht. Im Europa-Vergleich, so eine Studie der »Learning International GmbH« in Düsseldorf, sichern wir Deutschen uns den drittletzten Platz in Sachen Kundenfreundlichkeit, wohlgemerkt europaweit.

Wir sind Weltmeister in Sachen Unfreundlichkeit

Weil die ausländischen Unternehmen ihre Kunden sehr viel verbindlicher und freundlicher bedienen, gerät die deutsche Wirtschaft in vielen Bereichen ins Hintertreffen.

Im Ausland ist es vielfach üblich, die Kunden grundsätzlich nach dem Kauf, im Abstand von ein paar Wochen, nach deren Zufriedenheitsgrad zu befragen, etwas völlig Normales.

In der Bundesrepublik ist es vielfach noch unvorstellbar, Beschwerdemanagement so zu organisieren. In den bundesdeutschen Büros sind manchmal recht hübsche Sprüche an den Wänden zu finden, die eigentlich lustig sein sollten. Was fällt mir dazu ein? Die Schelme und die Kinder sagen die Wahrheit:

»Jeder Fünfte, der sich beschwert, wird erschossen. Der Vierte war gerade da.«

Wirklich merkwürdige Marketing Sprüche

»Bei uns wird Kundenfreundlichkeit groß geschrieben. Wir schätzen es, wenn unsere Kunden freundlich sind.«

»Ich lasse mich nicht hetzen, ich bin hier auf der Arbeit, nicht auf der Flucht.«

Das alles hat mit Kundenbindung und Clienting nichts und mit aktivem Beschwerdemanagement schon überhaupt nichts zu tun.

Eine Untersuchung der *VOLKSWAGEN AG* Wolfsburg zum Thema Werkstatt und Service ergab 1996:

Unzufriedene Kunden geben ihre gemachten Negativ-Erlebnisse im Schnitt an neun bis zehn andere Gesprächspartner weiter, bei denen sich das Negativerlebnis dann festsetzt und multipliziert.

Unfreundlichkeit kostet Geld

Einer Berechnung von *VW* zufolge würden 32 Werkstattkunden in der bundesdeutschen *VW*-Händlerorganisation pro Tag ausreichen, um 1,3 Milliarden Mark Verlust pro Jahr im Werkstattbereich zu verursachen, wenn die 32 Kunden als Negativmultiplikatoren schlechtlaunig aus der Werkstatt kämen.

Beschwerdemanagement statt Reklamationsannahme

Jeder Nörgler ist ein »Marktforscher«

Eigentlich, so sage ich als Berater meinen Kunden ständig, ist jeder Nörgler ein Grund dafür, dankbar zu sein.

Werden Beschwerden und Reklamationen richtig behandelt, können sie von jedem Unternehmen als hocheffektive kostenlose Marktforschung ausgewertet werden.

Aber weil niedrige Reklamationsquoten über Jahre hinweg zur Messlatte von Total-Quality-Management geworden sind, kann wohl kaum jemand verstehen, dass Beschwerden etwas grundsätzlich Positives für den Unternehmer sein können.

Ein niedriges Beschwerdeaufkommen besagt noch nicht, dass alles in Ordnung ist

Ein geringes Beschwerdeaufkommen, so die amerikanische Marketing-Beratungsgesellschaft TARP (Technical Assistance Research Programs) ist absolut kein Indikator für ein kundenfreundliches Marketing. Von 27 verärgerten oder unzufriedenen Kunden beschwert sich nämlich nur ein Einziger.

Das bedeutet, dass 26-mal etwas schief geht, ohne dass der Unternehmer das erfährt.

Aktives Beschwerdemanagement wartet nicht ab, bis der 27. verprellte Kunde endlich kommt und uns sagt, was wir wieder einmal falsch gemacht haben. Aktives Beschwerdemanagement sieht da ganz anders aus.

Vier wesentliche Rahmenbedingungen müssen zunächst geklärt sein, um aktives Beschwerdemanagement verantwortungsvoll und ordentlich zu erledigen:

6.1 Die Rahmenbedingungen wirkungsvollen Beschwerdemanagements

**Erste Rahmenbedingung:
Schaffen Sie die organisatorischen Voraussetzungen**

Ihre Organisationsform bestimmt auch die Art Ihres Beschwerdemanagements

Die organisatorischen Voraussetzungen für ein aktives Beschwerdemanagement müssen im Betrieb installiert sein.

Basis dafür ist, dass man die Organisationsstruktur im eigenen Betrieb überhaupt fixiert hat. Je kleiner der Betrieb, umso mehr ist die Organisation von Arbeitsabläufen eher dem

Die Rahmenbedingungen

Tagesgeschäft überlassen. Je größer der Betrieb, umso notwendiger wird ein fixiertes Organisationsschema.

Ob Sie in Ihrem Betrieb ein geplantes, fixiertes Schema der Arbeitsabläufe haben, hängt also auch von Ihrer Betriebsgröße ab. Einige grundsätzliche Voraussetzungen für aktives Beschwerdemanagement müssen allerdings immer vorhanden sein – sonst geht es nicht.

Sie benötigen Kenntnis über Ihre Kunden schlechtweg – und zwar über alle Kunden. Das dazu nötige Instrumentarium lässt sich recht einfach installieren, ist aber von Branche zu Branche sehr unterschiedlich.

Beschwerdemanagement braucht Informationsvorsprung

Richten Sie in jedem Fall eine Kundendatei ein und bringen Sie wenigstens die folgenden Informationen dort ein:

Unverzichtbare Daten Ihrer Kundendatei:

- alle demoskopischen Daten des Kunden, Anschrift, Telefon, Fax, E-Mail und so weiter.
- alle nicht-demoskopischen Daten des Kunden, die für Sie und Ihren Betrieb wichtig sind, z. B. Eigenheim oder Mietwohnung, Kinder oder nicht, selbstständig oder angestellt, verheiratet oder unverheiratet, Geburtstag, Hobbys etc.
- alle Umsatzdaten des Kunden der letzten drei Jahre
- alle Absatzdaten des Kunden
- wenn möglich, alle Deckungsbeitragsdaten des Kunden
- die Frequenz der Kundenkontakte, wer hat wann über was mit dem Kunden gesprochen, in Stichworten mit dem Namenszeichen des Mitarbeiters, der kundenverantwortlich ist
- die Reklamationsfrequenz, wann hat der Kunde was zu welchem Thema zu bemängeln gehabt und was hat mein Unternehmen veranlasst, um den Mangel zu beseitigen

Das für erfolgreiches Beschwerdemanagement erforderliche Datengerüst

---

Eine solche Kundendatei lässt sich ziemlich problemlos mit Hilfe aller gängigen Datenbanken oder Kalkulationsprogramme herstellen. Auch mit einer Textverarbeitung können Sie sich eine solche Datei bauen, wenn auch nicht ganz so komfortabel.

Beschwerdemanagement statt Reklamationsannahme

Für jeden Kunden wird ein Datenblatt angelegt und permanent fortgeschrieben

Eine A4-Maske enthält dann alle Daten – für jeden Kunden wird ein solches Datenblatt eingerichtet und permanent fortgeschrieben.

Es wäre gar nicht nötig, die Menge aller Datenblätter ständig auszudrucken. Es reicht, wenn alle Mitarbeiter, die solche Daten benötigen, auf den Datensatz in ihrem PC zurückgreifen können und so bei etwaigen Anfragen von Kunden sofort auf den aktuellsten Kundenstatus kommen.

Sind Sie sinnvoll organisiert?

Überprüfen Sie die Sinnhaftigkeit von organisatorischen Abläufen in Ihrem Betrieb und stellen Sie sich dabei die folgenden einfachen Fragen:

Nur nichts liegen lassen und auf die lange Bank schieben

- Wie oft wird ein Stück Papier, eine Telefonnotiz oder ein Hinweiszettel zu einer Reklamation eigentlich in meinem Betrieb angefasst, bis das Problem endgültig abgearbeitet ist? Ideal: Ein Stück Papier immer nur einmal anfassen und dann wäre die Sache erledigt.

Delegieren Sie Kompetenz und Verantwortung

- Habe ich dem Mitarbeiter (den Mitarbeitern), der sich mit Reklamationen befasst, auch mit der Kompetenz und Verantwortung ausgestattet, die Reklamation endgültig zu erledigen? Oder muss der Mitarbeiter sich jede Entscheidung von mir oder seinem Vorgesetzten absegnen lassen?

Über welche Kanäle kommt was bei mir an?

- Wie kommen die Reklamationen eigentlich bei mir an? Mittelbar über andere, unmittelbar vom Kunden selber? Telefonisch oder persönlich – oder berichten z.B meine Auslieferungsfahrer oder draußen tätige Monteure mir von Unzufriedenheiten der Kunden?

Unterstützen Sie Kunden bei Reklamationen, das stabilisiert

- Ist mir und meinen Mitarbeitern klar, dass jede Reklamation uns im Betrieb weiterbringt? Dass Reklamationen die einmalige Chance sind, von der Unzufriedenheit des Kunden überhaupt Kenntnis zu erlangen und daraus zu lernen? Ist mir und meinen Mitarbeitern klar, dass ein Kunde, der unzufrieden ist und nicht reklamiert, ganz leise »stirbt« und uns lautlos verlässt? Und wir bemerken das nicht einmal?

- Ist mir und meinen Mitarbeitern klar, was es unseren Betrieb kostet, einen Kunden zu verlieren? Und wissen wir, was es kostet, einen Neukunden zu akquirieren?

Wie gehabt: machen Sie einen Beschwerde-Workshop

Rufen Sie an einem stillen Nachmittag, vielleicht an einem Freitag, ihre Mannen zusammen, vom Gabelstaplerfahrer bis zur Sekretärin, und gehen Sie mit den Leuten in einen drei-

Die Rahmenbedingungen

stündigen Workshop zum Thema Organisation von Abläufen und Organisation von Reklamationen diese Fragestellungen durch.

Arbeiten Sie in diesem Workshop eher als Moderator und Partner, nicht als Vorgesetzter. Stellen Sie als Erstes wieder die USP-Frage, warum denn ein Kunde überhaupt die Leistungen Ihres Unternehmens in Anspruch nehmen sollte. Hören Sie gut zu, was Ihre Mitarbeiter Ihnen dazu sagen werden. Klären Sie mit den Mitarbeitern, wie die grundsätzliche Landschaft der Reklamationen in Ihrem Unternehmen aussieht und wo die Reklamationen mit dem USP Ihres Unternehmens kollidieren.

Hören Sie gut zu – Ihre Mitarbeiter wissen zum Thema Reklamationen oft mehr als Sie

Fragen Sie Ihre Mitarbeiter, wie die Reklamationen im Betrieb ankommen, und lassen Sie sich genau erklären, wie die Reklamationen abgearbeitet werden. Klären Sie den Unterschied zwischen aktiver Reklamationsbearbeitung und eher passiver Reklamationsbearbeitung.

»AKTIVE REKLAMATIONSBEARBEITUNG« bedeutet immer, dass die Mitarbeiter nicht abwarten, bis der Kunde explodiert, sondern die einkommende Beschwerde sofort und ursächlich erledigt wird, am gleichen Tag. Mache ich morgen oder später – das geht nicht. Das geht schief.

Zweite Rahmenbedingung:
Ihre Mitarbeiter müssen fachlich und organisatorisch fit sein

Das rein fachliche Wissen und Können im Beschwerdemanagement, welches mit dem eigentlichen Job zu tun hat, muss sehr gut ausgebildet sein. Die Mitarbeiter müssen darin trainiert werden, wie die Menge der organisatorischen Rahmenbedingungen, die in den Workshops erarbeitet worden sind, überhaupt zu erledigen ist.

Je mehr Komplexität in den organisatorischen Abläufen steckt, umso schwieriger wird es, alle Beschwerden nach einem überprüfbar einheitlichen Schema abzuarbeiten.

Geben Sie den Mitarbeitern die Zeit, sich an die organisatorischen Veränderungen eines professionellen Beschwerdemanagements zu gewöhnen. Nichts ändert sich von heute auf morgen. Alles benötigt seine Zeit, auch das Sich-Einarbeiten in andere Reklamationsabläufe.

Nichts ändert sich von heute auf morgen – lassen Sie den Mitarbeitern Zeit

Beschwerdemanagement statt Reklamationsannahme

Dritte Rahmenbedingung:
Nur zufriedene Mitarbeiter schaffen zufriedene Kunden

Die Einstellung und Haltung der Mitarbeiter in Sachen Beschwerdemanagement muss zum Positiven hin verändert werden.

Da ist dauerndes Training der Mitarbeiter sehr wichtig. Wer täglich mit Beschwerdemanagement umgehen muss, muss Menschen mögen und eine positive Haltung zu Menschen haben. Die wichtigsten Eigenschaften eines erfolgreichen Beschwerdemanagers sind Einfühlungsvermögen und ein hohes Maß an Konfliktbereitschaft und Konfliktfähigkeit gepaart mit sehr guten kommunikativen Fähigkeiten. Und diese Eigenschaften sind uns nicht in die Wiege gelegt, das muss gelernt werden.

Vergewissern Sie sich regelmäßig, wie der Kenntnisstand Ihrer Mitarbeiter ist, nicht nur auf das Fachliche bezogen, sondern auch auf die kommunikative Kompetenz. Reden Sie mit den Mitarbeitern über Beschwerden und Reklamationen und wie die Mitarbeiter sich bei eingehenden Beschwerden und den manchmal nicht so einfachen Gesprächen fühlen, was da in ihnen vorgeht.

Hat Ihr Mitarbeiter ein Will-Nicht Problem oder ein Kann-Nicht Problem?

Lernen Sie zu unterscheiden, was ein *»Will-nicht-Problem«* ist, gegenüber einem *»Kann-nicht-Problem«*. Sie werden feststellen, dass nicht alle Mitarbeiter in Ihrem Betrieb wirklich positiv zu Reklamationen und Beschwerden stehen. Das werden die Mitarbeiter Ihnen aber nicht so offen erzählen. Hier liegt der Unterschied zwischen einem Will-nicht- und einem Kann-nicht-Problem.

Falls ein Mitarbeiter noch nicht so richtig mit dem Kunden umgehen kann, ist dem relativ leicht beizukommen. Trainieren Sie die Fähigkeiten des Mitarbeiters ausreichend und er wird seine kommunikativen Kompetenzen entsprechend erweitern können.

Der Mitarbeiter, der Reklamationen jedoch nicht mag, weil er sie eher als lästig erlebt, hat ein Will-nicht-Problem. Dieser Mitarbeiter mag dann meistens auch die Kunden nicht, wie die Erfahrung aus meinen Gesprächen mit vielen Unternehmern zeigt. Will-nicht-Probleme sind bei den Mitarbeitern sehr viel schwieriger zu beseitigen, als Kann-nicht-Probleme.

Die Rahmenbedingungen

Der Will-nicht-Mitarbeiter hat nämlich ein Motivationsproblem. Der Kann-nicht-Mitarbeiter hat dagegen nur ein eher handwerklich-technisches Problem im Umgang mit Beschwerden und Reklamationen, prinzipiell möchte er ja helfen und beherrscht lediglich die erforderlichen kommunikativen Techniken noch nicht.

Wenn jemand nicht will, dann hat er ein Motivationsproblem

Wenn Sie feststellen würden, dass ein Mitarbeiter dauerhaft mit einem Will-nicht-Problem kämpft, müssten Sie sich mittelfristig dazu entscheiden, den Mitarbeiter aus Ihrem Team zu entfernen.

Wenn die Einstellung nicht stimmt, wird nichts daraus

Viel wichtiger als die handwerklich-technische Abarbeitung von Reklamationen und Beschwerden ist die intrinsische Einstellung und Haltung der Mitarbeiter gegenüber reklamierenden oder gar maulenden Kunden.

Überprüfen Sie immer wieder, wie die Mitarbeiter mit den Kunden reden. Ist die Beziehungsebene zum Kunden noch in Ordnung? Oder geht es gar nicht mehr um den Inhalt der Beschwerde, sondern vielmehr darum, wer hier Recht behält?

Geht es um die Beschwerde oder darum, wer Recht behält?

Lassen sich Ihre Mitarbeiter auf Machtkämpfe mit den Kunden ein? Überprüfen Sie regelmäßig, wie die kommunikative Leistungsfähigkeit der Mitarbeiter sich darstellt. Die Mitarbeiter müssen zuhören können, auch in bedenklichen Situationen ruhig bleiben, verschiedene dialektische Methoden beherrschen, um in Konflikten mit Kunden kommunikativ gut klarzukommen.

Wenn Sie selber als Unternehmer oder Führungskraft nicht ganz so fit sind in der Methodik und Kommunikation, chartern Sie sich einen Profi-Trainer, der Ihrem Team die richtigen Methoden aufzeigt, um in konfliktreichen Situationen dem Kunden noch helfen zu können und selber dabei eine gewisse Souveränität zu behalten.

Falls Sie einen Trainer zu Rate ziehen, ist es wichtig, dass Sie selber mit Ihren Leitenden zuerst mit dem Trainer arbeiten, also ein Top-down-Training absolvieren. Erst wenn Sie selber als Leitender oder Unternehmer in der Kommunikation mit dem Kunden sicher sind, geben Sie Ihre Mitarbeiter in das Training.

Führungskräfte zuerst: Training muss immer top-down stattfinden.

Das fördert die Akzeptanz der Mitarbeiter gegenüber ihrem Leitenden oder dem Chef.

Beschwerdemanagement statt Reklamationsannahme

Immer dann, wenn der Chef selber das kann und auch vorlebt, was die Mitarbeiter im Training haben lernen müssen, hat der Chef auch eine gute Akzeptanz, was nur natürlich und menschlich verständlich ist.

Lassen Sie sich Referenzen geben

Vergewissern Sie sich, dass ein möglicher Trainer auch wirklich auf Reklamationsmanagement und Clienting spezialisiert ist. Lassen Sie sich Referenzen geben und rufen Sie die entsprechenden Firmen und Organisationen an, um deren Erfahrungen zu erfragen. Ein guter Trainer hat niemals etwas gegen Referenzen, er hat nämlich auch nur gute Referenzen in seinem Repertoire.

Coachen Sie auch nach dem Training Ihre Mitarbeiter, bewusst und verantwortungsvoll mit Sprache umzugehen, stilistisch und dialektisch, aber auch rein rhetorisch. Kundenorientierung drückt sich nun mal ganz besonders auch im sorgfältigen Umgang mit Sprache aus.

Vierte Rahmenbedingung: Seien Sie Vorbild

Die Führung des Unternehmens (auch der Führungsstil) muss im Sinne von »Vormachen« eine positive Leitbildfunktion übernehmen.

Gehen Sie als Leitender oder Unternehmer mit bestem Beispiel voran. Das bedeutet auch:

Nur wenn Sie die Bedürfnisse und Probleme Ihrer Mitarbeiter wirklich ernst nehmen, können Sie von den Mitarbeitern erwarten, dass diese ihrerseits die Probleme der Kunden wirklich ernst nehmen.

Stehen Sie hinter Ihren Mitarbeitern – diese können nur so gut sein, wie sie auch Unterstützung erhalten

Geben Sie in allen Situationen den Mitarbeitern bei der Abwicklung von Reklamationen Rückendeckung. Den eigenen Mitarbeitern in den Rücken zu fallen ist nicht erlaubt und einfach unfair. Ein souveräner Vorgesetzter gibt immer Rückendeckung und steht hinter seinen Leuten.

Wenn Sie nun sagen: Sie haben gut reden. Manchmal fällt es schwer, hinter dem zu stehen, was die Mitarbeiter so anrichten. Selber schuld, sage ich Ihnen. Dann haben Sie ein Führungsproblem.

Die Rahmenbedingungen

Entweder hat ein Unternehmen die richtigen Mitarbeiter, dann taucht das Problem nicht auf. Hat das Unternehmen die falschen Mitarbeiter, fällt das letzten Endes auf eine Führungskraft zurück. Hier muss dann in Sachen Motivation und kommunikativer Kompetenz etwas unternommen werden.

Ein Unternehmen dem es nicht gelingt seine Mitarbeiter ordentlich zu coachen und verantwortungsvoll zu betreuen, sodass diese auch entsprechendes Verhalten den Kunden gegenüber an den Tag legen, wird in den späten 90ern und nach dem Jahr 2000 mit hoher Wahrscheinlichkeit an seinen hochleistungsfähigen Wettbewerbern ersticken.

Fördern Sie die Eigenständigkeit Ihrer Mitarbeiter. Führen Sie nach dem Modell »MANAGEMENT BY EXCEPTION«. Das heißt, wenn alles seinen Gang geht, erledigen die Mitarbeiter den gesamten Beschwerdemanagement-Job völlig selbstverantwortlich. Sie als Leitender oder Unternehmer schalten sich nur dann in das Tagesgeschäft oder Beschwerdegeschäft ein, wenn Sie von Ihrem Mitarbeiter darum gebeten werden – wenn also eine Ausnahme ansteht.

Schalten Sie sich nur in problematischen Ausnahmefällen ein

Aktives Beschwerdemanagement heißt auch, dass immer wieder eine ganze Menge Stress auf die Mitarbeiter wirkt und bewusst verarbeitet werden muss.

Tun Sie etwas zur Bewältigung von Stress in Ihrem Unternehmen. Richten Sie zum Beispiel einen Kaffeebar ein oder statten Sie die Aufenthaltsräume angenehmer aus. Dort können die Mitarbeiter reden und Erfahrungen austauschen. Unternehmen Sie etwas mit Ihren Mitarbeitern im außerbetrieblichen Bereich. Kümmern Sie sich aktiv um die Leute.

Unzufriedene Mitarbeiter schaffen auch unzufriedene Kunden

Wer jeden Tag mit unzufriedenen Menschen Konfliktmildernd reden muss, braucht dafür viel Ausgleich und persönliche Anerkennung. Quittieren Sie alle Erfolge positiv gegenüber den Mitarbeitern. Geben Sie so häufig persönliche Anerkennung, wie es nur geht.

Schaffen Sie eine Kultur in Ihrem Unternehmen, die davon lebt, dass es innerhalb des Unternehmens genauso Kunden gibt wie außerhalb des Unternehmens. Jeder Mitarbeiter muss sich im Idealfall gegenüber allen anderen Mitarbeitern so verhalten, als wäre ein jeder im Team sein Kunde.

Auch jede Abteilung innerhalb eines Unternehmens ist gewissermaßen »INTERNER KUNDE« aller anderen Abteilungen

Beschwerdemanagement statt Reklamationsannahme

Wir sprechen dann von so genannten »internen« Kunden, die genauso verantwortungsvoll behandelt werden müssen, wie die externen Kunden.

Wenn wir schon von internen und externen Kunden reden, wenden wir uns wieder einmal den externen Kunden zu, den so lästigen Beschwerdeführern und Reklamierern.

Es ist sicher nicht nötig und auch gar nicht immer richtig, als Geschäftsführer oder Kundendienstleiter oder überhaupt Leitender jedem Kunden sofort und immer am Telefon zur Verfügung zu stehen.

Das Top-Management ist in der Regel für den Kunden nicht erreichbar, ermittelte Ekkehard Bechler, Professor an der Hochschule für Wirtschaft und Politik in Hamburg, anlässlich einer TQM- und ISO-9000-Studie 1996.

Sie müssen nicht alles selber machen und für jeden Kunden erreichbar sein.

Bei seiner Befragung von 500 Großunternehmen in der Bundesrepublik ermittelte Professor Bechler, dass nur die Deutsche SHELL AG in Hamburg und die SÜDMILCH AG in Stuttgart eine interne Regie hatten, die dafür sorgten, dass ein Kunde bei einer massiven Reklamation in die Top-Etage durchgestellt wird.

Wenn allerdings reklamierende Kunden hartnäckig »nach dem Boss rufen« und nun wirklich nicht mehr mit nachgeordneten Mitarbeitern reden möchten, ist es günstiger, den Kunden ein paar Minuten später anzurufen, als sofort den Hörer zu nehmen, um dann mit einem ziemlich aufgebrachten Menschen fast unvorbereitet mehr oder weniger große Konflikte auszutragen.

Wenn Sie es als Chef verhindern können, dann verhindern Sie den ewigen Ruf nach dem Boss. Überlassen Sie Ihren Mitarbeitern die Bearbeitung von Beschwerden und Reklamationen. Sie als Leitender haben anderes zu tun.

5 Regeln, wenn Sie auf den Ruf nach dem Boss eingehen müssen

Wenn es sich dennoch nicht verhindern lässt, dass Sie mit dem Kunden reden, hier fünf wichtige Regeln, die Sie unbedingt beachten sollten:

Regel 1: Bleiben Sie immer freundlich und verbindlich

Denken Sie daran, dass der Kunde, der unbedingt Sie sprechen möchte, bisher vergeblich versucht hat, sein Problem zu lösen. Es sei denn, der Kunde hätte ein übersteigertes

DIE RAHMENBEDINGUNGEN

Bedürfnis nach Selbstdarstellung (erinnern Sie sich, hier handelt es sich um das Handlungsmotiv »Prestige und Anerkennung«; siehe Kap. 5.3). Aber selbst dann ändert das nichts an der Situation:

Der Kunde hat ein Recht darauf, erstklassige Leistung für erstklassiges Geld zu erhalten. Das Geld, das der Kunde an Ihrer Kasse abliefert oder auf Ihr Konto einzahlt, ist auch in Ordnung und nicht gefälscht. Bleiben Sie bei allem also freundlich und verbindlich – niemals unfreundlich.

Denken Sie daran: Druck erzeugt immer Gegendruck. Und den können wir im Sinne von Clienting überhaupt nicht gebrauchen.

Druck erzeugt Gegendruck

Regel 2: Hören Sie aktiv zu

Völlig gleich, ob die Reklamation des Kunden aus Ihrer Sicht berechtigt oder unberechtigt ist – geben Sie dem Gesprächspartner die Chance, erst mal »Dampf abzulassen«. Lassen Sie den Gesprächspartner immer ausreden.

Geben Sie dem Kunden Gelegenheit, zunächst einmal »Dampf abzulassen«

Erinnern Sie sich an das Thema Marketing-Dialektik? An das Thema W-Fragen?

Stellen Sie W-Fragen. W-Fragen sind Fragen, die mit einem W anfangen, also: *WAS, WIE, WO, WANN, WIESO, WARUM* usw.

Diese Fragen haben die Eigenart, dass sie niemals sinnvoll mit einem »Ja« oder »Nein« zu beantworten sind. Das bedeutet, dass der Kunde notwendig »ins Reden« kommt, und das hilft Ihnen, sein Problem besser zu verstehen. Hier bietet sich Ihnen und Ihrem Betrieb die Möglichkeit, wertvolle Hinweise in Bezug auf Verbesserungsmöglichkeiten zu erfahren.

Nicht vergessen: Mit »W-Fragen« erhalten Sie alle Informationen, die Sie erhalten wollen

Bieten Sie nicht sofort eine Lösung an, lassen Sie etwas Zeit vergehen. Damit geben Sie Ihrem Gesprächspartner besser die Möglichkeit, seinen Frust abzubauen.

Aktives Zuhören bedeutet auch, dass Sie die Zeit, während der Kunde spricht, tatsächlich dazu nutzen, zuzuhören und zu verstehen, was der Gesprächspartner will.

Oft ist es so, dass wir Menschen die Redezeit des anderen dazu nutzen, für uns schon einmal die Argumente im Kopf zusammenzutragen, die uns für eine Antwort sinnvoll erscheinen.

Beschwerdemanagement statt Reklamationsannahme

Regel 3: Appelieren Sie an die Fähigkeiten des Kunden

Binden Sie Ihren Kunden in die Lösung seines Problems ein

Fragen Sie Ihren Kunden, welche Empfehlung er Ihnen geben kann, um dieses Ärgernis zu beseitigen. Unterstellen Sie ihm eine hohe Kompetenz. Kommen Sie ihm grundsätzlich entgegen. Sagen Sie ihm zu, das Produkt zu ersetzen oder das Problem zu lösen.

Regel 4: Danken Sie Ihrem Kunden für konstruktive Kritik

Wenn Sie die ersten drei Regeln gezielt befolgt haben, ist die Sache fast schon gewonnen. Die Reklamation des Kunden hat den für ihn erwünschten Erfolg erzielt.

Sie sollten sich zum Abschluss des Beschwerdegesprächs bei dem Kunden bedanken. Denn durch seine offene und konstruktive Kritik werden Sie nun in der Lage sein, den Schaden zu beheben.

Regel 5: Fassen Sie nach

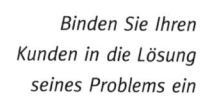

Das Zauberwort heißt: Danke!

Das Gespräch ist zu Ende, damit ist die Sache aber nur scheinbar erledigt.

Erinnern Sie sich?

Persönliche Anerkennung ist sehr wichtig für uns Menschen, schrieb ich ein paar Seiten zuvor.

Nach einem solchen Reklamationsgespräch ist es ganz sinnvoll, dem Kunden einen Brief zu schreiben (schreiben zu lassen), in dem Sie sich noch einmal für die konstruktive Kritik bedanken.

Möglicherweise fällt Ihnen sogar etwas ein, ein kleines Präsent oder ein Geschenkgutschein für den Kunden, den Sie ihm übersenden. Der Kunde wird dann sehr angenehm überrascht sein, wie sorgfältig Ihr Unternehmen mit Reklamationen umgeht.

Die Regeln gelten nicht nur für Chefs – sondern auch für alle anderen Mitarbeiter

Diese fünf Regeln gelten übrigens nicht nur für Chefs und Geschäftsführer. Sie sollten in einem Workshop zum Thema »Beschwerdemanagement« diese Regeln auch mit Ihren Mitarbeitern diskutieren und erarbeiten – und wenn möglich auch trainieren.

7 Empfehlungsmanagement: Was meinen Sie, wen Ihr Kunde alles kennt?

Wir Menschen leben in einer fast unübersehbaren Vielzahl von sozialen Verbindungen und Kontakten zu anderen Menschen. Psychologen haben für dieses Phänomen den Begriff »BEZIEHUNGSGEFLECHTE« erfunden.

Wir alle leben in einer Welt vielfältiger Kontakte

So wie wir alle tagtäglich in und mit diesen »Beziehungsgeflechten« leben, so leben natürlich auch unsere Kunden in ganz ähnlichen Beziehungsgeflechten wie wir selber.

Denken Sie nur einmal an Ihre Familie, die Firma, Freunde, Bekannte und Kollegen. Auf wie viele Beziehungen, in die Sie selber direkt oder indirekt verflochten sind, kommen Sie, wenn Sie zählen würden?

Was meinen Sie, wen Sie alles kennen?

- Sie sind irgendwann einmal zur Schule gegangen, haben die mittlere Reife gemacht oder eine Fachschule besucht, vielleicht die Meisterschule abgeschlossen?
  Macht etwa 80 Beziehungen zu Menschen, die Sie mehr oder weniger gut kennen.

- Sie haben irgendwann einmal studiert?
  Macht etwa 60 Beziehungen.

- Sie waren im Studentenausschuss?
  Macht etwa 120 Beziehungen.

- Sie wohnen irgendwo, haben Nachbarn?
  Macht etwa 15 Beziehungen.

- Sie haben eine Firma mit 18 Mitarbeitern?
  Macht etwa 30 Beziehungen.

- Sie haben rund 150 Kunden?
  Macht etwa 350 Beziehungen.

- Sie haben eine Familie?
  Macht etwa 30 Beziehungen.

- Sie kaufen in Ihrer Stadt ein?
  Macht etwa 15 Beziehungen.

- Ihre Kinder haben Freunde, die Freunde haben Eltern.
  Macht etwa 12 Beziehungen.

- Sie sind Elternsprecher in der Schule?
  Macht etwa 120 Beziehungen.

Was meinen Sie, wen Ihr Kunde alles kennt?

- Sie sind im Tennisklub?
  Macht etwa 60 Beziehungen.
- Sie haben Freunde und Bekannte?
  Macht etwa 40 Beziehungen.
- Sie fahren ein Auto, fahren in die Werkstatt?
  Macht etwa 8 Beziehungen.
- Sie fahren einmal im Jahr in Urlaub?
  Macht etwa 20 Beziehungen.

Sie kommen alles in allem auf rund 900 Menschen, die Sie kennen …

Sie haben, dem einfachen oberen Beispiel folgend, also etwa 960 Beziehungen zu erwachsenen Menschen. Beziehungen, die mehr als ein flüchtiges Nicken oder ein oberflächliches Guten Tag herausfordern, wenn man sich treffen würde.

Viele ältere Beziehungen würden sich wieder aktivieren lassen

Es handelt sich zwar auch um Beziehungen aus der jüngeren oder älteren Vergangenheit, die nicht immer spontan so intensiv und tragfähig sind. Es ist nur selbstverständlich, dass die ehemaligen Mitschüler oder Studenten sich heute nicht mehr so direkt an Sie erinnern, aber dem könnte man abhelfen. Diese mittelbaren Beziehungen wären durchaus ausbaufähig.

Alle diese erwachsenen Menschen erwerben irgendwie ihren Lebensunterhalt oder sind mit einem Partner zusammen, der dies erledigt. Alle diese Menschen haben ihrerseits ganz ähnliche Beziehungsgeflechte, in denen sie leben und arbeiten, wie Sie selber. Vielleicht verfügen die sogar über noch größere Mengen von Beziehungen. Es ist einleuchtend, dass ein Rechtsanwalt über mehr Kontakte verfügt als ein einsam vor sich hin arbeitender Landwirt.

Wenn Sie also schon um die 960 Leute (was noch knapp gerechnet ist …) direkt oder indirekt aktivieren könnten, sich mal bei Ihnen zu melden, dann könnten das grundsätzlich alle anderen Menschen in deren eigenem Umfeld auch.

Ein Beispiel soll Ihnen deutlich machen, wie viele Ihrer Kontakte Sie potenziell im Rahmen eines wie auch immer gearteten Geschäftsinteresses aktivieren könnten.

Der durchschnittliche Bundesbürger mit durchschnittlichem Einkommen und durchschnittlichen Ansprüchen fährt im Mittel einmal im Jahr für 9 Tage in Urlaub. Statistisch gesehen betreibt er dazu einen Kostenaufwand von etwa 1440,– DM,

Was meinen Sie, wen Ihr Kunde alles kennt?

meldete die deutsche Presseagentur in einer Pressemitteilung aus dem Jahr 1997.

Gesetzt den Fall, Sie würden ein Reisebüro eröffnen, hätten Sie potenziell schon 960 Kontakte (Beziehungen) zu Menschen, die im Mittel 9 Tage Urlaub jährlich machten.

Wenn es Ihnen nun gelänge, auch nur die Hälfte Ihrer Beziehungsgeflechts-Mitglieder zu aktivieren, ihren Urlaub bei Ihnen zu buchen, und diese auch nur mit einem erwachsenen Mitreisenden nach Palma fliegen würden, entspräche das etwa einem Umsatz von ca. 1.094.400,– DM pro Jahr.

Dafür würde Ihnen Ihr Reiseveranstalter ca. 15,5 % Vermittlungsgebühr zahlen, was im ersten Jahr etwa einen Ertrag vor Kosten von 169.632,– DM ergäbe. Nach Abzug aller Steuern und Kosten sowie des Gehalts des Geschäftsführers und eines Angestellten würden rund DM 23.000 DM übrig bleiben.

Mit aktivierten Beziehungen lässt sich Geld verdienen

Nicht einen einzigen »kalten«, das heißt ihnen unbekannten Neukunden hätten Sie dazu akquirieren müssen. Alle Kunden wären »heiße Kontakte« und kämen direkt oder indirekt aus Ihren bereits lange bestehenden Beziehungsgeflechten.

Stellen Sie sich vor, die Reisenden wären mit Ihrer Betreuung und dem Reiseangebot zufrieden. Dann kämen sie im nächsten Jahr wieder. Nicht auszudenken, wenn sie dann auch noch Kunden aus den eigenen Beziehungsgeflechten mitbrächten ...

Denken Sie daran: Wie Sie selber lebt auch jeder Ihrer Kunde in seinem sozialen Umfeld. Der Kunde verfügt genau wie Sie selber über umfangreiche Beziehungsgeflechte. Vermutlich kennt jeder Ihrer Kunden rund 800 Menschen in seinem Umfeld mehr oder weniger gut – jedenfalls so gut, dass die Kontakte auf- und ausbaufähig wären.

Machen Sie die Kontakte Ihrer Kunden zum Grundstein für Ihr Empfehlungs-Marketing.

Erarbeiten Sie Ihr geschäftlich nutzbares Beziehungsgeflecht mit Ihren Mitarbeitern

Sie sollten auch zu diesem Thema mit Ihren Mitarbeitern einen »Beziehungsgeflecht-Workshop« abhalten. Erklären Sie Ihren Mitarbeitern das Beispiel aus der Welt des Verreisens. Kehren Sie dann zurück zu Ihrer eigenen Branche und überlegen Sie mit den Mitarbeitern, wie die Beziehungsgeflechte Ihrer Kunden aussehen könnten.

Klären Sie mit Ihren Mitarbeitern, welche Beziehungen Ihre Kunden haben könnten

Was meinen Sie, wen Ihr Kunde alles kennt?

Nehmen Sie Ihre eigene Kundendatei dabei zu Hilfe.

Am Beispiel einiger Ihrer A-Kunden (Kunden mit besonders hohem Auftragaufkommen) sollten Sie mit den Mitarbeitern im ersten Arbeitsschritt darüber nachdenken, welcher Kunde wohl wen kennen könnte.

Nutzen Sie dazu wieder die schon bekannte Meta-Plan-Technik. Schreiben Sie alle Fragestellungen auf die bunten Kärtchen, bündeln Sie die Ergebnisse etc.

Im zweiten Arbeitsschritt sollten Sie dann mit den Mitarbeitern herausfinden, wie Sie Ihre A-Kunden ansprechen können, um zu erfahren, ob Sie sich auf sie als Referenz berufen können um neue Geschäftskontakte zu knüpfen. Das könnte beispielsweise durch ein Mailing an die Kunden erfolgen oder durch Telefonkontakte. Je zufriedener Ihre Kunden mit Ihrem Service sind, desto bereitwilliger werden sie zustimmen.

Gleich und Gleich gesellt sich gern

Das Wichtigste zu diesem Thema zum Schluss:

Langfristig kommen Menschen nur mit gleich gearteten Menschen klar

Ein grundlegendes Regelwerk der Psychologie sagt, dass nur Gleiches mit Gleichem gut klarkommt. Die Tatsache, dass Gegensätze sich anziehen, gehört in den Bereich der theoretischen Physik. Da mag das so sein, dass ein Negativteilchen sich an ein Positivteilchen bindet. Bei uns Menschen funktioniert das nicht, auch wenn es hier oder da mal so scheint.

Wenn also Menschen langfristig nur mit gleich gearteten Menschen klarkommen, ist es nur folgerichtig, dass ein bei Ihnen kaufender Kunde eine bestimmte Menge »Gleiche« kennt.

Mercedesfahrer kennen Autofahrer der gleichen Gesellschaftsschicht, auch wenn diese gegebenenfalls eine andere Automarke fahren.

Jeder Kunde kennt Mitglieder der gleichen Kunden- und Anspruchsgruppe

Der Hausinhaber, der sich von Ihrem Dachdeckerbetrieb Biberschwänze auf das Dach decken lässt, kennt andere Biberschwanzliebhaber oder doch zumindest Hausbesitzer, die ebenfalls höchste Qualitätsansprüche haben – und das Geld, diese Qualität auch kaufen zu können.

Privat Versicherte kennen privat Versicherte, die Habenden umgeben sich mit Habenden, die Habenichtse mit Habenichtsen – so ist das nun einmal.

WAS MEINEN SIE, WEN IHR KUNDE ALLES KENNT?

Und deshalb wird auch umgekehrt ein Schuh daraus. Gesetzt den Fall, Sie hätten einen Kunden, der für sich Zahlungsziele von rund 180 Tagen in Anspruch nimmt und dann den Scheck platzen lässt, so können Sie in der Regel relativ sicher sein, dass die Zahlungsmoral einiger der von ihm empfohlenen neuen Kunden ebenfalls nicht die beste sein wird. Da platzt dann vielleicht der nächste Scheck.

8 Von der betrieblichen Datensammlung zum »Kunden-Informationsmanagement«

Die Begriffe »Information« und »Informationsmanagement« unterliegen im heutigen Marketing einer gewissen sprachlichen und inhaltlichen Inflation.

Jeder redet von Informationen

Stets und ständig reden wir in den Betrieben von »Infos«, »Informationsbeschaffung« und »Informationen«. Wir betreiben Informations-Workshops und Info-Veranstaltungen für Kunden, unsere Mitarbeiter und das Management.

Wir verfügen in den Betrieben und Marketing-Abteilungen angeblich (tatsächlich eher seltener) über große Mengen von Daten, die für uns wichtig sind oder vermeintlich wichtig sind.

Bei dieser intensiven Datensammelei geht es häufig (fast immer) um uns, den Betrieb, das Management, den Vertrieb. Was können wir noch ermitteln, was müssen wir noch wissen, was ist interessant für uns?

8.1 Was wissen Sie eigentlich über Ihre Kunden – und Ihre Mitarbeiter?

Kaum jemand stellt ernsthaft die Frage, wie sich die schier unübersehbare Infomationslandschaft so managen lässt, dass nicht wir, als Unternehmen, im Mittelpunkt der Datensammel-Aktivitäten stehen, sondern der Kunde in den zentralen Mittelpunkt allen Informationsmanagements gesetzt wird.

Das beste Datenmaterial nutzt nicht viel, wenn es nicht sinnvoll gemanagt wird

Ich möchte den Begriff »*INFORMATIONSMANAGEMENT*« deshalb mit einem neuen, erweiternden Inhalt füllen:

Informationsmanagement bedeutet im Sinne von Kundenbindung und Kundenerfolgsmanagement erheblich mehr, als

Kunden-Informationsmanagement

lediglich für *uns* nützliche Daten und Fakten über die Kunden und die Kundenbeziehungen zu sammeln.

INFORMATIONSMANAGEMENT BEDEUTET IM SINNE VON KUNDENBINDUNG UND KUNDENERFOLGSMANAGEMENT GANZ BESONDERS, DASS WIR UNS AUCH UM DIE KONKRETEN ERWARTUNGSHALTUNGEN UNSERER KUNDEN ZU KÜMMERN HABEN.

Informationen über unsere Kunden müssen auch die Erwartungen des Kunden widerspiegeln

Jeder Kunde, der mit uns arbeitet und unsere Leistungen in Anspruch nimmt, stellt ganz bestimmte, vielfältige Erwartungen an uns, unsere Mitarbeiter, unsere Produkte und Dienstleistungen.

Er erwartet zum Beispiel Ehrlichkeit, Verlässlichkeit, Termintreue, Freundlichkeit, Sorgfalt, Qualität usw.

Würden wir diese Erwartungshaltungen erstens kennen und zweitens auch sorgfältig beachten, um sie dann ebenso sorgfältig zu erfüllen – wir (und der Kunde) wären gewissermaßen zum Erfolg verurteilt.

Um hier Aufschluss zu gewinnen, heißt es nicht nur Informationen zu beschaffen, sondern vielmehr: die *richtigen* Informationen zu beschaffen und diese Informationen *richtig* aufzuarbeiten, indem sie aussagekräftig miteinander vernetzt und gemanagt werden.

Fragen, die Sie sich im Rahmen eines kundenorientierten Informationsmanagements stellen sollten

Die Fragen zur Gewinnung solcher aussagekräftigen Informationen sollten zukünftig lauten:

FRAGEN EINES AN DER KUNDENZUFRIEDENHEIT ORIENTIERTEN INFORMATIONSMANAGEMENTS:

- Was will er eigentlich wirklich, mein Kunde?
- Was macht ihn wirklich zufrieden?
- Welche Erwartungen begegnen uns beim Kunden?
- Welchen Handlungsmotiven folgt der Kunde?
- Welche Geschehnisse machen den Kunden ängstlich oder nervös?
- Wie schaffe ich es (oder mein Außendienst), mit dem Kunden vertrauensvoll zusammenzuarbeiten?

Was wissen Sie eigentlich über Ihre Kunden?

Um diese Fragen – und alle anderen, noch folgenden Fragen – wirklich befriedigend beantworten zu können, reicht es allerdings nicht mehr, unterschiedlichste Daten aus bestehenden Dateien auszudrucken und zu lesen, bestenfalls subjektiv zu interpretieren, um die Zahlen dann dem Vertrieb in die Hand zu drücken, nach dem Strickmuster:

Wir gehen zu nachlässig mit Informationen um

Da, schau mal her, dieser Kunde macht mäßigen Umsatz, kümmer dich mal drum, fahr mal hin, der ist entwicklungsfähig.

Das reicht zukünftig nicht mehr aus in den enger werdenden Märkten. Da interessiert mich schon, *warum* der Kunde mäßigen Umsatz macht, welche Erwartungen nicht erfüllt worden sind, welche Fehler wir als Anbieter möglicherweise gemacht haben könnten oder welche Informationen über den Kunden und seine Eigenarten wir ignoriert oder falsch interpretiert haben könnten.

Wir können in Zukunft davon ausgehen, dass einfach zusammengestellte Umsatzlisten und Absatzstatistiken, die im Vertrieb vielfach zu völlig anderen Zwecken erstellt wurden, in Sachen Kundenzufriedenheit wenig aussagekräftig sein werden.

Reine Umsatz- und Absatzstatistiken nutzen uns in Zukunft nicht mehr viel

8.1.1 Von der Informationssammlung zum systemischen Informationsgefüge

Wir sollten die im Unternehmen bestehenden Datensammlungen in intelligente Informationsgefüge umwandeln. Diese intelligenten Informationsgefüge müssen ständig neu, möglichst sinnvoll »*KORRELIERT*«, das heißt vernetzt werden. Und hierzu bedarf es auch vielfältiger, bisher scheinbar wenig sinnvoller oder oberflächlich unwichtiger Informationen, die hinzugefügt und beachtet werden sollten.

Sammeln Sie keine Informationen – bauen Sie Informationsgefüge

Wir sollten also die Sache mit der Informationsbeschaffung und dem Informationsmanagement zukünftig ganzheitlicher sehen – oder neudeutsch und sehr treffend ausgedrückt: systemisch.

Denken Sie in Systemen, nicht im Rahmen von kumulierten Zahlen und Daten

»*SYSTEMISCH*« ist kein Schreibfehler, es sollte nicht etwa »systematisch« heißen.

Systemisch meint auch inhaltlich sehr viel mehr, als das dazu passende Wort »ganzheitlich«.

Kunden-Informationsmanagement

Systemisches Informationsmanagement bedeutet, dass wir alle Informationen über den Kunden in gesamtheitlichen, nicht notwendig logisch ableitbaren Systemzusammenhängen sehen müssen.

Auch der Kunde lebt in unserem betrieblichen System

Der Kunde lebt in komplexen Systemen wie wir auch. Der Kunde lebt auch in unserem System »Betrieb«, er hat etwas mit uns zu schaffen. Wir und unsere Mitarbeiter leben in unserem eigenen System »Betrieb« – aber auch im System »Kundenbetrieb«. Daraus wird deutlich, dass jede Information über den Kunden, sein Verhalten, seine Eigenarten, seine Erwartungen immer auch etwas über uns selber aussagt. Das gilt umgekehrt genauso.

Hätte ein Monteur unseres Heizungs-Lüftung-Klima Betriebes die Erwartung, dass am Freitag um 14.00 Uhr die Rohrzange fällt, dann hat diese Erwartung auch viel mit dem Kunden zu tun. Der will nämlich über das Wochenende nicht im Kalten sitzen und erwartet daher, dass der Flansch abgedichtet wird und wenn das auch bis 16.30 Uhr dauern sollte.

8.1.2 Das »Korrelieren« von Daten gibt Aufschluss über den »Kundenzufriedenheitsgrad«

Nun zur Methodik und Technik der systemischen Informationsbeschaffung, zum »Korrelieren« von Informationsgefügen.

Vergleichen Sie alles, was zu vergleichen ist – korrelieren Sie

Der Begriff *»Korrelation«* entstammt dem Lateinischen. Er beschreibt den irgendwie gearteten Zusammenhang zwischen wenigstens zwei zufällig (genauer: nicht planbaren Faktoren) zusammentreffenden Abhängigkeiten oder Größen. Der Begriff wird im Wesentlichen in der mathematischen Statistik benutzt.

Ein Korrelationsergebnis ist mehr als die Summe der Einzelinformationen

Adaptiert auf die Marketing-Wissenschaft, bedeutet Korrelieren, dass unterschiedlichste Daten, Informationen, Fakten, aber auch Ansichten, Haltungen und Vermutungen von Kunden, Mitarbeitern, Menschen, Produkten, Leistungen und auch scheinbar völlig nebensächliche Faktoren so miteinander verglichen (abgeglichen) werden können, dass die Ergebnisse dieses Datenvergleichs aussagekräftiger sind, als die bloße Summe der Einzelinformationen dies wäre.

Das Korrelieren von Daten

So kommt im Idealfall etwas wirklich Brauchbares, etwas Neues dabei heraus.

Nicht blosse Datenkumulation, sondern intelligente Korrelationen der unterschiedlichsten Daten und Fakten aus der Kundendatei, aus internen und externen Quellen ergeben den tatsächlichen, für uns praktisch verwertbaren Informationsgehalt.

Und immer und im Wesentlichen geht es dabei zukünftig um Ermittlung des »Kundenzufriedenheitsgrades«.

Erst wenn all diese Kundenfakten, Kundenhaltungen, Leistungsdaten, Vertriebsdaten und Kundenerwartungsdaten »gemanagt« werden, also sehr variabel und multidimensional korreliert werden, gehen wir den Schritt von der einfachen Informationssammlung zum eigentlichen Informationsmanagement.

Das bedeutet nicht, dass jeder Kundendatensatz, jede Kundeninformation, mit jedem Kundendatensatz oder jeder weiteren Information etwas zu tun haben muss, also sinnvoll korrelierbar ist. Aber es könnte durchaus sein, dass es so wäre.

Ein einfaches Beispiel dazu:

Nehmen wir einmal an, Ihr Unternehmen würde in der zur Verfügung stehenden Kundendatei über alle messbaren, grundlegenden Daten und Fakten der Kundenbeziehung verfügen.

Voraussetzung für jede Korrelierung: Die Daten müssen vorhanden sein

Nehmen wir weiter an, dass diese Daten einfach abrufbar wären, also ohne großen Aufwand miteinander korreliert werden könnten (multivariabel verglichen werden könnten).

Dazu wäre es günstig, die alten Karteikarten der alten Kundenkartei endlich in den Reißwolf zu werfen und die Daten in ein geeignetes PC-Verarbeitungsprogramm zu geben (eine entsprechende Datenverwaltung lässt sich übrigens mit dem Tabellenkalkulationsprogramm *Microsoft Excel* geradezu brillant anlegen).

Werfen Sie die angestaubte Kundendatei endlich in den Reißwolf

Wir nehmen also an, wir würden über die üblichen standardisierten Daten wie Umsatz und Stückzahlen, Preise und Pro-

Kunden-Informationsmanagement

dukte, Liefer- und Zeittreue und alle demoskopischen Daten des Kunden verfügen.

Und wir wüssten zusätzlich, welche Automarke der Kunde fährt.

Dann könnten wir korrelieren und interessante Fragen stellen:

- Hat die Marke des Kfz des Kunden etwas mit seinem Standort zu tun?
- Hat die Lieferzeit unserer Produktleistung etwas mit dem Standort oder dem Lebensalter des Entscheiders zu tun?
- Hat die Menge der Reklamationen etwas mit der Menge der Mitarbeiter des Kunden zu tun?
- Lassen sich von den Korrelationen konkrete Erwartungshaltungen des Kunden ableiten? etc.

Nun ja, sagen Sie? Sind das etwa sinnvolle Zusammenhänge?

Zugegeben, Sie werden, wenn Sie solche Daten miteinander abgleichen, nicht immer nur auf sinnvolle Abhängigkeiten stoßen.

Nicht jeder Datensatz lässt sich mit jedem vernünftig verknüpfen

Natürlich gibt es sinnvolle Korrelationen, die uns möglicherweise weiterbringen – und es gibt unsinnige Korrelationen, die uns vermutlich nicht weiterbringen.

Um das aber tatsächlich zu erfahren, um nämlich die unsinnigen von den aufschlussreichen Erkenntnissen trennen zu können, müsste jedoch zunächst einmal alles mit allem verglichen, also korreliert werden.

Und ob der Kfz-Typ, den ein Kunde in seinem Firmenbestand hat oder privat fährt, tatsächlich eine nachweisbar positive Korrelation zum Kaufverhalten oder zur Zahlungsmoral darstellt, ist zunächst einmal nicht beweisbar, sondern eher zweifelhaft.

Aber das Prinzip von »Informationsmanagement« im Sinne von Clienting wird hier deutlich. Je mehr und je vielfältigere Informationen Sie über den Kunden erlangen, umso mehr sind Sie in der Lage, diese Informationen tatsächlich zu »managen« und so Frucht bringende Erkenntnisse zu erlangen.

Und dabei lassen sich die sinnvollen Korrelationen von den eher unsinnigen Abhängigkeiten relativ leicht trennen.

Das Korrelieren von Daten

Dass dabei wirklich bemerkenswerte neue Informationszusammenhänge entstehen, zeigt ein konkretes Beispiel.

Und die völlig neuen Informationszusammenhänge wurden hier nicht zufällig entdeckt, sondern von den Marketing-Mitarbeitern ganz gezielt und präzise mit Hilfe der Korrelationsanalyse herausgefiltert:

Informationsmanagement am Beispiel eines Kopiergeräteanbieters

Ein großer international agierender Anbieter von Kopiergeräten, der im bundesdeutschen Markt seit Jahren gute Anteile hält und gute Geschäfte macht, sammelte gezielt alle irgend zugänglichen Daten zu den einzelnen Kundengruppen und Kundentypen.

Die Kunden des Kopiergeräteanbieters gehören unterschiedlichsten Kundengruppen und -grüppchen zu.

Die Klientel reicht von der Universitätsdruckerei mit Großkopiervolumen über den mittelständischen Betrieb mit 200 Mitarbeitern und dezentralem Kopiervolumen hin zum Schreibwarenfachgeschäft, das die Einzelkopie auf einem Kleingerät zum Spitzenpreis von zwei DM verkauft, bis zum Handwerksbetrieb an der Ecke, der ein kleines Kopiervolumen von knapp 200 Einheiten im Monat hat.

Das Unternehmen sammelte alle Daten, auch kleinste, scheinbar unwichtige Informationen über diese Kunden.

Wer viele Daten sammelt, kann viel korrelieren

Viele der Daten waren aus dem Vertrieb heraus zu beschaffen, kamen von der Verwaltung des Kopiergeräteherstellers, der Fakturierung, vom Lager oder den Kunden selber.

Andere Daten und Informationen mussten mit mehr oder weniger hohem Aufwand ermittelt, manchmal auch extern gekauft werden, zum Beipiel die jeweiligen Betriebsgrößen in Mitarbeiteranzahl und Umsatzvolumen.

Daten sammeln bedeutet auch Daten kreativ beschaffen

Dabei kamen tausende und abertausende Datensätze zusammen, weil sämtliche Kunden des Kopiergeräteanbieters in der Bundesrepublik in dieser multidimensionalen Art vermessen wurden.

Mitarbeiter der Marketing Abteilung des Unternehmens korrelierten dann alle Daten universell (man könnte noch tref-

KUNDEN-INFORMATIONSMANAGEMENT

fender sagen: multivariabel) miteinander. Die Mitarbeiter der Marketing-Abteilung gaben sich dabei zunächst keine besondere Mühe, irgendetwas Spezifisches herauszufiltern oder etwas Sinnvolles zu finden.

Sondern Sie alle unwichtigen Daten aus

Bei der Masse der miteinander zu vergleichenden Daten mussten zunächst einmal alle Daten »DISKRIMINIERT« werden, die offensichtlich überhaupt nichts hergaben. Der hier verwendete Begriff »diskriminieren« wird auch in der mathematischen Statistik verwendet und bedeutet »unterdrücken« oder »aussondern«.

Die Marketing-Leute arbeiteten also nicht etwa nach Maßgabe einer geplanten Vorgehensweise. Sie wussten lediglich:

Wer viel korreliert, der findet viel.

- Man überprüfte zum Beispiel, ob der Wochentag des Erstbesuchs eines Verkäufers im Zusammenhang mit der Größe des dann verkauften Kopiergerätes stand.
- Oder ob die Anzahl der Verkäuferbesuche bis hin zum Kaufabschluss mit der Kundenbranche im Sinne von Verkaufserfolg positiv oder negativ korrelierten oder ob etwa das Lebensalter des Kunden etwas mit der Länge der Verkaufsverhandlungen zu tun hätte.
- Gab vielleicht der Typ des Transportautos des Handwerksbetriebes Aufschluss über die grundsätzlichen Preiserwartungen und Ansprüche des Handwerksmeisters?

Die allermeisten der vorgenommenen Korrelierungen endeten in einem kollektiven Kopfschütteln. Es kam nichts Brauchbares dabei heraus. Alle Daten, die in eine Sackgasse führten, wurden aus dem System gelöscht. So verringerte sich die Menge der miteinander korrelierbaren Datensätze allmählich. Dann ging es in die letzten Runden des Vergleichens.

Viele interessante Zusammenhänge stellen sich rein zufällig heraus

Und plötzlich stießen die Auswerter auf geradezu bemerkenswerte Abhängigkeiten, die kaum jemand so präzise (oder überhaupt) vermutet hätte.

- Zum Beispiel wurde festgestellt, dass diejenigen Inhaber von Handwerksbetrieben, die als Transportfahrzeuge in ihrem Betrieb *FIAT*-Transporter nutzten, überaus zäh um den Preis des Kopiergerätes verhandelten und erhebliche Zusatzleistungen forderten. Die Nutzer von *FORD-TRANSIT*

Das Korrelieren von Daten

oder *VW*-Transportern verhandelten hingegen kaum um den Preis, verhielten sich eher ausgleichend freundlich.

Hier korrelierte also die Automarke mit der Art und Weise der Geschäftsverhandlungen. Offensichtlich verfügten Firmeninhaber, die für betriebliche Zwecke einen *FIAT*-Transporter angeschafft hatten, über ein ausgeprägteres Preisbewusstsein als Ihre *FORD-TRANSIT* oder *VW*-Transporter nutzenden Kollegen.

- Zum Beispiel verkaufte das Unternehmen nicht ein einziges Kopiergerät an einen Handwerksbetrieb, dessen verantwortlicher Entscheider *ALFA-ROMEO* fuhr, obwohl immerhin 181 Handwerksbetriebe aus dem Kundenpotenzial des Kopiergerätevertreibers in Deutschland einen solchen Autotyp im Bestand hatten.

Da korrelierte *ALFA-ROMEO* offenbar mit der Ablehnung von Kopiergeräten des Anbieters. Das konnte aber auch ein reiner Zufall sein. Wäre die Menge der *ALFA*-Fahrer größer, z. B. 380, wäre ein Zusammenhang wahrscheinlicher.

- Handwerksbetriebe, die ihren Standort in der Peripherie der Großstädte hatten, so die Computerauswertung, wurden bis zum Kaufabschluss im Schnitt viermal besucht – Handwerksbetriebe in Städten unterhalb von 120.000 Einwohnern mussten bis zu acht mal besucht werden, bis der Kunde sich zum Kauf des Kopiergerätes entschloss.

Ergebnisse, die kaum jemand je vermutet hätte

Und nun zur zweiten Zeile der Überschrift dieses Kapitels: »Was wissen Sie eigentlich über Ihre Mitarbeiter?«

Auch das untersuchten die Marketing-Spezialisten des Kopiergerätevertreibers sehr genau, ihre eigenen Mitarbeiter und deren Besonderheiten.

Sie untersuchten, ob und welche persönlichen Parameter ihrer eigenen Verkäufer einen direkten oder indirekten Einfluss auf den Verkaufserfolg und den Zufriedenheitsgrad bestimmter Kundengruppen hatten – oder ob keine diesbezüglichen Zusammenhänge nachweisbar seien.

Auch ganz persönliche Parameter Ihrer Mitarbeiter haben Einfluss auf Erfolg

- Bemerkenswert unterhaltsam dabei war zum Beispiel die Korrelation, dass Verkäufer mit Übergewicht im Schnitt zwar mehr Kilometer in ihrem Verkaufsbezirk fuhren, aber

KUNDEN-INFORMATIONSMANAGEMENT

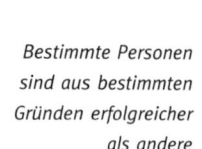

weniger Gespräche benötigten, um einen Abschluss zu erzielen, als ihre eher normalgewichtigen Kollegen.

Bestimmte Personen sind aus bestimmten Gründen erfolgreicher als andere

- Außendienstmitarbeiter, die geschieden waren und deren Girokonto dauerhaft überzogen war, waren grundsätzlich fleißiger als verheiratete Verkäufer. Sie besuchten in der Woche 26 Kunden – die Verheirateten lediglich 17.
- Die glücklich verheirateten Verkäufer waren das Schlusslicht. Die kamen auf 12 Besuche pro Woche und erledigten den wesentlichen Teil ihrer Arbeit vom Telefon der Niederlassung aus.
- Landläufig als »gut aussehend« eingeschätzte Außendienstmitarbeiter waren grundsätzlich erfolgreicher als die eher durchschnittlich wirkenden.
- Verkaufsmitarbeiter mit langsamem Sprechtempo und Baritonstimme waren bei Kunden im Handwerksbereich akzeptierter als Fistelstimmen mit schnellem Sprechtempo.

Würde man nun all diese im Beziehungsgeflecht zwischen Kopiergerätevertreiber, dessen Kunden und Mitarbeitern gefundenen Korrelationen ernst nehmen, müsste man zu folgendem Schluss kommen:

Normalgewichtige, gut aussehende, geschiedene oder aber unglücklich verheiratete Mitarbeiter mit tieferer Stimmlage sollten zu Handwerksbetrieben fahren, die keinen *Fiat*-Transporter benutzen, nicht *Alfa* fahren und in der Peripherie von Großstädten liegen, dann wäre die Arbeitsenergie des Verkaufsmitarbeiters günstig kanalisiert und er könnte sein überzogenes Girokonto endlich einmal ausgleichen, weil er nämlich Umsatz machen würde.

Das ist so natürlich barer Unsinn.

Wenn nun aber durch die Beispiele das grundsätzliche Prinzip solcher Korrelationsanalysen deutlich geworden ist, stellt sich uns erstens die Frage:

Welche Informationen bringen mich schneller an den Kunden heran?

- *Welche Informationen* lassen sich managen, um möglichst interessante Resultate zu erlangen? Welche Informationen bringen mich etwas weiter an den Kunden heran, lassen die Erwartungen des Kunden sichtbarer werden, sichern den Kundenerfolg; den Erfolg des Kunden mit unserer Leistung?

Das Korrelieren von Daten

Sind diese Informationen ermittelt und stehen die entsprechenden Daten zur Verfügung, stellt sich in der Konsequenz die zweite Frage:

- WELCHE MÖGLICHEN KORRELATIONEN sollten aus der Menge der zur Verfügung stehenden Daten und Informationen sinnvollerweise verfolgt, überprüft und herausgefiltert werden? Welche nachweisbar existierenden Zusammenhänge können neue Ansatzpunkte für erfolgreiches Kundenzufriedenheitsmanagement ergeben?

Welche möglichen Korrelationen sollten überprüft werden?

8.1.3 Welche Informationen bringen Sie weiter?

Starten wir dazu mit einem Listing der vergleichsweise einfach zu beschaffenden kundenbezogenen und demoskopischen Daten (angegeben werden auch jeweils die Fundstellen oder mögliche Beschaffungswege der Daten):

Eine Liste von Informationen über Ihre Kunden, die Sie sich beschaffen sollten

- ANZAHL DER STÄNDIG KAUFENDEN KUNDEN (A-KUNDEN)
  Das müsste in jedem Betrieb verfügbar, einfach abrufbar sein.
- DIE UMSÄTZE DER A-KUNDEN
  Ebenfalls einfach zu beschaffen.
- DIE STÜCKZAHLEN, DIE SIE KAUFTEN.
  Schauen Sie in die Verkaufsstatistik.
- DIE PRODUKTPRÄFERENZEN DER A-KUNDEN
  Schauen Sie in die Verkaufsstatistik.
- DIE REKLAMATIONSQUOTE DER A-KUNDEN
  Fragen Sie Ihren Beschwerdemanager.
- ERMITTELN SIE DIESE DATEN AUCH FÜR IHRE HÄUFIG KAUFENDEN B-KUNDEN UND DIE SELTEN KAUFENDEN C-KUNDEN
- DER GESCHÄFTSSTANDORT DER OBEN BESCHRIEBENEN KUNDENGRUPPEN BEI GESCHÄFTSKUNDEN ODER DER WOHNORT BEI PRIVATKUNDEN
  Dieses Datum ist aus jeder Kundendatei abzulesen.
- STEHT DAS BETRIEBS- ODER WOHNOBJEKT IM KUNDENEIGENTUM ODER IST ES EINGEMIETET?
  Einfach freundlich fragen.
- WIE ALT IST DER ENTSCHEIDUNGSTRÄGER, DER PRIVATKUNDE?
  Schauen Sie mal in Ihre Geburtstagsliste.

KUNDEN-INFORMATIONSMANAGEMENT

- **HANDELT ES SICH UM MANN ODER FRAU?**
  Die personifizierte Anschrift im Datensatz gibt's her.

- **WIRKT DER KUNDE EHER GEPFLEGT ODER EHER UN-GEPFLEGT? WIE SEHEN DIE FINGERNÄGEL AUS?**
  Beobachten.

- **HAT DER KUNDE KINDER?**
  Über Kinder redet jeder gerne.

- **WELCHE AUTOMARKE FÄHRT DER KUNDE?**
  Fragen Sie – das beantwortet jeder: Ist der Wagen eher Gebrauchsgegenstand *(OPEL, OMEGA)* oder Repräsentationsobjekt *(MERCEDES)*, Machtsymbol *(MERCEDES* der größeren Klasse), Dynamiksymbol *(BMW)*, Jugendlichkeitssysmbol *(PORSCHE)* etc.?

- **HAT ER EINEN ZWEITWAGEN?**
  Einfach fragen.

- **WIE IST DIE URLAUBSGEWOHNHEIT DES KUNDEN? IMMER AM GLEICHEN ORT ODER WECHSELNDE ZIELE?**
  Lassen Sie sich zum Beispiel Urlaubskarten schicken.

- **WELCHE HOBBYS PFLEGT DER KUNDE?**
  Fragen Sie seine Frau oder den Partner oder die Mitarbeiter des Kunden.

- **DES DEUTSCHEN LIEBSTES HOBBY (NACH DEM AUTO): DER GARTEN. HAT IHR KUNDE EINEN GARTEN?**
  Einfach nachfragen.

- **WIE IST DER KUNDE POLITISCH ENGAGIERT?**
  Schimpfen Sie mal über die Wirtschaftslage und hören Sie genau zu, wie der Kunde reagiert.

- **IST DER KUNDE ANHÄNGER VON SPORTVEREINEN?**
  Einfach fragen, Sie bekommen sofort freundliche Antwort.

- **BETREIBT DER KUNDE SELBER SPORT?**
  Über Sport reden die Menschen gern.

- **ENGAGIERT SICH DER KUNDE IN VEREINEN, IST ER FUNKTIONSTRÄGER ODER AKTIVES MITGLIED?**
  Achten Sie mal auf Autoaufkleber oder fragen Sie.

- **IST ER GESELLSCHAFTLICH ENGAGIERT, MITGLIED IN ENTSPRECHENDEN KLUBS UND ORGANISATIONEN?**
  Einfach nachfragen.

WELCHE INFORMATIONEN BRINGEN SIE WEITER?

- SOZIALES ENGAGEMENT DES KUNDEN, IST ER MITGLIED BEI JOHANNITER ODER MALTESER ODER ANDEREN ORGANISATIONEN, IST ER BLUTSPENDER?
  Fragen Sie ihn.
- RELIGIÖSE ZUGEHÖRIGKEIT
  Hat der Kunde auf seinem Fahrzeug entsprechende Aufkleber?
- IST DER KUNDE MARKEN- UND PRESTIGEBEWUSST?
  Sehen Sie sich mal die Automarke an, schauen Sie sich das Haus an. Eine *IWC*-Armbanduhr oder ein MONTBLANC-Füller sprechen Bände.
- IST ER ETWA STARK GELTUNGSBEDÜRFTIG?
  Übermäßig modische Kleidung, altersadäquates Outfit, Frisur.
- IST IHR KUNDE EHER PREIS- ODER EHER QUALITÄTSBEWUSST?
  Fragen Sie Ihren Außendienst, wie zäh der Kunde um Konditionen feilscht.
- WIE SIEHT DAS SICHERHEITSBEDÜRFNIS DES KUNDEN AUS, IST ER HOCH SICHERHEITSBEDÜRFTIG ODER EHER EIN »SPIELER«?
  Zugegeben, dass sollten Sie den Kunden nicht fragen – aber es lässt sich beobachten. Hoch sicherheitsbedürftige Menschen wollen in allen Lebenslagen »sicher gehen«.

Für den Handelsbereich:

- IST DER KÄUFER AUCH NUTZER DES PRODUKTES, Z.B. LEGO WIRD KAUM VOM NUTZER GEKAUFT, MEIST VON DER OMA, DEM VATER, DER MUTTER ETC.
  Fragen Sie den Kunden
- KAUFT DER KUNDE FÜR DEN EIGENEN BEDARF ODER KAUFT ER FÜR ANDERE?
  Ergibt sich häufig aus dem Produkt selber.
- IST DER KUNDE EIN POTENZIELLER MULTIPLIKATOR, IST ER EXTROVERTIERT?
  Reden Sie mit ihm.
- IST ER EHER LEISE, INTROVERTIERT?
  Reden Sie mit ihm und beobachten Sie.

- *Auf welcher Sprachebene kommuniziert der Kunde, eher elaboriert oder eher flacher?*
  Gut zuhören.
- *Welchen Beruf hat der Privatkunde?*
  Über ihren Beruf reden die Menschen.
- *Welchen Beruf hat der Partner des Privatkunden?*
  Auch hier bringt Sie Nachfragen weiter.
- *Ist der Geschäftskunde Eigentümer seines Betriebes?*
  Fragen Sie ihn.
- *Wie viel Mitarbeiter hat der Kundenbetrieb?*
  Fragen Sie Ihren Außendienst oder zählen Sie selber.
- *Arbeitet seine Familie auch in seinem Betrieb?*
  Das bekommen Sie leicht heraus – freundlich fragen.
- *Welche Umsatzgrösse erwirtschaftet der Kunde mit seinem Betrieb?*
  Schätzen Sie realistisch oder überlegen Sie, welche Kosten der Kunde decken muss. Sehen Sie sich dann die durchschnittliche Branchenrendite an – dann kommen Sie dahinter. Oder kaufen Sie die Daten bei einem Wirtschaftsdienst.
- *Was produziert der Kunde? Welche Produktlinien hat er, wie sieht seine Produktpalette aus?*
  Das müssten Sie aus dem Stegreif wissen.
- *An wen verkauft er seine Leistung?*
  Wer ist Käufergruppe des Kunden?

Bei Endverbrauchern und Privaten:

- *Womit verdient der Kunde sein Geld?*
  Unterschiedliche Jobs bedeuten auch unterschiedliche Anspruchs- und Erwartungsniveaus.
- *Die Lieferzeit der Leistung oder des Produkts*
  Fragen Sie Ihren Lager- oder Versandleiter.
- *Die Finanzkraft des Kunden*
  Schauen Sie sich die Zahlungsziele an, die der Kunde für sich in Anspruch nimmt. Zahlt er mit Skonto – oder schiebt er V-Schecks lange hin, hat er Mitarbeiter »abgebaut« oder arbeitet er mit Teilzeitkräften, in welchem Pflegezustand sind sein Bauhof oder der Betrieb, das Grundstück oder die Firmenfahrzeuge?

Welche Informationen bringen Sie weiter?

- *Wie hoch wären die Kosten eines Lieferantenwechsels für den Kunden?*
  Wenn Sie die Struktur des Kundenbetriebes kennen und Ihnen die eigene Wettbewerbersituation ebenfalls bekannt ist, kämen Sie auf die möglichen Kosten.

- *Wie ist der Informationsstand des Kunden, wenn es um Ihre Produkte und Leistungen geht, eher hoch, mittel oder niedrig?*
  Fragen Sie Ihre Verkäufer oder fragen Sie sich selbst, wenn Sie im Wesentlichen verkaufen. Weiß der Kunde, wo der Nutzen Ihrer Produkte und Leistungen wirklich liegt.

- *Welche Fachzeitschriften hat der Kunde abonniert?*
  Fragen Sie den Kunden.

- *Fordert der Kunde eine hohe Qualitätskonstante?*
  Fragen Sie Ihre Handwerker oder Techniker, Ihre Verkäufer oder den Kunden selber.

- *Fordert der Kunde Termintreue?*
  Fragen Sie Ihren Lagerleiter oder Versandleiter.

- *Ist der Kunde eher preisbewusst?*
  Fragen Sie Ihre Mitarbeiter oder sich selber.

- *Ist der Kunde eher leistungsbewusst?*
  Fragen Sie Ihre Mitarbeiter oder sich selber.

- *Wie ist die Wettbewerbsposition des Kunden in seiner Region, eher wackelnd oder eher stabil?*
  Fragen Sie die Wettbewerber des Kunden.

- *In welchen Organisationen, Vereinen oder Interessengruppen ist der Kunde involviert?*
  Fragen Sie die Wettbewerber des Kunden und den Kunden selber.

- *Kundenbeziehungen sind teuer, gute Kundenbeziehungen noch teurer – wie sind die Transaktionskosten Ihrer Kundenbeziehung, was kostet ein Besuch oder ein Stück Produkt im Sinne von Transaktions- und Kommunikationskosten?*
  Errechnen Sie Ihre vertrieblichen Leistungsdaten.

- *Und so weiter und so weiter*

KUNDEN-INFORMATIONSMANAGEMENT

Informationssammlungen werden niemals vollständig sein

Dieses Listing ist natürlich nicht vollständig, auch wenn es 63 Fragestellungen beinhaltet. Auch das Listing, welches Sie und Ihre Mitarbeiter zu Ihren Kundeninformationen entwickeln, wird niemals vollständig sein.

Kulturelle, landsmannschaftliche, lokale, gesellschaftliche Besonderheiten und andere spezifische Informationen können von Betrieb zu Betrieb und von Kunde zu Kunde sehr unterschiedlich sein – und sehr unterschiedlich interpretiert werden.

Je länger Sie über Informationen nachdenken, umso spannendere Korrelationen werden Sie finden

Je länger Sie über diese Kundeninformationen nachdenken, umso mehr tatsächlich oder vermeintlich interessante Fragestellungen werden Sie finden.

Die 63 Fragestellungen des Listings würden übrigens einige Milliarden möglicher Korrelationen ergeben – wenn alles mit allem verglichen würde. Alles mit allem zu vergleichen wäre natürlich Unsinn. Viele Vergleichbarkeiten ergeben keinen Sinn und können im Vorfeld bereits ausgeschlossen werden.

Auch die eigenen Mitarbeiter sind ein unendlicher Fundus von Informationen

Setzen Sie den Fokus bei der Suche nach Fragestellungen nicht nur beim Kunden. Auch Ihre eigenen Mitarbeiter, Außendienstmitarbeiter, Telefondamen, Lagerarbeiter und so weiter sollten Sie dahingehend untersuchen, ob sich Erkenntnisse ergeben, die mit Kundenverhalten und Kundenzufriedenheit positiv korrelieren.

Welche Zusammenhänge sich da ergeben können, soll noch einmal eine Anekdote belegen, die zwei VORWERK-Staubsaugerverkäufern im Rheinland passiert sein soll:

Die beiden stehen vor der Tür des Kunden (männlich, 34 Jahre) und bieten ihren KOBOLD an, den KOBOSAN-TEPPICHSCHNEE, den VORWERK-TEPPICHFRISCHER und kommen mit dem jungen Mann recht gut ins Gespräch.

Den KOBOLD brauchte er nicht zu kaufen, den hatte er schon. Aber alle Zusatzprodukte inklusive einer VORWERK-Küche um die 13.000,- DM wurden ihm verkauft – und der Kunde war richtig glücklich.

Einer der beiden Verkäufer war eine bildhübsche Verkäuferin, der andere der Vorwerk-Küchenberater ...

Da korrelierte offenbar Kundenzufriedenheit und Kaufentscheidung im Wesentlichen mit »schöne Frau«.

112

Welche Korrelationen bringen Sie weiter?

8.1.4 Welche Korrelationen bringen Sie weiter?

Aus der Menge der ermittelten Informationen ergeben sich also mögliche Fragestellungen im Sinne von resultatbringenden Korrelationen. Dabei geht es nicht um subjektive Interpretationen. Die könnten wir unabhängig davon natürlich auch anstellen. Aber die Basis für weiter gehende Interpretationen sollten immer die »HARDFACTS« der Korrelationen sein, zum Beispiel:

Eine Liste von viel versprechenden Korrelationen, die Sie weiterverfolgen sollten

- HAT DER STANDORT EINES KUNDEN ETWAS MIT IHREM UMSATZ, ABSATZ, MIT DEM DECKUNGSBEITRAG ODER DER BESCHWERDEHÄUFIGKEIT ZU TUN?
- HAT DER STANDORT DES KUNDEN ETWAS MIT DER HARTNÄCKIGKEIT VON PREISVERHANDLUNGEN ZU TUN?
- HAT DER STANDORT DES KUNDEN ETWAS MIT DEM ZAHLUNGSEINGANG ZU TUN?
- HABEN DIE TRANSAKTIONSKOSTEN ETWAS MIT KUNDENZUFRIEDENHEIT ZU TUN? WÜRDE DIE SPEZIFISCHE KUNDENZUFRIEDENHEIT STEIGEN, WENN SIE DIE TRANSAKTIONSKOSTEN ERHÖHTEN?
- HAT DER QUALITÄTSANSPRUCH DES KUNDEN ETWAS MIT DER GELIEFERTEN STÜCKZAHL ZU TUN (ABSATZ) ODER MIT DEM ZUFRIEDENHEITSGRAD DES KUNDEN?
- HAT DIE LIEFERZEIT EINFLUSS AUF DIE BESCHWERDEMENGE?
- HAT DIE ZUGEHÖRIGKEIT DES KUNDEN ZU EINER BESTIMMTEN BERUFSGRUPPE ETWAS MIT DEM PRODUKT ZU TUN?
- HAT DAS PRODUKT ETWAS MIT DER EINSTELLUNG UND HALTUNG ODER DER NACHBARSCHAFT DES KUNDEN ZU TUN?
- HAT DAS PREISBEWUSSTSEIN DES KUNDEN ETWAS MIT EINER ART »KAUFREUE« ZU TUN, DIE DANN ZU BESCHWERDEN FÜHREN KÖNNTE?
- HAT DER PRODUKTIONSSTANDORT EINES UNTERNEHMENS EINFLUSS AUF DIE VERWENDUNG BESTIMMTER PRODUKTE?
- VERKAUFT FRAU AN FRAU ERFOLGREICHER ALS MANN AN MANN ODER FRAU AN MANN ODER UMGEKEHRT?
- GEHT FRAU MIT FRAU BEI REKLAMATIONEN ROUTINIERTER UND KOMMUNIKATIV FREUNDLICHER UM ALS MANN MIT FRAU ODER FRAU MIT MANN – ODER KOMMEN MÄNNER DA BESSER MITEINANDER KLAR?

Kunden-Informationsmanagement

- *Hat das Lebensalter des Kunden etwas mit der Akzeptanz Ihrer Mitarbeiter zu tun – oder etwa umgekehrt?*
- *Haben die möglichen Kosten eines Lieferantenwechsels etwas mit der Beschwerdehäufigkeit des Kunden zu tun?*
- *Kümmern Sie sich in Ihrem Unternehmen eher adäquat oder eher ambivalent um die Person des Entscheiders im Kundenbetrieb? Reden da junge Menschen mit eher älteren oder gleich alte Menschen miteinander? Oder sprechen da alte Herren mit jungen Damen? Was wäre denn günstiger? Und hat das Einfluss auf Kaufentscheidungen und den Zufriedenheitsgrad des Kunden?*
- *Und so weiter*

Aber Achtung:

Einzig und allein das Wohl und Wehe des Kunden steht hier im Mittelpunkt – nicht etwa unser eigener Voyeurismus. Alle Daten sind wertlos, wenn wir sie sammeln, korrelieren und Erkenntnisse daraus ableiten, wenn diese Erkenntnisse nicht zum Wohle des Kunden umgesetzt werden.

Der Kunde steht im Zentrum unseres Informationsmanagements – sonst niemand.

Ist der zufrieden, kann alles nur gut gehen.

Zufrieden allerdings sind Menschen nur dann, wenn deren Erwartungshaltung weitgehend befriedigt ist. Sie sollten deshalb alle Korrelationen immer auch dahin überprüfen, ob die gewonnenen Erkenntnisse über die Erwartungen des Kunden Auskunft geben.

Sie sehen, man könnte eine ganze Abteilung von Marketing-Experten mit solchen Fragestellungen und Datenerhebungen und deren ständiger Auswertung beschäftigen.

Die Deutsche Lufthansa macht es uns vor

Wie sinnvoll und hilfreich ein solches komplexes kundenzentriertes Informationsmanagement sein kann, hat die *Deutsche Lufthansa* auf eindrucksvolle Art bewiesen.

Welche Korrelationen bringen Sie weiter?

Zugegeben, die *Lufthansa* ist nun wirklich nicht mehr zu den mittelständischen Betrieben zu zählen. Aber gerade deshalb können wir dort lernen, was komplexes, kundenzentriertes Informationsmanagement bewirkt oder bewirken kann.

Massen von allgemein zugänglichen Daten werden bei der *Lufthansa* korreliert, um die fliegenden und viel fliegenden Kunden immer genauer kennen zu lernen und deren aktuellen Bedürfnisstatus (Bündel der Erwartungshaltungen) zu ermitteln, bis hinein in kleinste, spezifische Kundengruppen und -grüppchen.

Und da geht es nicht nur exclusiv um VIPs, sondern auch um den Normalverbraucher, der mal nach München oder Düsseldorf fliegt. Kaum ein Air-Carrier weiß so genau, wer wann wo im Flugsessel sitzt, wie wer wann und womit zum Flughafen gelangt, wer wann und wie lange in welchen Hotels logiert, wer wann wohin mit wem fliegt etc. Und genau diese Kenntnisse (aber nicht nur diese) machen den Erfolg dieses Unternehmens aus.

Genau genommen wird aber erst Erfolg (für den Kunden und für die *Lufthansa*) aus den Kenntnissen, wenn alle Mitarbeiter, ein jeder an seinem Ort, diese Kenntnisse in aktiven Kundennutzen umsetzen, die Kundenbedürfnisse verstehen und annehmen.

Alle Mitarbeiter der Lufthansa arbeiten an der Kundenzufriedenheit

Da ist jeder im Unternehmen gleichermaßen Betroffener und Beteiligter, vom Luftverkehrskaufmann in der *Lufthansa*-Hauptverwaltung bis zur Stewardess, vom Piloten bis zum Vorstand. Und jeder ist damit gleichzeitig auch Kundenzufriedenheitsbeauftragter.

Wichtig ist nicht, warum, sondern dass eine Korrelation besteht

Die eher wissenschaftlich Geprägten unter den Lesern werden sich vielleicht die Frage stellen, *warum* eigentlich besteht da eine Abhängigkeit zwischen der Marke eines Transporters und der Preisakzeptanz. *Warum* eigentlich benötigen korpulente Außendienstler weniger Termine als Schlanke – bei gleichem Verkaufserfolg. Warum kauft ein *Alfa*-Fahrer keinen Kopierer, wenn der *Alfa*-Fahrer Handwerker ist?

Ich tröste die Wissenschaftler unter den Lesern:

115

Kunden-Informationsmanagement

Sicher ist es sehr interessant, *warum* eine bestimmte Korrelation so ist, wie sie ist – aber viel interessanter und Kunden bindender ist die Erkenntnis, *dass* sie so ist, wie sie ist.

Verzichten Sie auf die Klärung des Warums

Das Warum zu ermitteln ist viel zu aufwändig. Den Luxus, das zu ermitteln, werden wir uns in unserer täglichen Praxis kaum erlauben können. Das überlassen wir besser *EMNID*, der *GFK* oder *SAMPLE*.

Und wenn wir das Geld tatsächlich übrig hätten, die hoch leistungsfähigen Marktforscher und Researcher zu beauftragen, für uns das Warum einer bestimmten Korrelation herauszubekommen; ich versichere Ihnen, die kriegen es heraus, punktgenau und messerscharf.

Aber weder der Kunde noch wir wären zufriedener, wenn wir es wüssten. So soll es zunächst ausreichen, dass wir wissen, dass es so ist.

Immerhin sind wir Mittelständler und keine Großunternehmen. Und die für ein solches Research erforderliche Summe von etwa 300.000,– DM stecken wir lieber in die Sicherung von Kundenzufriedenheit, Arbeitsplätzen und Firmenbeständigkeit.

Diesen »Warum eigentlich ist das so« Luxus hat sich auch ein skandinavischer Hersteller von Pkws der oberen Mittelklasse nicht erlaubt, als der Vertriebsmanager im Meeting einige Korrelationen aufzeigte:

»Einen bemerkenswerten Anteil unserer Pkw-Neuverkäufe setzen wir an Ärzte ab – innerhalb dieser Gruppe liegen die Gynäkologen vorne. In dieser Kundengruppe wiederum liegen die ländlichen Gynäkologen vorne. Also kümmern wir uns um die Ärzte im Allgemeinen, die Gynäkologen im Besonderen und um die ländlichen Gynäkologen im ganz Speziellen. Warum das so ist – das überlassen wir den tiefenpsychologischen Explorationen der Researcher, wenn wir mal ganz viel Zeit und Geld haben.«

8.1.5 Checkliste zum Thema Kunden-Informationsmanagement

Machen Sie wieder mal einen Workshop zum Thema

Sie sollten, wie bereits mehrfach schon vorgeschlagen, auch zum Thema *»INFORMATIONSMANAGEMENT«* einen (öfter mal einen) Workshop mit Ihren Mitarbeitern veranstalten.

116

CHECKLISTE ZUM KUNDEN-INFORMATIONSMANAGEMENT

Der Workshop sollte klären, welche Tatsachen uns als Unternehmen Tatsachen sind, die den Kunden betreffen und Einfluss auf unseren und den Kundenerfolg haben könnten. Um einen solchen Workshop mit den verantwortlichen Mitarbeitern erfolgreich erledigen zu können, müssten Sie natürlich über ein ausreichendes Päckchen von Kundendaten verfügen und die folgende Checkliste zum Thema Kundenmanagement/Kunden-Informationsmangement geklärt haben:

✔ **Kundenkontakte und Kundenbetreuung**

Wer ist in Ihrem Unternehmen zuständig für Kundenkontakte und Kundenbetreuung, Kundenzufriedenheit, Kundengewinnung und Kundenklassifizierung? Welche Ihrer Mitarbeiter reden mit welchen Kundenmitarbeitern über was? Wer ist zuständig im eigenen Unternehmen und im Kundenunternehmen, wenn es um das Thema Kontakte geht?

Wer ist bei Ihnen zuständig für Kundenzufriedenheit?

✔ **Informationsmanagement in unserem Betrieb**

Wer sammelt, pflegt und managt die Informationen in Ihrem Unternehmen? Wer trennt die sinnvollen von den weniger sinnvollen Informationen? Wer entscheidet, wann welche Informationen für welche Zwecke gebraucht werden? Wer entscheidet darüber, ob die gesammelten Informationen dazu dienen, den Kunden noch mehr als bisher zufrieden zu stellen?

Wer kümmert sich eigentlich um Informationen?

✔ **Kundenentwicklungsplan, Kundenerfolgsplan**

Der Kunde sieht die Schlüssigkeit aller Ihrer Bemühungen aus dem Blickwinkel seiner eigenen Wertschöpfungsverbesserung. Welche Maßnahmenpläne gab es bereits in der Vergangenheit? Welche Kernkompetenzen stellen den Kunden wirklich zufrieden? Was macht den Kunden erfolgreich?

Der Kunde sieht die Dinge von seiner Warte

✔ **Rahmenvereinbarungen mit dem Kunden**

Was ist bereits in Form von Jahresgesprächen, Rahmenverträgen und Vereinbarungen geklärt? Entlasten die bisher getroffenen Vereinbarungen den Kunden tatsächlich von der mühsamen Einzelbewertung der unterschiedlichen Kaufentscheidungsprozesse? Sind die geschlossenen Vereinbarungen kurzfristig, mittelfristig und langfristig in Ordnung? Wie

Wie sehen eigentlich die vertraglichen Bindungen zum Kunden aus?

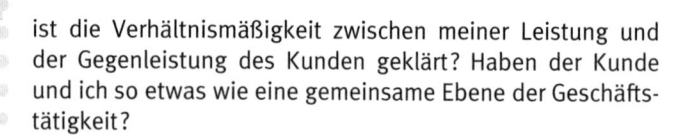

ist die Verhältnismäßigkeit zwischen meiner Leistung und der Gegenleistung des Kunden geklärt? Haben der Kunde und ich so etwas wie eine gemeinsame Ebene der Geschäftstätigkeit?

✔ **Verhandlungsposition mit dem Kunden**

Jede Veränderung im Marktgeschehen verändert auch meine Position gegenüber dem Kunden. Auch verändertes Verhalten des Kunden mir gegenüber verändert meine eigene Position.

Wie kann ich die Marktposition des Kunden sichern und stabilisieren helfen? Jede Stabilisierung der Marktposition des Kunden stabilisiert auch mein Unternehmen und meine Position, weil ich nicht über Preis und Kondition verkaufe, sondern über meine Kernkompetenz, meine Unternehmensstärke und den Kundennutzen.

Die amerikanischen Marketing-Fachleute haben für diese Art von Kundenerfolgsmanagement einen Namen geprägt, der sich nur schwer ins Deutsche übersetzen lässt:

»*CROSS-SELLING*«.

Cross-Selling: »über Kreuz« denken

Cross-Selling findet dann statt, wenn alles über Kreuz geht, jeder mit jedem nachdenkt, alles getan wird, den Kunden erfolgreicher, zufriedener zu machen.

Der Begriff beschreibt die gewissermaßem über-kreuz-funktionale Betätigungswelt des Kundenerfolgsmanagers, des Kundenbedürfnismanagers, sehr treffend.

Im Rahmen des Cross-Selling spielen althergebrachte Abteilungsgrenzen, Kompetenzabgrenzungen, Lokalpatriotismen, Hierarchieebenen, Funktionen, Rollenverhalten und Profilneurosen eine immer geringere Rolle (leider immer noch eine zu große).

Die vielen betriebsinternen Prozesse und Teilprozesse, die nötig sind, um ein erfolgreiches Cross-Selling zu betreiben, gehen den Kunden nichts an. Das ist unsere Sache, internes Marketing sozusagen – und im Idealfall bemerkt der Kunde nur wohlige Zufriedenheit bei sich selber.

Dass dies für uns harte Arbeit und Auseinandersetzung in allen Bereichen bedeutet, bemerken im Wesentlichen wir.

VERFÜGEN SIE ÜBER WERTVOLLE INFORMATIONEN?

8.2 Welche Informationen würde ein böser Mitarbeiter bei Ihnen entwenden?

Erinnern Sie sich an den »Fall Lopez«? Herrn Lopez wurde vorgeworfen, er habe hochwichtige, geradezu brisante Informationen seines ehemaligen US-amerikanischen Arbeitgebers dazu verwendet, sich auf dem europäischen Markt Wettbewerbsvorteile zu verschaffen. Es gab damals viel Presserummel um diesen Fall von »Industriespionage«.

Allerdings geht es in diesem Kapitel nicht um »Industriespionage« im eigentlichen Sinne. Vielmehr möchte ich den Leser (besonders, wenn er Unternehmer wäre) für den spezifischen Wert all der Informationen, die in seinem Betrieb vorhanden sind, sensibel machen.

Die richtigen Informationen können viel wert sein

Die Fragestellung »welche Informationen würde ein böser Mitarbeiter bei Ihnen entwenden« ist deshalb so interessant, weil sie den Blick darauf lenken kann, dass eigentlich jedes Unternehmen wertvolle Informationen besitzt, auch wenn es keine neuen Patente oder geheime Schaltpläne im Tresor liegen hat.

Ermitteln Sie den Informationsstand Ihrer Mitarbeiter

Sie sollten, wie schon zu den meisten Themen, diesbezüglich einen Workshop mit Ihren Mitarbeitern veranstalten. Natürlich wiederum mit der so aktiven und erfolgreichen Meta-Plan-(Kärtchen) Methode.

Klären Sie mit Ihren Mitarbeitern den Informationswert, über den Sie verfügen

Die Fragestellung sollte lauten:
»Stellen Sie sich vor, unsere drei stärksten Wettbewerber würden durch Zufall den Schlüssel dieses Unternehmens in die Finger bekommen, den Ihnen einer unserer Mitarbeiter besorgt hätte. Und sie würden in der Lage sein, unseren Server anzuzapfen (Server = Hauptrechner, der die Daten verwaltet). Welche Informationen und Unterlagen würden die Leute und unser verräterischer Mitarbeiter bei uns entwenden? Was würde denen wirklich nutzen?«
Schreiben Sie diese Fragestellung auf ein Flip-Chart-Papier (diese großen Papiere auf dem Dreibeinständer) und decken die Fragestellung zunächst mit einem leeren Blatt Flip-Chart-Papier ab.

Die Ausgangsfrage

Kunden-Informationsmanagement

Dann, wenn alle Mitarbeiter, die in Ihrem Unternehmen Verantwortung tragen (die Manager), und auch die Mitarbeiter in den nachgeordneten Funktionen im Besprechungszimmer (bei den größeren Unternehmen: Konferenzraum) sitzen, decken Sie die Fragestellung auf und lassen den Satz auf die Mitarbeiter wirken.

Sie werden bemerken, dass einige anfangen zu lachen, andere den Kopf schütteln. Die Fragestellung ist (wirkt) ungewöhnlich, für die Mitarbeiter. Ihre Mitarbeiter werden mit dem Lachen aufhören, wenn sie verstanden haben, wie interessant diese Fragestellung wirklich ist.

Und wieder die Meta-Plan-Methode

Fordern Sie dann Ihre Mitarbeiter auf, darüber nachzudenken, welche »Informations-Wertgegenstände« in Ihrem Unternehmen offen zugänglich oder verborgen sind. Lassen Sie die Mitarbeiter jeden »Wertgegenstand« auf eines der bunten Meta-Plan-Kärtchen schreiben und sammeln Sie die Kärtchen ein.

Ein wichtiger Tipp dazu:
Geben Sie den Mitarbeitern dick schreibende Marker-Pens oder bunte Folienschreiber. Kugelschreiberschrift wirkt auf den Kärtchen jämmerlich. Da wir Menschen sehr visuell denken und arbeiten, setzt sich farbiges, fett Geschriebenes grundsätzlich im menschlichen Gehirn besser fest.

Lassen Sie den Mitarbeitern Zeit, nachzudenken und wirklich zu überlegen. Je mehr Kärtchen zusammenkommen, umso mehr Diskussionsmaterial für die Aufarbeitung der Fragestellung steht Ihnen zur Verfügung.

Beschreiben Sie selber und Ihre leitenden Mitarbeiter auch Kärtchen mit Informations-Wertgegenständen, behalten diese aber zunächst in der Hinterhand.

Beginnen Sie mit der Auswertung der Ergebnisse, indem Sie jedes einzelne Kärtchen, Karte für Karte, an eine Pinnwand heften, sodass jeder alles sehen kann.

Lesen Sie jeweils den auf dem Kärtchen stehenden Begriff laut vor und fragen, von wem der Begriff kam. Aber kommentieren Sie die »Wertgegenstände« zunächst noch nicht.

Erst wenn alle Kärtchen an die Pinnwand angeheftet sind und in »*Clustern*« (Gruppen, die gleiche Begriffe zu gleichen Begriffen zuordnen) zusammengestellt worden sind,

Verfügen Sie über wertvolle Informationen?

ordnen Sie Ihre eigenen Kärtchen und die Karten der leitenden Mitarbeiter in das Cluster-Gebilde auf der Pinnwand ein. Umranden Sie die Cluster, um die Abgrenzung der Themen zu unterstreichen.

Ihre Mitarbeiter werden dabei ganz genau aufpassen, ob die Kärtchen der Bosse und Chefs die gleichen Begriffe aufweisen, wie ihre eigenen. In der Regel wird es so sein, dass die Mitarbeiter die Dinge fast ähnlich sehen, wie die Vorgesetzten.

Wenn das nicht so ist? Dann haben Sie ein ernsthaftes Problem. Das klären wir ganz zum Schluss dieses Kapitels. Zunächst weiter in der Methodik:

Dann geht es an die Kommentierung und in die Diskussion mit den Mitarbeitern. Schauen Sie sich die einzelnen Kartengrüppchen (Cluster) an. Wenn Sie richtig zugeordnet haben, werden Sie feststellen, dass einige Karten doppelt an der Pinnwand kleben. Entfernen Sie die doppelten Karten und lassen Sie gleiche Begriffe nur einmal am Pinnbrett stehen. Tun Sie das aber nur, wenn Sie auf der Pinnwand Platz-Probleme haben. Wenn der Raum ausreicht, lassen Sie alle Karten darauf. Besser wäre es, keine Karte zu entfernen und eine zweite Pinnwand zu besorgen.

Kommentieren Sie vorsichtig und beleidigen Sie niemanden – seien Sie fair

Grundsätzlich sind wir Menschen nämlich sehr sensibel, wenn es um unsere eigene Positionierung in einer Gruppe geht. Es könnte sein, dass ein Mitarbeiter beleidigt ist, wenn ausgerechnet sein Kärtchen entfernt wird, weil es doppelt ist.

Die Größe der einzelnen Cluster (die Menge der Karten mit gleichem oder sehr ähnlichen Inhalt) lässt auf die Wichtigkeitspräferenz schließen, die Ihre Mitarbeiter den unterschiedlichen »Informations-Wertgegenständen« in Ihrem Unternehmen zuordnen.

Nehmen Sie sich das größte Cluster zuerst vor und den darin befindlichen wesentlichen Leitbegriff. Gehen Sie mit den Mitarbeitern in die Diskussion um die Begriffe. Klären Sie die Wichtigkeit und ob man in der Lage wäre, diesen »Informations-Wertgegenstand« noch wertvoller zu machen. Das erledigen Sie dann mit allen Clustern – Stück für Stück.

Klären Sie alle »Informations- gegenstände«

Wo ist der konkrete Nutzen dieser fast spielerischen Vorgehensweise?

KUNDEN-INFORMATIONSMANAGEMENT

Sie und Ihre Leitenden erfahren ganz genau, wie die Kenntnis über betriebliche Informationen in Ihrem Unternehmen ausgebildet ist. Sie erfahren, wo die Mitarbeiter noch Trainingsbedarf in Sachen Informationsmanagement haben oder wo die Mitarbeiter aus dem täglichen Geschäft heraus einen Wissensvorsprung haben.

Nun einige Denkmodelle dazu:

Sie werden auf bemerkenswerte »Informations-Wertgegenstände« stoßen

Stellen Sie sich vor, keiner Ihrer Mitarbeiter hätte den Begriff »Kundendatei« oder »Kundenkartei« oder »Kundenliste« als wertvoll auf ein Kärtchen geschrieben. Das würde bedeuten, dass die Mitarbeiter entweder nicht wissen, wie wertvoll eine ordentliche Kundendatei ist – oder aber Ihre Kundendatei wird als echt wertlos erlebt. Keiner käme also ernsthaft auf die Idee, sich die Mühe zu machen, Ihre Kundendatei zu entwenden. Aber vielleicht haben Sie auch gar keine Kundendatei?

Die Mitarbeiter sehen die Dinge oft viel unbefangener

Stellen Sie sich vor, Ihre Mitarbeiter schreiben auf die Kärtchen solche Begriffe wie »unsere Preisliste« oder »den Dispositionsplan der Monteure«.

Sie sollten dann genau klären, warum der betreffende (oder die betreffenden) Mitarbeiter die Preisliste oder den Einsatzplan für wertvoll halten.

Stellen Sie sich vor, Ihre Mitarbeiter schreiben auf die Kärtchen mehrmals den Begriff »die Personalunterlagen«.

Dann sollten Sie miteinander darüber nachdenken, was denn aus Sicht der Mitarbeiter die Personalunterlagen so wertvoll macht.

Fragezeichen sind oft ein Signal für schlechte Kenntnis oder mangelhaftes Informationsverhalten

Es wird Ihnen (genau wie mir immer wieder in meinen Workshops) passieren, dass mehr als einmal ein Kärtchen mit »?« auftaucht. Der Mitarbeiter malt Fragezeichen – er weiß nichts mit dem Wert von Information anzufangen.

Wenn die Fragezeichenkärtchen sich häufen, sollten Sie ernsthaft darüber nachdenken, wie Ihr betriebliches Informationsmanagement aussieht. Ob den Mitarbeitern überhaupt klar ist, welche Werte im Betrieb vorhanden sind, wenn es um Kunden und Kundenerfahrungen geht.

Oder das Informationsmanagement Ihres Betriebes lässt zu wünschen übrig, das wäre auch möglich. Dann sollten Sie

Verfügen Sie über wertvolle Informationen?

schnell etwas daran ändern und noch einmal das Kapitel 8.1, Informationsmanagement – »Was wissen Sie eigentlich über Ihre Kunden – und Ihre Mitarbeiter?« sorgfältig durchlesen und erarbeiten. Natürlich machen Sie das mit Ihren Mitarbeitern zusammen – und natürlich mit der Kärtchen-Technik.

Welcher Art ist das Informationsverhalten in Ihrem Unternehmen?

Sollte es sein, dass die Kärtchen Ihrer Leitenden und Ihre eigenen zum Thema »Informationswerte« völlig anders lauten als die Kärtchen Ihrer Mitarbeiter, sollten Sie Folgendes daraus schließen:

Erste Möglichkeit:

Information wird in Ihrem Unternehmen als eine Art Geheimwissenschaft behandelt. Information ist dann so etwas wie Herrschaftswissen und beschränkt sich auf die Leitungsebenen. Das müssen Sie dann schnell ändern. Die Mitarbeiter müssen an der Informationsfindung und an der täglichen Verarbeitung von Information beteiligt sein.

Informationen sind kein Herrschaftswissen

Zweite Möglichkeit:

Ihre Mitarbeiter interessieren sich nicht für Information und können unwesentliche Informationen von wesentlichen Informationen nicht trennen. Dann sollten Sie den Mitarbeitern dieses Interesse nahe bringen. Es ist sehr wahrscheinlich, dass die Mitarbeiter im Falle dieser zweiten Möglichkeit ein »Will-nicht-Problem« (siehe dritte Rahmenbedingung in Kap. 6.1) haben. Das bedeutet, Sie hätten als Chef oder Leitender ein Führungsproblem. Klären Sie die Sache. Mit Will-nicht-Mitarbeitern werden Sie in den späten 90er-Jahren nicht erfolgreich sein.

Noch etwas Grundsätzliches zum Thema »Informationsverhalten«:

Informationen im Unternehmen sind eine »Bring-Schuld« – nicht etwa eine »Hol-Schuld«.

Das bedeutet, dass ein jeder an seinem Platz alle Informationen an die weitergibt (bringt), die die Information vermutlich benötigen könnten. Der Empfänger der Information kann dann schnell selber entscheiden, ob die ihm gelieferte Information für ihn taugt oder ob er sie in den Reißwolf gibt.

Wäre das Informationsverhalten in Ihrem Betrieb dadurch gekennzeichnet, dass Sie und Ihre Mitarbeiter Information als »Hol-Schuld« betrachteten, müsste jeder Mitarbeiter ständig nachfragen, ob vielleicht eine relevante Information irgendwo sein könnte. Man kann sich leicht vorstellen, dass bei dem »Holschuld«-Modell viele wichtige Informationen an den betreffenden Mitarbeitern einfach vorbeigehen würden.

Überprüfen Sie nun Ihr Informationsverhalten in Ihrem Betrieb kritisch. Sind Sie und Ihre Mitarbeiter auch »Holer« oder etwa »Bringer«?

9 Überraschende Erfolge mit Merchandising, Eventmanagement und Aktionen

9.1 Merchandising: Binden Sie Ihre Kunden durch Nebenprodukte

Klären wir zunächst einmal die Begrifflichkeiten.

Merchandising findet überall statt

Unter typischem »MERCHANDISING« verstehen die Marketing-Spezialisten zunächst einmal die Vermarktung aller möglichen Zusatzprodukte, die mit dem eigentlichen Produkt oder dem eigentlichen Leistungsangebot zwar etwas zu tun haben, aber im Kern eigenständige Nutzenvorstellungen der Verbraucher ansprechen. Da wird das Hauptprodukt zum »TRAILER« (Zugpferd) für die Nebenprodukte.

Zum Beispiel:

Da leben »Sportfirmen« nur vom Merchandising

Es gibt in der Bundesrepublik einige Fußballklubs, zum Beispiel *BVB DORTMUND*, *BAYERN-MÜNCHEN* oder *FC SCHALKE 04*, die mit Merchandising-Aktionen mehr Geld verdienen, als mit der Vermarktung von Fernsehrechten oder den Spieleinnahmen. Diese Klubs haben eine Vielfalt von so genannten Fan-Artikeln im Markt, von der Baseballkappe über Trikots, Schals, Brieftaschen und Geldbörsen bis hin zu Schulranzen und Bettwäsche für die Fan-Kids und so weiter.

MERCHANDISING: BINDEN SIE KUNDEN DURCH NEBENPRODUKTE

Zum Beispiel:
Die amerikanische WALT DISNEY Corporation, die vor mehr als 50 Jahren die Comic-Figuren MIGHTY MOUSE (in Deutschland: MICKY MAUS) und DONALD DUCK (und 61 Freunde) in den Markt brachten, existiert heute noch als sehr erfolgreiches Unternehmen. Die Einnahmen des Unternehmens kommen inzwischen fast ausschließlich aus dem Merchandising-Geschäft. Das heißt, Donald-Mützen, Donald-T-Shirts, Donald-Bettwäsche und Micky-Maus-Socken sichern weltweit den bemerkenswerten Umsatz der Walt-Disney-Gruppe.

Auch DONALD DUCK und seine Freunde sind Merchandising-Babys

Mit den vor 50 Jahren ursprünglich erdachten Comic-Figuren in Comic-Heften wird heute eher das kleinere Geld verdient.

Rein sprachlich gesehen bedeutet »merchand« nichts anderes als »Kaufmann« sodass sich »merchandising« mit »der Kaufmann verkauft« übersetzen lässt.

Wenn ich vor ein paar Zeilen vom »typischen« Merchandising sprach, betrifft das eher Europa und die europäischen Märkte (ausgenommen England, hier sieht man das eher so wie in den USA).

Im amerikanischen Markt ist schlechtweg alles »merchandising«, was mit Verkaufen, Werbungmachen, Promotion, Veranstaltungen für Kunden, Messen und so weiter zu tun hat.

Ich möchte hier den Begriff aber im europäischen Sinn nutzen, also enger fassen als die amerikanischen Kollegen.

Wenn man weiß, dass 81 % der Hamburger futternden Kids lediglich deshalb MAC DONALD so lieben, weil es dort die JUNIOR-TÜTE mit Überraschungen gibt, wird schnell deutlich, dass Zusatznutzenprodukte wirklich interessant sind.

Nun ist es nicht so einfach für den mittelständischen Unternehmer, ohne großen Kostenaufwand in das Merchandising zu gehen. Zusatznutzenprodukte kosten zunächst einmal Geld. Geld für die Entwicklung, Geld für die Produktion, Geld für die Distribution, Geld für die Werbung. Und so »dicke« wie BAYERN-MÜNCHEN haben wir es ja nun auch nicht.

Für Mittelständler ist es schwieriger, aber ebenso interessant

Also sollten wir eine Nummer kleiner an die Sache heran gehen. Und auch dann noch sind Merchandising-Produkte für den Mittelständler interessant.

Merchandising, Eventmanagement und Aktionen

Merchandising ist für den kleinen und mittleren Mittelständler nicht etwa des zusätzlichen Gewinnes wegen interessant, sondern deshalb, weil wir damit zusätzliche Kundensicherung und Kundenbindung erreichen können.

Unterschiedliche Branchen brauchen unterschiedliches Merchandising

Einige praktische Beispiele dazu:

- Der Dachdecker lässt Dachziegel in Originalgröße (oder besser kleiner) aus Marzipan herstellen, die täuschend ähnlich aussehen und vom Original kaum zu unterscheiden sind. Die Ziegel werden mit einer Klarsichtfolie verpackt, auf der das Firmenlogo aufgedruckt ist. Dann platzieren wir die Marzipan-Ziegel in einem Pappaufsteller in der Auftragsannahme. Gleichzeitig nehmen wir das Produkt als Werbegeschenk für unsere Kunden.

- Der Friseurbetrieb legt sich *BARBIE-PUPPEN* mit Perückensets auf Lager. Dafür hat der Hersteller *MATTEL* entsprechende Aufsteller. Fragen Sie mal einen Spielwarengroßhändler.

- Jeder richtige Deutsche liebt sein Auto ganz besonders. Wenn also Ihr Betrieb (Kfz-Werkstatt, Autohandel, Versicherungsagentur) etwas mit dem Produkt Auto zu tun hat, sollten Sie sich eine Serie von PkwModellen auf Lager legen – besser noch, hübsch platzieren. Kaum ein Autofahrer geht in ein Spielzeuggeschäft, um sich seinen 3er BMW als Modell zu kaufen. Aber im Showroom des Händlers ist die Kaufneigung sehr viel größer.

Die Produktpaletten lassen sich in allen Branchen endlos fortsetzen, von Baseballkappen über T-Shirts mit Ihrem Firmenlogo bis hin zum Bildband »Die Geschichte der thüringischen Küche« für das Restaurant. Aber immer mit Logo, Firmennamen oder einer anderen Kennzeichnung Ihres Unternehmens.

Sie könnten (schon wieder) einen Arbeitskreis »Merchandising-Produkte« mit Ihren Mitarbeitern abhalten. Die kommen bestimmt auf gute Ideen.

9.2 Event-Marketing: Bieten sie Ihren Kunden etwas

Der nächste Begriff, »Event«, stammt, wie schon üblich, aus dem amerikanischen Sprachgebrauch. »Events« sind im Kern

EVENT: BIETEN SIE IHREN KUNDEN ETWAS

kundenwirksame und absatzsteigernde Aktionen. Bei einem Event passiert etwas, da ist Action. Die Kunden werden sich lange an ein solches Event erinnern (wenn es erfolgreich war und gut gemacht ist). Die emotionale Beziehung zwischen dem Anbieter einer Leistung und der Kundengruppe wird dadurch erheblich stabilisiert.

Sicherlich – Events kosten Geld. Wie wenig Geld allerdings das kostet, im Vergleich zum Nutzen für das Unternehmen, zeigt das folgende Beispiel eines HONDA-Event an dem alle HONDA-Händler in Deutschland aktiv beteiligt waren.

Die Firma HONDA Deutschland in Offenbach am Main, bekannt als ein Anbieter von Pkws und Motorrädern aus Japan, kam auf die Idee, das so genannte »Frühstück bei HONDA« als Event zu veranstalten.

Das HONDA Event ... bemerkenswert erfolgreich

Planung, Betreuung und Evaluierung (Aufarbeitung der Ergebnisdaten und Interpretation des Event in Hinsicht auf den Erfolg) des Event und die bundesweite Werbung für das »Frühstück bei HONDA« wurden von der deutschen Vertriebszentrale in Offenbach erledigt.

Alle HONDA-Händler in Deutschland machten mit. An diversen Samstagen im Jahr werden alle Kunden der Region eingeladen, am »Frühstück bei HONDA« teilzunehmen. Immer dann, wenn HONDA etwas Besonderes zu bieten hatte, den neuen INTEGRA TYP R zum Beispiel, wie beim ersten Frühstück 1998.

Der örtliche HONDA-Händler musste folgende Vorbereitungen treffen:

- Seinen Showroom etwas ausräumen, ein paar Autos zur Seite fahren. Mehrere Klapptische (wie im Bierzelt) wurden gemietet und mit dem buntem HONDA-Logo-Papier bespannt. Es wurden bewusst keine Stühle aufgestellt – Menschen, die stehen, sind eher bereit mit anderen zu reden, als Menschen, die »festsitzen«.
- Auf dem Vorplatz des Autohauses wurde ein Bierpavillon aufgestellt, den der örtliche Getränkevertrieb heranschaffte und auch bewirtschaftete.
- Eine Jazzband oder andere Musikusse wurden gechartert, je nach Geschmack und landsmannschaftlicher Ausprä-

MERCHANDISING, EVENTMANAGEMENT UND AKTIONEN

gung. In Bayern wurde halt geschuhplattlert – in Ostfriesland gab es Wind-und-Wellen-Musik.

- Die Musiker spielten entweder im Showroom, wo die HONDA-Neuwagen gruppiert standen, oder aber draußen, auf dem Vorplatz, in der Nähe des Bierpavillons. Einige Händler räumten auch ihre Werkstatt auf oder aus und machten daraus eine Partyhalle.

- Für die Kids wurde eine Pusteluft-Springburg herangeschafft und, wo das möglich war, ein Kinderkarussell oder Ponyreiten oder Kinderschminken veranstaltet etc.

Im Rahmen eines Events lässt sich der ganze Ort aktivieren

- Der örtliche Metzger bekam den Auftrag, einige hundert belegte halbe Brötchen zu schmieren und die rechtzeitig auf die Klapptische zu stellen. Einige HONDA-Händler orderten auch ein halbes Schwein am Spieß samt Griller mit Kochmütze.

Die Mitarbeiterinnen und Mitarbeiter des HONDA-Autohauses waren alle da und kümmerten sich rührend um die Frühstückskunden. Sie hatten natürlich auch den Auftrag, Visitenkarten und Adressen von Interessenten zu sammeln. Die konnte man dann nach der Party anschreiben, um sich für den Besuch zu bedanken und so vielleicht auch kaufende Kunden zu gewinnen. Und auch gleich zu der nächsten Frühstücksparty einladen.

Die Offenbacher Marketing-Leute versorgten die Händler mit Prospekten in Massen und Fähnchen, Luftballons für die Kleinen und HONDA-Modellen für die Großen. Ein Preisausschreiben mit attraktiven Gewinnen hatten die HONDA-Marketing-Macher sich auch einfallen lassen.

Die ganze Show begann jeweils samstags um 9.00 Uhr und war open end geplant.

Laden Sie auch die Lokalpresse ein

Dass die örtlichen drei oder vier Presseleute der regionalen Zeitungen grundsätzlich gern mal frühstücken gehen, versteht sich von selbst. Diese Haltung der Presseleute wurde von HONDA Deutschland natürlich dadurch unterstützt, dass die Presse bundesweit über die Aktion informiert wurde und die Journalisten zu den Frühstüksaktivitäten eingeladen wurden. Die Resonanz in der Berichterstattung der regionalen Presseorgane war deshalb bundesweit sehr gut.

EVENT: BIETEN SIE IHREN KUNDEN ETWAS

Und nun zur überschläglichen Ergebnisrechnung eines solchen Event. Denn letztendlich hatte HONDA Deutschland zwar die Idee dazu, aber bezahlen und organisieren musste natürlich der örtliche Händler die ganze Sache. Der entschied auch, wie viel Aufwand er betreiben mochte – dem waren keine Grenzen gesetzt. Aber er hatte die Kosten zu tragen, was ja auch nur recht und billig ist. Der örtliche Händler betreibt damit ja auch örtliche Kundenbindung und steigert damit sogar seine Neuwagen-Abverkäufe.

Also überschlagen wir einmal die Kosten, die einem HONDA-Händler entstanden sein könnten:

Welche Kosten entstehen?

8 Klapptische mieten	160,– DM
die Tischdecken aus der Offenbacher Zentrale	65,– DM
das Spanferkel samt Griller	260,– DM
400 halbe Brötchen	440,– DM
die örtliche Jazz-Band oder die Country-Cowboys für sechs Stunden	1.800,– DM
die Springburg für die Kids	450,– DM
das Ponyreiten	650,– DM
der Mindestumsatz am Bierpavillon	2.200,– DM
Werbematerial aus Offenbach	2.900,– DM
das Karussell	900,– DM
das Kinderschminken ... macht der örtliche Kindergarten	0,– DM
macht in der Summe rund:	**9.825,– DM**

Die Insider der Autobranche sehen sofort:
In etwa muss der Händler nur ein einziges Auto mehr verkaufen, um auf den Null-Kosten-Punkt zu kommen, mehr nicht. Ab dem zweiten zusätzlich verkauften Auto verdient er Bares.

Man könnte nun fragen, was »zusätzlich verkauftes Auto« bedeutet, woran das gemessen wird. Ganz einfach: Gemessen an den Verkäufen, die der Händler hätte, wenn er auf das Frühstücksfest verzichtet hätte.

Welcher Nutzen entsteht?

Wenn wir nun noch kritisch überlegen, was ein halbseitiges HONDA-Händler-Inserat im Kölner Stadtanzeiger oder sonst

MERCHANDISING, EVENTMANAGEMENT UND AKTIONEN

wo kosten würde, bräuchte der Händler nicht einmal ein ganzes Auto mehr zu verkaufen – sondern nur zwei Fußmatten für den *CIVIC*.

Events rechnen sich

Allein durch die kostenlose Presseberichterstattung hat der Händler nämlich bereits Geld verdient und sein Image im regionalen Markt stabilisiert.

Wie bemerkenswert erfolgreich diese Event-Aktionen für *HONDA* Deutschland in ihrer Gesamtheit waren, beschreiben die verantwortlichen *HONDA*-Projektleiterinnen Martina Bergmann und Tanja Spamer in einem Brief an mich so:

> Guten Tag, Herr Dr. Busch,
>
> wie versprochen sende ich Ihnen noch das *HONDA*-Statement zum Event »*HONDA-FRÜHSTÜCK*«.
>
> Der nationale Händler-Event »Frühstück bei *HONDA*« hat dieses Jahr zum 11. Mal stattgefunden. Im Jahr 1987 wurde die Idee geboren, unsere *HONDA*-Kunden zum Frühstücken einzuladen und gemeinsam die Premiere eines neuen *HONDA*-Modells zu feiern. Eine Tradition, mit der unsere Kunden und Händler nun 11 Jahre gewachsen sind.
>
> Unter dem diesjährigen Motto »Fit for Fahr'n« kamen bundesweit ca. 200.000 Kunden und Interessenten zu ihrem *HONDA*-Händler, um den brandneuen *INTEGRA* zu sehen und sich bei Kaffee, Wurstbrot, Marmeladencroissant oder Müsli über die Einzelheiten zu informieren.
>
> Neben der von *HONDA* zur Verfügung gestellten Materialien nutzt jeder Händler die Möglichkeit, das Motto individuell zu gestalten. Kinderschminken für die Kleinen, Rennsimulator für die Großen, Kooperation mit lokalen Geschäften und Vereinen.
>
> Auf Grund dieser vielfältigen und zielgruppengerechten Event-Charakteristik, verknüpft mit einer Fahrzeugpremierenfeier, eignet sich das »Frühstück bei *HONDA*« geradezu optimal zur Kundenbindung sowie zur Neukundengewinnung.
>
> *HONDA* Deutschland und seine Händler sind sich einig: Auch nächstes Jahr wird das Projekt fortgesetzt.
>
> *HONDA* Deutschland
> Offenbach am Main
>
> Die Projektleiter
> *Martina Bergmann, Tanja Spamer*
> Marketing Automobile

Event-Marketing in anderen Bereichen

Ein Haufen junger Leute, modisch gekleidet, sitzt, liegt und lungert auf dem Rasen des Volksgartens in Köln herum. Rhythmisches Hämmern dröhnt über den Park. Im MARLBORO-Land ist Hausparty.

Event ist Aktion, da passiert etwas

Mit Live-Music aus New York, mit Barbeque, Grillwürstchen, einem Haufen COLA-LIGHT und einigen Actionbuden will der Zigarettenriese PHILIPP MORRIS die Marke MARLBORO pushen (pushen = drücken, gemeint ist, in den Markt hinein geben).

Die Picknick-Party mit Rockmusik passt gut in die Marketing-Gesamtkonzeption der »Marlboroland«-Leute. Junge Erwachsene, ausgestattet mit ausreichend Kaufkraft, sollen dazu motiviert werden, dass Genuss und Freiheit, Abenteuer und Erfolg etwas mit Rauchen zu tun haben. Genauer: mit der Marke MARLBORO. Das lässt der Zigarettenriese sich etwas kosten.

Besonders die Gruppen der jungen Erwachsenen sind sehr empfänglich für diese Art von Entertainment, für Event-Marketing.

Die »Kids-Verbraucheranalyse« aus dem Jahr 1996 ergab, dass 9,6 Millionen Jugendliche über ein freies Geldmittelpotenzial von 17,3 Milliarden DM verfügen.

Noch interessanter sind die von den jungen Menschen unmittelbar und mittelbar beeinflussten Kaufentscheidungsprozesse ihrer Eltern. Wenn der Joungster sagt, das oder dies brauch ich – dann kaufen die Eltern das schon ein. Manchmal zwar maulend, aber der Umsatz in diesen jungen Nutzergruppen steigt ständig. Die Eltern, so der Report, geben weitere 35 Milliarden für die Bedürfnisbefriedigung ihrer Kids aus.

Eine für Events empfängliche Gruppe: Kids und junge Erwachsene

DR. OETKER beteiligt sich inzwischen auch sehr erfolgreich an Event-Marketing. Sein Thema ist nicht die Party im Grünen, sondern Modern- oder Extremsportarten. Die Firma präsentierte sich auf der diesjährigen Beach-Volleyball-World-Tour in Berlin mit dem neuen Müsli VITALIS.

Wird ein solches Event-Konzept von den angepeilten Kundengruppen angenommen, wird es reihenweise von ande-

Merchandising, Eventmanagement und Aktionen

ren Anbietern kopiert. Michael Müller von der Event-Agentur Krauts PR warnte daher in der Süddeutschen Zeitung:

»Das hat den fatalen Effekt, dass die Konsumenten bald nicht mehr entscheiden können, welche Marke nun welche Veranstaltung gemacht hat.«

Event-Marketing ist auch und gerade ein Thema für mittelständische Unternehmen

Recht hat Herr Müller. Aber schön, dass das nur für die ganz Großen gilt. Im regionalen Bereich wird sich in Ihrer Stadt, in Ihrem Ort oder in Ihrem Dorf jeder an Sie erinnern, wenn Sie ein pfiffiges Event veranstalten.

10 Mal ganz praktisch

Einige Beispiele zu erfolgreichen Kundenbindungs-Strategien, die uns andere bereits vorgemacht haben.

An diesen Kundenbindungs-Strategien haben meine Mitarbeiter und ich mitgearbeitet. Nachahmung ist erlaubt und erwünscht. Vielleicht fühlen sich dann einige Ihrer Kunden noch besser bei Ihnen aufgehoben – andere Kunden werden (sollten) Sie verlieren, wenn der Kundenwert (»CUSTOMER-VALUE«) für Ihr Unternehmen negativ ist.

Clienting bedeutet nicht, dass man JEDEN Kunden behalten muss

10.1 Clienting-Strategie am Beispiel einer kleineren Volksbank

Warum ausgerechnet möchte ich das Thema Clienting, Kundensicherung und Kundenbindung am Beispiel einer kleineren Volksbank festmachen?

Warum ausgerechnet dieses Beispiel?

Das ziemlich flächendeckende Netz der Volks- und Raiffeisenbanken in der Bundesrepublik macht es aus, dass es kaum jemanden gibt, der diese Bankform nicht kennt. Das ist der erste Grund, eine imaginäre, ländlich geprägte Volksbank als Beispielträger zu nehmen.

Der zweite Grund ist, dass eine Volksbank auf Grund der aktuellen Marktsituation im Bankenbereich und der Struktur unserer Wirtschaft geradezu ideal folgende Zustände und Situationen miteinander verknüpft:

Starker Wettbewerbsdruck

- Die genossenschaftliche Volksbank (jede Volksbank) ist zur Zeit stark gefordert. Der Wettbewerbsdruck von Seiten

CLIENTING-STRATEGIE AM BEISPIEL EINER VOLKSBANK

der Sparkassen, der stärksten Wettbewerber, ist erheblich. Kundenpotenziale lassen sich nun einmal nicht beliebig vermehren. Das intensive Bemühen um jeden Firmenkunden gehört zum Tagesgeschäft.

- Die Volksbanken sind eigenständige juristische Einheiten (Firmen, könnte man sagen), die sehr vieles selbst entscheiden können – im Gegensatz zu den Filialen einer der Großbanken etwa, die am Entscheidungs-Tropf der jeweiligen Zentralen in Frankfurt, München oder Dresden hängen.

    Volksbanken können relativ eigenständig entscheiden

- Die Volksbanken müssen sich jeden Tag aufs neue im engen regionalen Markt positionieren, wie jeder andere Unternehmer auch. Sie haben wie alle anderen Unternehmer das Problem, dass die großflächig operierenden Marktführer (die Sparkassenorganisationen und die Großbanken) schneller regional und überregional flächendeckend und auch oft effektiver an den Markt herangehen können.

    Tagtäglich ist neue Marktpositionierung gefragt

- Einer der wesentlichsten Vorteile dieses Beispieles ist die Tatsache, dass die Volks- und Raiffeisenbanken eine geradezu multidimensionale Produktpalette anbieten. Die genossenschaftlich organisierten Einkaufsgemeinschaften, Dachdeckereinkauf, Bäckereieinkauf und Baueinkauf, die der Raiffeisenorganisation zugehören, lassen sich, wenn auch nicht unmittelbar, aber doch mittelbar in die Gesamtbetrachtung einbeziehen.

    Anbieter einer multidimensionalen Produktpalette

Anhand des Volksbank-Beispiels lassen sich für viele Dienstleister und andere Betriebe Maßnahmen und Methoden für strategisches Kundenbindungsmarketing ganz gut ableiten.

Das Beispiel ist so aufgebaut, dass Sie als Unternehmer die gesamte Struktur der Marketing-Entwicklung hin zum kundenzentrierten Marketing nachvollziehen können. So ist das Beispiel eher eine umfangreiche Checkliste als ein einfaches Beispiel.

Das verallgemeinerungsfähige Beispiel ist wie eine Checkliste zum Clienting angelegt

Jede Überlegung zu der Einrichtung von Clienting-Strategien und Kundenbindungsstrategien im Unternehmen könnte so oder so ähnlich aussehen, zwar branchenspezifisch graduell verändert, prinzipiell aber gleich.

133

Ich nenne die Beispielbank »Volksbank Südostland« und stelle mir vor, sie läge irgendwo direkt an der Grenze zwischen den Bundesländern Sachsen und Brandenburg.

Weil das Beispiel in den neuen Bundesländern spielt, tauchen hier Problembereiche auf, die komplexer und komplizierter sind als in den alten Ländern – strukturell, kulturell, sozio-ökonomisch und wirtschaftlich.

Prinzipiell funktioniert jede Clienting-Strategie gleich – mit graduellen Unterschieden

Wenn Sie selber für Ihr Unternehmen an das Thema Kundenbindung und kundenzentriertes Handeln herangehen wollen, können Sie die Fragestellungen und das grundlegende Raster der Antworten einfach »abkupfern«. Die hervorgehobenen Merksätze verweisen jeweils auf die allgemeine Strategie.

Dass dabei für Sie natürlich völlig andere Ergebnisse herauskommen, ist klar. Aber das Prinzip der Vorgehensweise ist übertragbar.

Apropos Vorgehensweise: Das sollten Sie wieder in der Form eines Workshops mit Ihren Mitarbeitern erledigen.

Nun das Beispiel mit den Fragestellungen und den Antworten.

1 In welcher Ausgangssituation befindet sich die Region »Südostland«?

KLÄREN SIE ALS ERSTES IMMER IHRE AUSGANGSSITUATION IN BEZUG AUF IHR WIRTSCHAFTLICHES UND SOZIALES UMFELD.

Innerhalb welcher wirtschaftlichen Rahmenbedingungen und sozialen Bezüge arbeitet Ihr Unternehmen?

Die vergangenen acht Jahre haben in den neuen Ländern dem Dienstleistungsbereich (besonders dem Bankenbereich) eine ungewöhnlich erfolgreiche Entwicklung gebracht.

In der Region »Südostland« traten aus dem Stand heraus 1990 die Sparkassen flächendeckend auf den Plan. Die Sparkassen übernahmen wesentliche (fast alle) Arbeitsbereiche der ehemals staatlichen Sparkassenorganisation der ehemaligen DDR. Sie bekamen sozusagen Hunderttausende von Konten und Kunden »geschenkt«.

Inzwischen gehört der Umgang mit Banken, Konten, Krediten und Bankdienstleistungen zum Alltag der Menschen dieser Region.

Die derzeitige demoskopische Struktur von »Südostland« ist durch folgende Strukturdaten gekennzeichnet:

- Im unmittelbaren Einzugsbereich »Südostland« leben ca. 18.000 Einwohner.
- Im mittelbaren Einzugsbereich leben ca. 39.000 Einwohner.
- Die Arbeitslosigkeit liegt bei ca. 33,4 %. Die Arbeitslosenquote wird in der Region weiter ansteigen. Großbetriebe sind zerschlagen, der kleinere Mittelstand tut sich grundsätzlich eher schwer, sich am Markt zu positionieren. Die Infrastruktur ist gut ausgebaut, aber die Wege sind zu weit.
- Kommunen, Städte und Gemeinden verfügen über immer weniger freie Mittel, der Länderstrukturausgleich reicht kaum aus, um die verbindlichen kommunalen Verpflichtungen zu erledigen. Der kommunale Finanzausgleich wird über Jahre hinaus das Überleben der Region sichern müssen.
- Das kommunale Steueraufkommen ist eher sinkend. Die Gemeindefinanzen sind dauernd angespannt. Die Region verfügt lediglich über rund ein Drittel der durchschnittlichen gemeindlichen Steuereinnahmen im Vergleich zu den alten Ländern.
- Die Steigerungsrate des Bruttosozialproduktes in der Region »Südostland« wird im kommenden Jahr kaum 0,4 % übersteigen, wenn die Rate überhaupt noch im positiven Bereich angesiedelt sein wird.
- Das Angleichungsniveau des Leistungs-Outputs der mittelständischen und kleinen Betriebe beträgt in der Region »Südostland« ca. 54 % des Westniveaus.
- Wäre es die erklärte Absicht der Region, das Westniveau bis zum Jahr 2012 erreichen zu wollen, müsste die Region eine jährliche Wirtschaftswachstumsrate von 3 % über der einer vergleichbaren Region Westdeutschlands erreichen, etwa der Region des nördlichen Münsterlandes.
- Die in Westdeutschland zu verzeichnende leichte konjunkturelle Erholung geht an der Region »Südostland« und an den neuen Ländern vorbei.

Diese Beschreibung der Ausgangssituation weist auf einen erheblichen Handlungsbedarf für die »Volksbank Südost-

MAL GANZ PRAKTISCH

land« hin und erfordert sehr kreative Strategien, um diesen engen Markt für sich zu sichern.

1.1 In welcher Ausgangssitutation befindet sich der Betrieb »Volksbank Südostland«?

Klären Sie als Zweites, wie Ihr eigenes Unternehmen in diese Umfeldbedingungen eingebettet ist.

Die »Volksbank Südostland«, mit ihren drei Geschäftsstellen hat sich in ihrer Region als ländliche Bank positionieren können. Der Privatkundenanteil an dem gesamten Kundenpotenzial der Region liegt bei ca. 22 %. Der Anteil der Firmenkunden handwerklicher Prägung liegt bei 55 % am gesamten handwerklichen Potenzial. Das bedeutet, 55 % aller Handwerksbetriebe der Region nennen die »Volksbank Südostland« als ihre erste oder zweite Hausbankadresse.

Damit hat die »Volksbank Südostland« eine gute Marktstellung bewiesen.

1.2 In welcher Wettbewerbssituation befindet sich die »Volksbank Südostland«?

Ermitteln Sie möglichst genau die Wettbewerbssituation Ihres Betriebes.

Wer ist Ihre Konkurrenz?

Die großen Vier der Branche, DEUTSCHE BANK, DRESDNER BANK, VEREINSBANK und COMMERZBANK, haben gegenüber dem Volksbankenbereich in »Südostland« im Drei-Jahres-Vergleich etwas an Boden verloren, so der FMDS (Finanzmarkt-Datenservice). Die Anteile der Großbanken am Marktgeschehen gingen zu Gunsten der Sparkassen und Volksbanken zurück.

Der Marktanteil und die Marktdurchdringung der Volksbanken ist allerdings in »Südostland« um etwa 8 % geringer als in einer vergleichbaren Region in Westdeutschland.

Das Kreditvolumen der »Volksbank Südostland« ist stetig und langsam gestiegen. Im Wettbewerb der Banken konnte

CLIENTING-STRATEGIE AM BEISPIEL EINER VOLKSBANK

die »Volksbank Südostland« sich regional behaupten, zu Lasten der regionalen DRESDNER BANK-Filialen und der regionalen DEUTSCHE BANK-Filialen.

1.3 Was können Sie von Ihren Wettbewerbern im regionalen Bereich lernen?

ANALYSIEREN SIE AKTIVITÄTEN UND ERFOLGE IHRER UNMITTELBAREN WETTBEWERBER, UM VON IHNEN ZU LERNEN.

Wesentlicher Wettbewerber im regionalen Raum sind nicht mehr die vier hier vertretenen Großbanken, sondern ist die »Kreissparkasse Südostland«.

Die »Kreissparkasse Südostland« hat in der Region im vergangenen Jahr deutlich an Gewicht gewonnen, wenn es um die relevanten Zielgruppen der kleineren und mittleren Mittelständler geht. Der Neukundenzugewinn der »Kreissparkasse Südostland« ist erheblich – zu Lasten der regional vertretenen Großbanken.

Ihre regionalen Konkurrenten machen es Ihnen vor

Die »Kreissparkasse Südostland« hat vor rund drei Monaten die so genannte »Unternehmer-Initiative« aufgelegt, die in der Anlage und der Absicht unseren Zielen ähnlich ist.

Die »Unternehmer-Initiative« wird von der Landesbank begleitet und vom Spaka+Giro-Verband unterstützt.

Wir nehmen die Leistung der »Unternehmer-Initiative« der »Kreissparkasse Südostland« als Messlatte für die Durchsetzung unserer Idee des »Unternehmer-Forum e.V.« und der flankierenden Aktivitäten und beabsichtigen damit erfolgreicher zu sein als die Wettbewerberin.

2. Wie sieht die Organisationsstruktur des Betriebes »Volksbank Südostland« aus?

ERFASSEN SIE ALLE ABLÄUFE IN IHREM UNTERNEHMEN UND ERMITTELN SIE SO DIE ORGANISATIONSSTRUKTUR IHRES BETRTIEBES.

137

Die Organisationsstruktur ist sehr überschaubar und eine Struktur der flachen Hierarchien und kurzen Wege. Einer Hauptstelle sind vier Filialen zugeordnet. Eine der vier Filialen befindet sich im Haus der Hauptstelle.

Die Filialen arbeiten weitgehend autonom im Sinne von »Management by Ausnahme«. Die Filialleiter sind mit ausreichender Kompetenz ausgestattet und können den normalen täglichen Geschäftsbetrieb ohne Rückmeldung an den Vorstand oder das Vorstandssekretariat erledigen. Die Verantwortungen sind klar abgegrenzt. Reibungen sind selten. Klimatisch ist die Crew der Bank intakt und sehr gut aufeinander eingespielt.

3. Wie sieht die Leitungsstruktur des Betriebes »Volksbank Südostland« aus?

Wie sind die Hierarchieebenen Ihres Unternehmens gegliedert?

Zwei Vorstände arbeiten Hand in Hand oberhalb von vier Filialleitern und zeichnen gemeinsam verantwortlich.

Den Filialleitungen ist je ein Stellvertreter unterstellt. Den Stellvertretern steht ein Firmenkundenbetreuer für die vier Filialen kumulativ zur Verfügung. Die nachgeordneten Mitarbeiter und Mitarbeiterinnen verteilen sich auf die üblichen banktechnischen und kundenspezifischen Bereiche.

4. Wie sieht das Kunden-Portfolio des Betriebes »Volksbank Südostland« aus?
(Beschreibung des Ist-Zustandes)

Wer sind eigentlich Ihre Kunden?

Das Kundenportfolio der »Volksbank Südostland« setzt sich aus den folgenden Gruppen und Untergruppen zusammen:

1. Private Kunden mit Konto in laufender Rechnung (Giro)
= 6% an Gesamt

CLIENTING-STRATEGIE AM BEISPIEL EINER VOLKSBANK

2. Private Kunden mit Giro- und Sparkonten
  = 56% an Gesamt.
3. Geschäftskunden mit Konto in laufender Rechnung
  = 38% an Gesamt.

Bei den gewerblichen Kreditvergaben fallen auf die Wirtschaftszweige:

- Dienstleistung und freie Berufe: 45%
- Handel: 21%
- Baugewerbe: 13%
- Verarbeitung und Produktion: 13%
- Sonstige: 8%

5. Welche strategischen Marketing-Ziele will die »Volksbank Südostland« erreichen?

WELCHE MARKETING-ZIELE LASSEN SICH SINNVOLLERWEISE AUS DEN ERKENNTNISSEN ÜBER UMFELDBEDINGUNGEN UND KUNDENSTRUKTUR ABLEITEN?

Drei strategische Ziele sollen mittelfristig erreicht werden, die alle im Bereich der Geschäftskundenentwicklung liegen:

1. Die Geschäftsbeziehungen zu den gehobenen Geschäftskunden mit einem Jahresumsatz von mehr als 1 Mio. DM sollen intensiviert werden, unter Berücksichtigung aller bank- und kredittechnischen Risikoaspekte. Die bestehenden Kundenbeziehungen zu dieser Kundengruppe sollen im Sinne von Kundenbindung und Cross-Selling (s. Kap. 8.1.5) stabilisiert und die Kunden mehr auf die »Volksbank Südostland« fokussiert werden. »Fremdgehen« zu anderen Banken soll unterbunden werden, ohne dass dem Kunden in irgendeiner Form auch nur im Ansatz Druck gemacht werden dürfte.

2. Es sollen Marketing-Handlungsmodelle in der »Volksbank Südostland« installiert werden, die diese Bank als rundherum kompetenten Partner für alle Unternehmer und Unternehmen der Region bekannt und interessant machen. Hier geht es nicht nur um die typischen Kernkompetenzen der Bank selber – sondern mehr noch um die Rahmen-

Definieren Sie möglichst exakt und punktgenau Ihre Marketing-Ziele

MAL GANZ PRAKTISCH

kompetenzen wie Unternehmensberatung, Einkaufsmarketing für Kunden, Euro-Verrechnung, Bankinformationsdienste für Unternehmer und so weiter.

3. Die Kontakte zu kommunalen Entscheidungsträgern und Behörden sollen aktiv personalisiert werden. Die Bank soll sich als hochkompetenter Gesprächspartner auch für die politischen Mandatsträger in Gemeinde und Kreis positionieren. Ziel dieser Aktivität ist es, der kommunal starken Stellung der Kreissparkasse »Südostland« ein Gegengewicht zu setzen.

Damit hat der Vorstand der »Volksbank Südostland« anspruchsvolle Ziele formuliert, deren Durchsetzung im Sinne von aktivem Kundengruppen-Marketing und Kundenbindungs-Mmarketing/Clienting angegangen werden soll.

Nach der Verteilung von Chancen und Risiken in der Landschaft der Banken im Nachwendemarkt möchte der Vorstand der »Volksbank Südostland« nun in die kundenzentrierte Feinjustierung des Marketing eintreten und die gewonnenen Potenziale sichern und ausbauen. Idealerweise auch zu Lasten der regionalen Sparkassenorganisation im Sinne von Verdrängung und Übernahme von Geschäftskunden.

6. Welche konkreten Maßnahmen sind nötig, um aller Wahrscheinlichkeit nach diese Ziele zu erreichen?

6.1 DIE STANDARDISIERUNG VON TYPISCHEN PRODUKTEN

VERSUCHEN SIE GRUNDSÄTZLICH NICHT INDIVIDUELL AUF DEN KUNDEN ABZUSTIMMENDE LEISTUNGEN ZU STANDARDISIEREN UND SO PREISWERTER ZU MACHEN.

Wie können Sie typische Leistungen preiswerter gestalten?

Die »Volksbank Südostland« wird eine gewisse Menge der angebotenen Bankprodukte weiter standardisieren müssen. Das setzt Gelder frei, um die nachfolgenden Maßnahmen teilzufinanzieren.

- Die Sparkonten werden zukünftig über die sechs Geldautomaten online zum Rechner abgewickelt. Die Kunden erhalten dazu rechtzeitig von der Kundenbetreuerin die Chip-

CLIENTING-STRATEGIE AM BEISPIEL EINER VOLKSBANK

karten (SparCard). So werden Einzahlungen und Auszahlungen elektronisch abgewickelt. Diese »Autokassierer« arbeiten 7 Tage in der Woche, 24 Stunden am Tag. Die Bank rechnet mit hoher Akzeptanz dieses Angebots durch die privaten Kunden.

- Je ein Beleg-Lese/Schreiber wird in der Hauptstelle und den drei Filialen installiert, um die Counterbereiche zu entlasten. Der Kunde kann seine Überweisungen dann selbst per maschinenlesbarem Träger in den beleglosen Datenträgertausch eingeben.

- Die Mitarbeiter im Counter-Bereich sind angewiesen (motiviert), diese neue Elektronik den Kunden nahe zu bringen.

6.2 Die Exakte Analyse des Kundenverhaltens soll eine bessere Einbindung der Firmenkunden ermöglichen

Installieren Sie Informationsstrukturen, die Ihnen Aufschluss über den jeweiligen Wert Ihrer Kunden für Ihr Unternehmen geben.

Das trainierte und gezielte Beobachten, Identifizieren und Sammeln von Kundenverhaltensdaten (*»Behavior Scann«*) wird zukünftig ganz praktisch dazu führen, dass die Bank den spezifischen Zeit- und Kostenaufwand der einzelnen Kundenberatung ermitteln kann. Das kommt einer Stückkostenrechnung im Bankbereich gleich.

Ermitteln von Daten über das Kundenverhalten

Alle Verhaltensweisen, die der Kunde gegenüber dem Mitarbeiter am Schalter signalisiert, werden von der Mitarbeiterin oder dem Mitarbeiter in standardisierten Kurzprotokollen fixiert und mit den von Scheckkarten und anderen Cards ermittelten Daten, Summen und Zeiten korreliert:

Wer bewegt wie und wann welche Konten, mit welcher Absicht; welche Art von Beratungsleistung und -betreuung wird in Anspruch genommen; welche Man-Power ist dazu nötig; welche Prozesse werden damit initiiert.

Die Filialleiter ermitteln zusammen mit den Projektbeauftragten dann wöchentlich über die Auswertung der Informationen den *»Kundenwertfaktor«*.

Hier interessieren die Fragen:
Was sind die typischen Beratungsvorgänge, wie laufen die typischen Beratungsgespräche ab, wie lange dauern die Gespräche und so weiter.

Die Mitarbeiter sind angewiesen und motiviert, die Kunden davon zu überzeugen, dass bestimmte Beratungszeiten für die Kunden günstiger sind als andere Zeiten. Das soll die Arbeitskontinuität/den Arbeitsfluss am Counter neu nivellieren.

Welchen spezifischen »Kundenwertfaktor« stellt der einzelne Kunde für Ihr Unternehmen dar?

Das heißt auch, die Frage zu stellen:
Welchen spezifischen Wert hat der Kunde für unser Geschäft?
Produziert er erhebliche Kosten oder ist er eher kostenneutral; wie verhalten sich Kosten und Kundenwert zueinander? Im Zweifel werden wir uns von kostenintensiven privaten Kunden trennen beziehungsweise die Kundenverbindung neu strukturieren.

Bei dieser Kundenwertermittlung werden die Projektbeauftragten sehr sensibel darauf achten, dass die privaten Passivbereiche (z. B. private Spareinlagen etc.) ständig in Korrelation zu den privaten Konten in laufender Rechnung gesehen werden.

Ist die Kundenwertpräferenz *(»Customer-Value«)* ermittelt und sind die Kunden identifiziert, die einen niedrigen Kundenwertfaktor für uns darstellen *(»Low-Value-Customer«)*, werden Maßnahmen getroffen, um diese Gruppen in neue, günstigere Geschäftseinheiten einzuordnen.

Standardisierungen und Einsparungen im low-value-Customer-Bereich setzen Manpower und Kosten frei, um uns um diejenigen Kunden intensiver kümmern zu können, die einen hohen Customer-Value für uns repräsentieren.

6.3 Die Gründung des »Unternehmer-Forum e. V.«

Denken Sie über Möglichkeiten nach, Ihre hochwertigen Kunden enger und dauerhaft an sich zu binden.

Die »Volksbank Südostland e.G.« wird sich an der Gründung eines Unternehmer-Forums federführend beteiligen. Die leitenden Mitglieder des Vereins kommen aus dem banknahen und genossenschaftlichem Umfeld. Die Menge der Mitglieder rekrutiert sich aus der regionalen Unternehmerschaft.

Die Bank legt besonderen Wert darauf, dass auch die im Aufsichtsrat der »Volksbank Südostland e.G.« vertretenen Unternehmer sich aktiv an der Gestaltung des Unternehmer-Forums beteiligen.

Dies führt zu einer Stabilisierung der Kundenbindung zwischen Bank und den im Aufsichtsrat vertretenen Unternehmen.

Der Verein lädt alle Unternehmer der Region zum monatlichen Unternehmer-Forum ein. So werden die großen mittelständischen Unternehmen der Region, die im Aufsichtsrat vertreten sind, systematisch an die kleineren Mittelständler der Region herangeführt. Ein erwünschter Nebeneffekt dieser Vorgehensweise wird die Neukundengewinnung aus der Gruppe der mittelständischen Teilnehmer am Unternehmer-Forum sein.

Am monatlichen Forum nehmen grundsätzlich die zwei Projektbeauftragten und die Filialleiter sowie einer der Vorstände teil.

Das Forum behandelt im Wechsel aktuelle Fragen aus dem unternehmerischen, aus dem wirtschaftspolitischen oder aus dem sozioökonomischen Bereich. Die Fragen sollen sich wesentlich auf die Region beziehen und weniger allgemein politisch oder allgemein wirtschaftlich ausgerichtet sein. Dabei wird eine Mischung aus Podiumsdiskussion und Workshop angestrebt.

Es ist vorgesehen, den Landrat des Kreises, die Dezernenten der Kreisverwaltung, die Amtsdirektoren der Region, die Bürgermeister, die Stadtverordneten und andere politische Mandatsträger intensiv in das Forum einzubeziehen. Das kann als Teilnehmer oder als Referent, Diskussionsleiter oder Moderator stattfinden.

So haben die teilnehmenden Unternehmer die Möglichkeit, die Mandatsträger hautnah zu erleben und sich im Dialog aktiv mit den Mandatsträgern auseinander zu setzen.

Die Mitgliedschaft im Unternehmer-Pool muss formlos beantragt werden und ist für Unternehmer kostenlos. Diese für unser Haus so interessanten Unternehmer-Kunden werden durch die beabsichtigten Aktionen stärker in das Gesamtsystem »Volksbank« involviert. Sie werden stärker Betroffene und Beteiligte am Geschehen in ihrer Region sein, weil sie gezielt an andere Unternehmen und Mandatsträger herangeführt werden. Damit erhöhen wir dauerhaft den spezifischen »*IMPACT*« (Eingebundensein in die Wertewelt eines Anbieters) der Kunden für unser Haus, weil wir diejenigen sind, die den Unternehmer an andere Unternehmer und regional wesentliche und wichtige Personen und Institutionen heranführen.

Insoweit entspricht das Projekt auch dem übergeordneten »*CLAIM*« (siehe Kap. 2.2): »Volksbanken, wir machen den Weg frei«.

6.4 Die Gründung eines Unternehmer-Know-how-Pools

> **Der Erfolg Ihrer Kunden ist auch Ihr Erfolg: Statten Sie Ihre hochwertigen Kunden mit Informationen aus, die sie persönlich oder geschäftlich weiterbringen.**

Welche Informationen könnten Ihren Kunden nutzen?

Der Unternehmer-Know-How-Pool wird in den Räumen der Hauptstelle eine Unternehmerbibliothek einrichten. Dort werden die Fachzeitschriften »Werben und Verkaufen«, »Absatzwirtschaft«, »Sales Profi«, »Zentralmarkt« und die »LAE« (Leseranalyse Entscheidungsträger) den Unternehmern zur Verfügung gestellt.

Die Fachbibliothek wird auch mit dem gesamten Info-Material der Berlin-Brandenburgischen Genossenschafts-Zentralbank ausgestattet, welches für die Unternehmer, die Mitglied des Unternehmer-Forums sind, kostenlos zur Verfügung steht.

Der Info-Pool verfügt über alle Informationen für Unternehmer aus dem R+V-Verband, für Mitglieder des Unternehmer-Forums ebenfalls kostenlos. Zusätzlich werden monatlich aktuelle Buchtitel erworben und kostenlos an die interessierten Unternehmer des Unternehmer-Forums verliehen.

CLIENTING-STRATEGIE AM BEISPIEL EINER VOLKSBANK

Der Info-Pool wird mit zwei Internet-Plätzen ausgestattet, die mit Down-Load und Print-Out ausgestattet sind. Die Nutzung dieser Plätze ist für Mitglieder des Unternehmer-Forums kostenlos.

Die Projektleiterin des Info-Pools wird sich auch um Sponsoring-Aktivitäten in der Region kümmern. Die Bank beabsichtigt, bildenden Künstlern der Region die Möglichkeit zur Präsentation ihrer Werke in den Räumen der Bank zu geben. Die Präsentationskosten und Kosten von Vernissage und Ausstellung werden von der Bank getragen. Die wechselnden Ausstellungen sollen auch dem Verkauf der Werke dienen und damit die künstlerische Arbeit der regionalen Künstler unterstützen.

Fördern Sie Kunst, Kultur oder Sport

6.5 Unternehmensberatung klassischer Prägung

BIETEN SIE IHREN KUNDEN ÜBER DIE PALETTE IHRER EIGENTLICHEN LEISTUNGEN HINAUS ZUSÄTZLICHEN NUTZEN.

Die Unternehmensberatung klassischer Prägung wird sich mit den traditionellen Beratungsgebieten beschäftigen.

Im Vorfeld dieser Entscheidung hat sich die Bank intensiv mit der spezifischen Situation der Betriebe in der Region beschäftigt. Die Ursachen der Probleme in den Betrieben sind nicht typisch ostspezifisch. In den kleineren und mittleren Handwerksbetrieben besteht ein hoher Informationsbedarf zu den Themen:

- Bewältigung der anstehenden europäischen Wirtschafts- und Währungsunion
- Unternehmensfinanzierung
- Marketing und »BENCHMARKING« (Messen an den Besten)
- Abwicklung von Forderungsausfällen
- Kostenmanagement
- Personalmanagement und Personalmarketing

Die Motivation, diese einzelnen Handlungsfelder in die Liste der Beratungsaktivitäten aufzunehmen, ergibt sich aus einer Vielzahl von Interviews mit Unternehmern, die vom Genossenschaftsverband durchgeführt worden sind.

Nicht nur die Vielfalt der Probleme im klein- und mittelständischen Bereich, sondern auch der von den Unternehmern formulierte Beratungsbedarf haben Inhalt und Umfang des Beratungs-Listings festgelegt.

Die Beratung der Unternehmer wird von Beratern des genossenschaftlichen Prüfungsverbandes vor Ort, beim Unternehmer, erledigt. Die Beratungskosten werden teils über die zur Verfügung stehenden Mittel der Landes-IHK und Mittel der Landesinvestitionsbank im Rahmen der normalen Förderprogramme bis zu 70 % übernommen.

Die Sicherheit Ihrer Kunden bedeutet auch Sicherheit für Sie

Im Vordergrund dieser Beratungsaktivitäten steht nicht die Erhöhung des Kreditvolumens der »Volksbank Südostland«, sondern die Absicherung von Kundentreue, die quantitative und bonitätsmäßige Sicherung bereits bestehender Engagements bei den Firmenkunden.

6.6 Die Installation einer Steuerberatungsgesellschaft

Mit der Hilfe des Verbandes wird eine eng regionale, mit zunächst einem Steuerberater und einer Gehilfin besetzte Steuerberatungsgesellschaft am Ort in Form einer GmbH installiert.

Ziel dieser Installation ist es, im Sinne von kooperativem Marketing der Gesellschaft einerseits Bank-Firmenkunden als Mandanten zu beschaffen, andererseits als Informations- und Beratungspunkt der Bank zur Verfügung zu stehen. Die Bank hat so die Möglichkeit, im steten Dialog mit den Firmenkunden die Firmenkunden an die hauseigene Steuerberatungsgesellschaft weiterzuleiten.

Der geschäftsführende Steuerberater ist ständiger Teilnehmer an den Veranstaltungen des Unternehmer-Forums.

6.7 Die gezielte Beratung kommunaler GmbHs und kommunaler Genossenschaftsbeteiligungen

Diese Art der Beratung übernimmt die bankeigene (bankbeteiligte) Steuerberatungsgesellschaft. Die Kontakte zu den relevanten potenziellen Mandanten übernimmt der Vorstand

CLIENTING-STRATEGIE AM BEISPIEL EINER VOLKSBANK

der Bank im persönlichen Dialog mit den Entscheidungsträgern der kommunalen Institutionen.

6.8 Die Einschaltung einer PR-Agentur die über »Gutes« unserer Bank ständig berichtet

Machen Sie sich bekannt und stärken Sie Ihre Position in Ihrer Region, indem Sie die Öffentlichkeit über Ihre Aktivitäten informieren.

Tue Gutes und rede darüber – das ist eine der Leitlinien des Outbound-Marketing der »Volksbank Südostland«. Die Agentur wird die regionale Presse mit allen interessanten Informationen versorgen und die redaktionellen Platzierungen in der regionalen Presse planen, überprüfen und abrechnen.

»Tue Gutes und rede darüber«

Die Agentur sichert zu, dass wöchentlich in den zwei regionalen Zeitungen bis zu vier Berichte im redaktionellen Teil zu unseren Themen platziert werden.

6.9 Der Unternehmerpreis

Verschaffen Sie sich Öffentlichkeit und binden Sie Ihre Kunden, indem Sie z. B. einen Wettbewerb ausschreiben und einen Preis aussetzen.

Das Unternehmer-Forum lobt monatlich einen Unternehmerpreis aus. Den Unternehmerpreis erhält derjenige Unternehmer, der von der Jury benannt wird. Die Jury ist besetzt aus einem Vertreter der örtlichen Presse, dem Wirtschaftsdezernenten des Kreises, dem Bürgermeister, zwei Mitgliedern des Aufsichtsrates der Bank sowie dem Vorstand der Bank.

Kriterien, den Unternehmerpreis zu gewinnen, werden vom Vorstand des Unternehmer-Forums monatlich festgelegt. Der Unternehmerpreis wird von der Bank gestiftet. Es ist einerseits vorgesehen, Reisen, Sparbriefe oder andere geldwerte Preise zur Auslobung zu bringen. Andererseits ist beabsichtigt, Preise auszuloben, die käuflich nicht zu erwerben sind und deshalb einen hohen Anmutungs- und Prestigewert an die Mitglieder des Unternehmer-Forums vermitteln. Zum Beispiel die Mitfahrt auf einer Lok der Deutschen Bahn AG für zwei Personen auf der IC-Strecke Berlin-Hannover oder der Mitflug im Cockpit bei einer regionalen Fluggesellschaft auf innerdeutschen City-Strecken.

Durch die Hereinnahme eines Journalisten der regionalen Presse in die Jury ist eine umfangreiche Berichterstattung im regionalen Raum gesichert.

Übertragen Sie die im Beispiel dargestellte grundlegende Art der Vorgehensweise auf Ihre eigenen geschäftlichen Zusammenhänge

Damit ist die Darstellung dieses Beispiels abgeschlossen. Wesentlich und damit für Sie auch auf Ihre eigenen geschäftlichen Zusammenhänge übertragbar ist hier natürlich weniger die Inhaltlichkeit der Ideen, sondern vielmehr die Art der Vorgehensweise, wie man komplexe Marketing-Ideen in Sachen Kundenbindung und Clienting in ein Ordnungssystem einbringt.

Übrigens, alle Ideen sind mit Hilfe der Kärtchen entstanden, Sie wissen schon ...

10.2 Clienting-Strategie am Beispiel eines Baubetriebes

Baubetriebe haben es schwer in Deutschland, zur Zeit. Das ist überall nachzulesen. Der Bauboom scheint zunächst gestoppt – das wird vermutlich, so die Fachleute, auch noch einige Zeit so bleiben.

Aber nicht nur diese Schwierigkeit bewegt die Baubranche. Da ist noch eine typische Schwierigkeit, die etwas mit den Produkten zu tun hat, die diese Branche herstellt: Bauleistung.

Das Produkt Bauleistung wird einmal erstellt und hält dann, je nachdem, für die Ewigkeit oder wenigstens für zwanzig oder vierzig Jahre. Kein Mensch kauft sich alle paar Jahre ein neues Haus – oder lässt es bauen. Genau so wenig, wie Sie sich jedes Jahr einmal eine neue Waschmaschine zulegen.

Um so schwieriger ist es, Kundenbindung in der Baubranche zu initiieren. Sicherlich kann ich den Kunden binden, ihn

CLIENTING-STRATEGIE AM BEISPIEL EINES BAUBETRIEBES

sorgsam behandeln und ihn pflegen. Deshalb wird er vermutlich jedoch nicht schon wieder ein neues Haus bauen.

Natürlich gibt es am einmal erstellten Objekt nach gewisser Zeit Erweiterungs-, Umbau- oder Modernisierungsbedarf und neue Bauaufträge können sich auch über Empfehlungen zufriedener Privatkunden ergeben.

Die Baubetriebe erledigen aber glücklicherweise ihr Geschäft nicht nur beim privaten Häuslebauer, sondern arbeiten mit so genannten Bauträgern zusammen, wie zum Beispiel der BAST-BAU oder der BAYERISCHEN HAUSBAU. In der Landschaft der Bauträger ist inzwischen eine Vielzahl von kleineren Firmen aus dem Boden geschossen, besonders in den neuen Bundesländern. Einige sind allerdings wieder verblüht, schneller, als sie hochkamen.

Wenn die Aufträge der Baubetriebe und Baunebenbetriebe (zum Beispiel Fassadenbauer oder Dachdecker) also von Bauträgern und den kommunalen Verwaltungen kommen, ist es daher sinnvoll, sich auch hier über Kundenbindung Gedanken machen.

Es wäre günstig, wenn die Leistung, die zum Beispiel ein Dachdecker erbringt, qualitativ so gut wäre, dass der institutionelle Kunde (die Bauverwaltung der Gemeinde, der Kreis oder die Stadt) positiv beeindruckt wäre.

Das führt natürlich nicht sofort zum nächsten Auftrag, aber es schafft ein gutes Klima. Der nächste Auftrag muss ja nun leider wieder durch das Submissionsverfahren der öffentlichen Verwaltungen und vielfach erhält dann das jeweils billigst formulierte Angebot den Zuschlag. Jeder Bauunternehmer und die meisten der Verwaltungsfachleute wissen, dass das nicht notwendig ein gutes Kriterium ist – aber eine bessere Lösung hat bisher offenbar noch niemand gefunden.

Was kann ich nun dem Bauunternehmer empfehlen, wenn es um Kundenbindung (nicht um Neukundenakquisition – das ist ein ganz anderes Thema) geht:

Stellen Sie sicher, dass in Ihrem Unternehmen »TOTAL QUALITY MANAGEMENT« – TQM (totale Qualitätskontrolle) betrieben wird. Das ist die grundlegende Voraussetzung, um überhaupt Kunden langfristig binden zu können.

Privatkunden bauen in der Regel nur einmal

Bauträger und Kommunen bauen dagegen ständig

Überlassen Sie nichts dem Zufall: Achten Sie auf Qualität

Verschaffen Sie sich sehr gute Kenntnis über Ihre Kundengruppen, so wie in diesem Buch weiter vorn beschrieben.

Aus 21 Interviews mit Architekten, Mitarbeitern der kommunalen Bauverwaltungen, einem Baudezernenten und einigen Geschäftsführern von mittelständischen Bauträgern sind die folgenden grundlegenden Voraussetzungen entstanden, überhaupt über Clienting am Bau nachdenken zu können. Wenn diese Voraussetzungen nicht erfüllt sind, da waren sich alle Beteiligten einig, ist Kundenbindung für Bauunternehmer ein Zufallsprodukt.

Einige der Interviewten meinten sogar, dass einige Niedergänge von kleineren Baufirmen ursächlich mit der Ignoranz der Unternehmer zu tun hätten, die die folgenden Voraussetzungen nachhaltig belächelten.

Alle Fragestellungen beginnen mit einer W-Frage ...

Wie ist der Ordnungszustand der Baustelle?

Welchen Eindruck vermittelt Außenstehenden Ihre Baustelle?

Ordnung ist das halbe Leben, so sagt der Volksmund. Aber auch: Wer Ordnung hält, ist zu faul zum Suchen.

Für die Männer am Bau wird der Ordnungsfaktor zunehmend wichtiger. Da gilt nur der erste der beiden Volksmundsprüche.

So wie Ihre Baustelle aussieht ob Trümmerhaufen oder Operationssaal – so erscheint auch Ihr Image als Unternehmen in der Region.

Sorgen Sie dafür, dass Ihre Mitarbeiter, allen voran die Poliere und Bauleiter, die nachgeordneten Mitarbeiter dazu anhalten, Ordnung zu halten – um jeden Preis. Jeden Tag fahren die Menschen an Ihrer Baustelle vorbei und wissen spätestens nach der dritten Vorbeifahrt, wer das Gewerk hochzieht.

Wie werden benachbarte Grundstücke behandelt?

Es wird kaum möglich sein, ein benachbartes Grundstück nicht mit irgendwelchen Baumaterialien oder Maschinen kurzfristig zu belasten. Das lässt sich in den seltensten Fällen vermeiden. Denken Sie daran, dass der Nachbar oder der Eigentümer des Grundstücks, wenn es unbebaut ist, vielleicht auch einmal dort bauen möchte.

Ist es bebaut, umso wichtiger ist es, Ordnung zu halten und verantwortlich mit dem Eigentum anderer umzugehen.

Clienting-Strategie am Beispiel eines Baubetriebes

Ein Grundstücksnachbar, der einmal verärgert ist, wird sich davon so schnell nicht mehr erholen. Je kleiner die Gemeinde, umso schwerer wiegt Schlamperei beim Nachbarn. Ärger spricht sich unvorstellbar schnell herum – Positives multipliziert sich dagegen langsam, wenn der Ärger einmal tief sitzt.

Wie ist es mit der Lärmentwicklung?

Radau am Bau kann zur Körperverletzung werden, wenn Ihr 68er Deutz-Kompressor die Nachbarschaft zusammennagelt. Ansonsten trägt ordentlicher und verantwortlicher Umgang – neben dem Einhalten der Emissionsschutzbestimmungen – zum Frieden mit den Menschen bei. Wenn Sie Kunden behalten möchten und das Image Ihres Unternehmens stabil positiv gestalten wollen, trainieren Sie Ihre Mitarbeiter auf den verantwortungsvollen Umgang mit Lärmquellen.

Wie ist der Zustand der Zufahrtstraßen?

Trainieren Sie Ihre Mitarbeiter darauf, dass Dreck, der nicht gemacht worden ist, auch nicht weggeräumt werden muss. Und dass Dreck, den andere machen, durchaus auch mal von uns weggeräumt werden kann. Sie können das Image Ihres Betriebes sehr schnell im tieferen Sinne des Wortes »versauen«. Die Mitarbeiter der Baubehörde, die Passanten, die politischen Mandatsträger des Kreises oder der Stadt sind da in der Regel äußerst sensibel, wenn es um Sauberkeit geht.

Wie schützt der Bauunternehmer die Umwelt?

Sie erinnern sich an den Anfang des Buches? Da war im Rahmen der Trendprognose die Rede vom sich verstärkenden »Gaia-Trend« (siehe Kap. 1.1). Immer mehr Menschen in allen Bevölkerungsbereichen achten intrinsisch motiviert auf die Umwelt. Der Trend wird sich verstärken. Positionieren Sie sich auf der Gaia-Seite.

Wie sieht die Nachsorge aus?

Kümmern Sie sich auch noch nach der Herstellung des Gewerkes um diejenigen, die darin arbeiten und leben? Oder gehören Sie zu den Unternehmern, die die VOB am liebsten zerreißen möchten?

MAL GANZ PRAKTISCH

Verständlicherweise hat jeder Bauunternehmer stets den verhängnisvollen Schatten der Mängelbeseitigung auf der Stirn. Das kostet Geld. Und zwar Geld, das in keinem Angebot auftauchte.

Zeigen Sie Verantwortungsgefühl, indem Sie sich auch nach der Fertigstellung kümmern

Dennoch sollten Sie darauf achten, dass Sie sich auch nach der Fertigstellung um den Bauträger, um die Behörde, um die Menschen kümmern, die etwas mit dem Objekt zu tun haben. Das signalisiert allen Beteiligten ein hohes Verantwortungsgefühl.

Wie werden die Bauträger und Behörden entlastet?

Entlasten Sie die Mitarbeiter des Bauträgers und der Baubehörden so weit wie möglich von Routinekontrollen und Nebenarbeiten. Kein Mensch tut gerne dauernd mehr als nötig, das ist menschlich verständlich. Jeder wird es Ihnen danken, wenn Sie den Koordinierungsaufwand für den Bauträger oder die Bauverwaltung des Kreises so gering wie möglich halten.

Wie geht der Unternehmer mit den »Subs« um?

Auch Ihre Subunternehmer prägen Ihr Erscheinungsbild

Viele Baubetriebe arbeiten mit häufig im untersten Lohn- und Preisniveau angesiedelten Subunternehmern. Je geringer das Einkommen des »Subs«, umso geringer muss er seine Arbeiter entlohnen, um überhaupt noch am Markt klar zu kommen.

Achten Sie also auf Ihre Subs. Das ist aktives Marketing. Denn niemand außer der Bauverwaltung oder dem Bauträger weiß, dass es Subs sind. Also wird Ihnen jeder Ärger in die Schuhe geschoben, der im Kern nur mittelbar von Ihnen verursacht wurde.

Wie ist das Outfit der Bauarbeiter?

»CORPORATE DESIGN« auch für Bauunternehmen

Siehe oben. Das gilt auch für Ihre eigenen Mitarbeiter, nicht nur für die Subs. Wenn jeder heutzutage von »CORPORATE DESIGN« (einheitliche und unverwechselbare Unternehmensdarstellung) redet – warum tun sich dann viele Unternehmer der Baubranche damit so sehr schwer?

UNITED PARCEL SERVICE, MANNESMANN, DEUTSCHE HOCH TIEF, STRABAG, DEUTSCHE LUFTHANSA, PHILLIP HOLZMANN ... alle diese Unternehmen haben eines gemeinsam:

152

Clienting-Strategie am Beispiel eines Baubetriebes

In rund 160 Staaten dieser Welt vertreten, sehen alle Mitarbeiter und Mitarbeiterinnen – die höheren Bosse mal ausgenommen – absolut gleich aus, ob Sambia oder Kanada, ob Nikaragua oder Deutschland. Unter den aufgezählten Beispielen sind auch drei Bauunternehmen. Diese Unternehmen können uns etwas beibringen:

Wenn immer die gleichen Menschen Höchstleistung und TQM vollbringen und immer gleich aussehen, weltweit, dann ist für die Öffentlichkeit auch der Umkehrschluss folgerichtig, dass, wer so aussieht, auch Höchstleistung erbringt.

Wie ist der Zustand Ihrer Maschinen?

Hierbei rede ich nicht vom technischen Zustand – bestenfalls würde mich aus der Sicht des Marketings der Pflegezustand interessieren. Noch interessanter ist im Sinne von »CORPORATE DESIGN« – siehe oben – das einheitliche Design der Baumaschinen und der Bauwagen, aller Gerätschaften am Bau. Den Mietkran mal ausgenommen.

Bringen Sie die Fahrzeuge, die Sie auf einer Baustelle einsetzen, vorher in einen ordentlichen optischen Zustand. Wir Menschen sind rein visuelle Konsumierer und neigen dazu, das, was wir sehen, als bare Münze zu nehmen. Da nehmen wir Schrott auch gerne als Schrott hin und haben wenig Verständnis für Erklärungsversuche.

Wie ist das Verhalten Ihrer Mitarbeiter?

Das ist ein Kernpunkt im Marketing für Bauunternehmen. Es scheint die Spezialität von Bauunternehmen zu sein, die Mitarbeiter wenig in der Kommunikation mit anderen zu trainieren. Die Mitarbeiter sollen arbeiten und keine Kommunikationsspezialisten werden. Grundsätzlich unterstreiche ich diese Haltung, aber:

Wer sagt denn, dass Menschen, die durchaus andere Qualitäten haben als Büromitarbeiter oder Lehrer, nicht etwa auch freundlich und verbindlich sein könnten? Freundlichkeit hat mit dem Job nichts zu tun – nur mit den Menschen. Bringen Sie Ihren Mitarbeitern bei, dass sie verantwortlich mit der Umwelt umgehen, verbindlich antworten und hilfsbereit sind. Das ist eine reine Trainingssache.

Mal ganz praktisch

Wie steht es mit der Nationalität der Bauarbeiter?

Eine offensichtliche Mentalitätslücke haben viele Deutsche im Umgang mit ausländischen Arbeitnehmern zu schließen. Kaum ein Land in der Welt, wo ausländische Mitbürger mit so großspuriger Arroganz behandelt werden wie bei uns.

Dass wir als Unternehmer an der Haltung der Menschen grundsätzlich nicht so schnell etwas ändern können, ist klar. Aber dass die eigenen Mitarbeiter sich da ordentlich und verantwortungsvoll verhalten, ist lediglich ein Führungsproblem.

Wenn Sie in Ihrem Baubetrieb die hier beschriebenen ersten Schritte in Richtung neues Marketing und Clienting umgesetzt haben und so das Image Ihres Betriebes stabilisiert haben, dann kann alles nur gut gehen.

Wenn Sie nun sagen, mein Gott, der hat gut Reden. Weiß denn der, was das alles kostet? Ja, weiß ich.

Ich weiß aber auch, dass gerade in der Baubranche die Betriebe, die darüber nicht reden, vielleicht bald nichts mehr zu sagen haben werden.

10.3 Clienting-Strategie am Beispiel eines regionalen Autohauses

Die Bundesrepublik Deutschland ist überzogen mit einem geradezu perfekten Netz von Händlerbetrieben der verschiedensten Automobilhersteller. Kaum ein Land der Welt verfügt über eine solche flächendeckende »Versorgung« mit Autohäusern wie wir.

Starker Wettbewerb innerhalb des flächendeckenden Netzes von Vertragshändlern

Das hat für die Verbraucher (die Autokäufer- und -fahrer) den Vorteil, dass an förmlich jeder »Ecke« ein solcher Händler- und Werkstattbetrieb zur Verfügung steht, hat für die Betriebe aber den Nachteil, dass sie markenübergreifend in einem verdrängenden regionalen und überregionalen Wettbewerb stehen.

Die großen Anbieter von Automobilen haben ihre Händlerbetriebe meist ziemlich »fest im Griff«.

Clienting-Strategie am Beispiel eines Autohauses

Das bedeutet, dass die zentrale Marketingabteilung der jeweiligen Hauptverwaltungen oder der jeweiligen Importeure auch über das dezentrale Händler-Marketing ihrer Organisation nachdenken.

Meist wird da den angeschlossenen Händlerbetrieben mehr als nur ein unverbindliches Angebot zum Thema Marketing gemacht, häufig wird den Händlern die Vorgehensweise von der Hauptverwaltung regelrecht vorgeschrieben.

Vielfach ist das Marketing zentralisiert

Die Ursache dafür liegt in der Tatsache, dass der Inhaber eines Autohauses meist Techniker, Meister oder Ingenieur ist, aber nicht Marketing-Spezialist. Kaum ein mittlerer oder kleinerer Händler kann sich den Luxus leisten, eine eigene Marketing-Abteilung mit dem spezifischen Regional-Marketing zu beschäftigen. Das schaffen nur die ganz großen Händler, die dann auch meist mehrere Standorte in der Region besetzen.

Die Firma *Honda* Deutschland in Offenbach am Main, Sie haben das Beispiel von Event-Marketing in einem vorigen Kapitel gelesen, ist ein ganz typisches Beispiel dafür, wie ein großer Autoimporteur zur Marketing-Denkfabrik für seine Händlerorganisation wird.

In diesem Beispiel zum Thema »Clienting im Autohaus« soll es deshalb nicht um das zentralisierte Marketing-Vordenken der Headquarters gehen, sondern darum, wie man neben den von »oben« vorgedachten Ideen der Profis auch noch eigene Ideen entwickeln kann, um sie im regionalen Raum umzusetzen.

Welche Möglichkeiten hat ein Autohaus in seiner Region Kundenbindung zu fördern?

Aber beachten Sie, wenn Sie markengebundener Autohändler wären, dass Sie Ihre Marketing-Aktivitäten mit Ihrer Zentrale in Köln, Brühl, Offenbach oder Wolfsburg »abchecken«, damit Ihre geninitiativen Marketing-Aktivitäten nicht etwa mit der Gesamtphilosophie des Markenvertriebs Ihrer Marke kollidiert.

Die Frage nach der Zufriedenheit Ihrer Kunden ist niemals störend

Ich beginne mein Beispiel zum Thema »Autohaus« mit einer Begebenheit, die ich vor rund drei Monaten in einem mittleren Autohaus (Lagerwagenbestand so um die 200 Neufahrzeuge) erlebte. Die Marke verrate ich deshalb nicht, weil ich nicht sicher bin, ob der betreffende Händlerbetreuer seine Kompetenzen nicht erheblich überschritten hat – aber gut war der Mann, sehr gut.

Der zuständige Händlerbetreuer der Regionalleitung des Autoherstellers besuchte seine »Schäfchen«, seine Händlerbetriebe, um nach dem Rechten zu sehen.

Nach dem Rechten sehen bedeutet meist, dass die Lagerwagenbestände kontrolliert werden, dass man über die Werkstattdurchgänge des Händlers redet und so weiter.

Der Händlerbetreuer sprach also mit dem Inhaber und beabsichtigte, einen ganz kurzen Kundenbindungsworkshop mit den Verkäufern abzuhalten, kaum eine Viertelstunde lang.

Die vier Verkäufer und der Verkaufsleiter kamen und wir setzten uns in einen Besprechungsraum des Händlerbetriebes. Der Händlerbetreuer fragte die vier Verkaufsmitarbeiter nach deren Kundendatei und bat, dass jeder aus seinem Büro seine Kundendatei einmal holen möge – jetzt gleich.

Die vier Verkäufer kamen schnell zurück, jeder hatte einen kompletten Ausdruck seiner aktuellen Kundendatei vor sich auf dem Tisch.

Wann haben Sie Ihre Kunden zuletzt gesprochen?

»Wann haben Sie mit Ihrem Kunden das letzte Mal telefoniert?«, fragte der Händlerbetreuer.

Die Verkäufer blätterten in ihren Unterlagen, zupften an den Zetteln und kamen schnell auf ein Ergebnis:

»Vor ein paar Tagen«, sagte einer.

Der Händlerbetreuer nickte und fragte:

»Haben Sie alle vor ein paar Tagen angerufen?«

Nein, nicht alle Kunden, das ginge ja gar nicht, kamen die Verkäufer schnell überein, das wären zu viele.

Der Mann aus der Hauptverwaltung des Automobilbauers forderte die Verkäufer auf, jeden Kunden, egal welches Produkt er wann gekauft hatte, sofort noch einmal anzurufen und nach dessen Zufriedenheit mit dem gekauften Auto zu fragen.

Die Verkäufer meinten, man könne den Leuten doch nicht »auf den Wecker« gehen.

Clienting-Strategie am Beispiel eines Autohauses

Darauf der Händlerbetreuer:
»Niemals geht jemand einem anderen auf den Wecker, wenn er nach dessen Zufriedenheit fragt. Persönliche Anerkennung ist gänzlich inflationsfrei – sie entwertet sich nicht, nur weil man öfter mal nachfragt. Also fragen Sie nach – Sie kommen mit den Kunden so erneut ins Gespräch.«

Recht hat er, der Händlerbetreuer.

Tatsächlich ist jede Art von Kümmern um den Kunden von jeder Inflation befreit.

Der Autohändler (genauer: seine Verkaufsmitarbeiter) kann beim Kunden so oft anrufen, wie er mag. Niemals wird der Kunde sich bedrängt fühlen, wenn der Händler nur nach der Zufriedenheit des Kunden fragt. Und wenn der Kunde, was häufig vorkommt, einen Mangel am Produkt äußert, dann hat der Händler (der Verkäufer) wirklich einen guten Grund, dem Kunden zu sagen, er möge doch mal wieder vorbeischauen. Dann könne man den Mangel oder die Reklamation am Ort besprechen und direkt nachschauen, was man tun könne.

So kommt der Kunde regelmäßig zum Händler. Und ein Kunde, der da ist, der im Laden ist, der auf sein Auto wartet, das in der Werkstatt steht, den kann man gut binden.

Bringen Sie sich bei Ihren Kunden in Erinnerung

Bei einem Neuwagenkauf werden, ob Barzahlung, Finanzierung, Leasing oder Mietkauf, eine Menge Daten des Kunden abgefragt, auch sehr persönliche Datensätze. Vom Geburtsdatum bis hin zum Einkommen des Kunden. Dies ist nicht in jeder anderen Branche möglich, aber beim Autokauf. Wenn nun der Händler schon über so viele sehr persönliche Daten des Kunden verfügt, sollte er diese Daten auch aktiv zur Kundenbindung nutzen.

Wer das Geburtsdatum des Kunden weiß, der könnte dem Kunden natürlich eine Geburtstagskarte schicken. Aber bitte keine standardisierte Klappkarte mit dem Firmenlogo. Sondern eine ganz normale, geschmackvolle Karte, ohne Firmenstempel als Absender (am besten gar keinen Absender auf den Umschlag schreiben) und ohne jeden Hinweis im Geburtstagstext, von wem die Karte kommt. Etwa so:

MAL GANZ PRAKTISCH

Liebe Frau XY,

wir kennen Sie als eine sehr nette Kundin unseres Hauses. Dies erstens und Ihr Geburtstag zweitens sind für uns Anlass, Ihnen alles Gute zum neuen Lebensjahr zu wünschen, viel Erfolg und eine glückliche Hand, bei allem, was Sie in Angriff nehmen.

Ihr Peter Schmitz

Wer gratuliert da zum Geburtstag?

Wenn die Kundin den Briefumschlag sieht, in dem die Karte steckt, weiß sie zunächst nicht, von wem die Karte kommt. Wenn sie die Karte öffnet, muss sie erneut überlegen, von wem die Karte wohl sein mag, denn es steht ja nur der private Name des Verkäufers oder des Geschäftsführers als Unterschrift darauf. Weil wir Menschen grundsätzlich sehr neugierig sind, wird die Kundin so lange überlegen, von wem die Karte ist, bis sie es heraus hat.

Damit steigt der Wert dieser Geburtstagskarte ganz erheblich. Möglicherweise muss die Kundin sogar Freunde fragen: Sag mal, von wem ist diese Karte eigentlich, ich kenne keinen Peter Schmitz, kannst du dir vorstellen, wer das ist? – bis jemand sie dann darauf bringt, das sei doch der Autohändler, der ihr den Renault verkauft hat.

Schicken Sie Ihren Kundinnen ein Horoskop

Sie müssten an die Kundin nicht unbedingt eine Geburtstagskarte versenden. Schicken Sie ihr doch mal eine Horoskopkarte (Sie kennen ja das Geburtsdatum), aber auch wieder nur mit der Unterschrift desjenigen, der die Kundin betreut, ohne Firma und Stempel. Horoskopkarten sind für Frauen besser geeignet als für Männer. Rein statistisch mögen rund 87% aller Frauen Horoskope. Die Karte könnte dann etwa so aussehen:

Liebe Frau XY,

die Zeit vergeht, wieder einmal war vor ein paar Tagen Ihr Geburtstag, zu dem wir Ihnen alles Gute wünschen. Und weil wir Sie in so angenehmer Erinnerung haben, haben wir uns etwas Mühe gemacht und ein Sternzeichenröllchen in diesen Brief gelegt. Hoffentlich sind alle Prognosen nur gut, das wünschen wir Ihnen.

Viel Spaß also mit Ihrem Sternzeichen »Stier« – und bei dem, was 1998 noch so alles für Sie bringen mag.

Ihr Peter Schmitz

Clienting-Strategie am Beispiel eines Autohauses

Mit dieser Vorgehensweise schlagen wir gewissermaßen drei Fliegen mit einer Klappe.

1. Wir versenden Grüße zum Geburtstag, was noch eher im normalen Bereich läge.
2. Hoher Aufmerksamkeitswert der Karte, weil sie keinen Absender trägt und zu einem ungewöhnlichen Zeitpunkt kommt, nämlich nach dem Geburtstag.
3. Wir vermitteln einen hohen Grad an Kümmern, weil wir uns um das Sternzeichen der Kundin bemüht haben.

Wenn Sie so etwas vorhaben, sollten Sie sich eine Kiste »Sternzeichenröllchen« besorgen. Das sind eng zusammengerollte Jahreshoroskope, die Sie bei Ihrem Schreibwarenhändler kaufen könnten – oder dort mal nachschauen, welcher Verlag dies anbietet. Dann kaufen Sie die Röllchen direkt beim Verlag. Einhundert Horoskopröllchen kosten dann etwa 85,– DM .

Wo wir bei den Kosten sind:
Stellen Sie sich vor, Sie würden im Rahmen solch einer oder einer ähnlichen Aktion um die 1.000 Kunden anschreiben (Ein durchschnittlicher Händler hat etwa um die 800 – 1300 Kunden in der Region).

Dann würden die folgenden Kosten auf Sie zukommen:

- 1.000 Briefkarten mit hübschem Design, die computerdruckerlauffähig wären: ca. 2.200,– DM
- 1.000 x durch den Drucker schicken: ca. 250,– DM
- 1.000 x 1,10 DM Porto: ca. 1.100,– DM
- Macht in der Summe: **ca. 3.550,– DM**

Wenn aus dieser Aktion heraus auch nur ein einziger Neuwagenverkauf zu akquirieren wäre, ist die Sache mehr als bezahlt. Ab dem zweiten Neuwagenverkauf wird netto cash gemacht und sie haben einen neuen Kunden, zum »Binden«.

Das bedingt natürlich, dass Sie die Wirkung der Karte nicht einfach »verpuffen« lassen. Nehmen Sie die Karte zum Anlass, die Kundin/den Kunden ein paar Tage später anzurufen und mit ihr/ihm kurz zu plauschen. Daraus ergeben sich viele neue Gesichtspunkte.

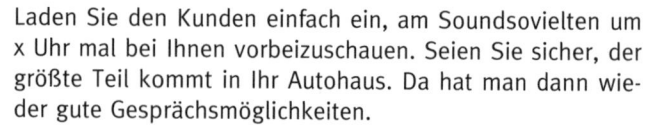

Laden Sie den Kunden einfach ein, am Soundsovielten um x Uhr mal bei Ihnen vorbeizuschauen. Seien Sie sicher, der größte Teil kommt in Ihr Autohaus. Da hat man dann wieder gute Gesprächsmöglichkeiten.

Events, so wie weiter oben beschrieben, sind sehr gute Voraussetzungen, um dies mit den Karten zu kombinieren. Ein Kinderfest am Samstagnachmittag, ein Fahrertraining, ein Jazz-Frühschoppen, ein Country-Samstag etc. – alles ist möglich.

Setzen Sie sich mit Ihren Mitarbeitern in einem Workshop zusammen und fantasieren Sie, was man tun könnte. Welche örtlichen Vereine, Organisationen oder Händler man in eine Kooperation einbeziehen könnte. Sie werden erstaunt und überrascht sein, was Ihnen und Ihren Mitarbeitern dazu so alles einfällt.

Und die Vorgehensweise des Händlerbetreuers in diesem Kapitel sollte Vorbild für Sie sein. Der letzte Eintrag auf einer Kundenkarte oder in einem Kundendatensatz darf niemals älter als ein Monat sein.

Wer viel kontaktet, macht auch viel Umsatz.

10.4 Clienting-Strategie am Beispiel »Gastronomie«

Es ist genau 21.30 an einem Donnerstag. Ort: Das Restaurant »AUERBACHKELLER« im Zentrum von Leipzig.

Die Gäste unterhalten sich, lachen, genießen das gute Essen, ein Gemurmel liegt in dem Gewölbe ein Stockwerk unter der eleganten Mädler-Passage.

Da lassen plötzlich alle Gäste förmlich ihr Besteck fallen und lauschen:

»Seid mir gegrüßt, ihr Leute hier, ich bin Mephisto, wer seid ihr? Fühlt ihr euch wohl, in diesen Räumen – wo Goethe mich erdachte – und öfter soff und lachte?«

Die Gäste waren begeistert!

Im »AUERBACHKELLER« ist buchstäblich der Teufel los

Ganz plötzlich stand da der leibhaftige Mephisto zwischen den Tischen und adaptierte Goethe – mal authentisch, mal improvisiert – aber immer perfekt in der Sprache des ausgehenden 18. Jahrhunderts.

CLIENTING-STRATEGIE AM BEISPIEL »GASTRONOMIE«

Grellrot ist Mephistos Pelerine, Hörner auf dem kahl geschorenen Kopf, teuflisches Make-up im Gesicht. Mal zischt er leise seine kreativen Texte, mal giftet er, mal ist er nachdenklich.

Seine Stimme wird durch ein Mikro-Headset in die Beschallungsanlage des Raumes übertragen. Im Verlauf der Performance kommen auch Gretchen und Faustus – da geht es rund in Goethes Stammlokal.

Theater vom Feinsten im Restaurant *AUERBACHKELLER* in Leipzig, jeden Donnerstag.

Frau Lempke, Marketing-Leiterin des Auerbachkellers, hat sehr gute Erfahrungen mit dieser Theater-Performance gemacht. Auf meine Frage, warum denn der *AUERBACHKELLER* ausgerechnet donnerstags den Dr. Faustus bringt:

»Freitag, Samstag und Sonntag ist hier eh der Teufel los – donnerstags machen wir ihn dann los.«

Diesem gelungenen Beispiel von aktiver Kundenbindung ist nichts mehr hinzuzufügen – perfekt organisiert und großartig in der Durchführung.

Ortswechsel.

Wir sind rund dreißig Kilometer von Wittenberg entfernt. In einer riesigen Scheune des Gutshofs und Hotels *»WENZELS HOF«* gibt es das allmonatliche »Luther-Fressen«.

Tafeln wie zu Zeiten der Reformation

Rund zweihundert Gäste schaufeln erlesene Kartoffelsuppe aus den Holztrögen, schmeißen die Knochen der Kalbshaxe hinter sich und lauschen der Leier und der Harfe.

Ein halbes Dutzend Schauspieler aus Wittenberg leiert Musik des 15. Jahrhunderts und singt Balladen von Mord und Totschlag, von Reformation und Politik des ausgehenden 15. Jahrhunderts. Die Männer und Frauen in den bunten Kostümen der Gaukler und Kirchenmänner tanzen auf den Tischen, holen sich die Gäste auf die Bühne, saufen mit ihnen und machen einen Spaß, der seinesgleichen sucht.

Das monatlich stattfindende »Luther-Fressen« ist auf Monate ausgebucht bei Wenzels. Die Gäste kommen aus einem Umkreis von mehr als hundert Kilometern, um dieses spätmittelalterliche Spektakel zu erleben und dabei bemerkenswert gut zu essen und außergewöhnlich unterhalten zu werden.

MAL GANZ PRAKTISCH

Ortswechsel.

Bonn am Rhein. Es ist 22.58 Uhr in einer Kneipe auf dem Venusberg. Der Wirt brüllt gegen den Tumult der Gäste an: »Männer, holt euch die Schirme – gleich gibt es schlechtes Wetter ...«

Die männlichen Gäste in der Kneipe spurten zum Tresen und ergattern einen Regenschirm – die weiblichen Gäste bekommen keinen Schirm – gleich gibt es schlechtes Wetter.

Werden Sie zum Schirmherr neuer Bekanntschaften Ihrer Gäste

Um genau 23.00 Uhr regnet es aus der Sprinkleranlage an der Decke – Wassermassen kommen nieder. Wer nicht rechtzeitig unter einen Regenschirm kommt, ist pudelnass. Weil aber nur Männer einen Schirm vom Wirt bekommen, bleibt den Frauen kaum etwas anderes übrig, als sich einen Mann mit Schirm zu suchen, aber schnell.

Das bringt die Menschen zusammen – man kommt sich gut beschirmt näher, das schafft Kontakte.

Fünf Minuten später ist der Spuk vorbei, alles wieder trocken. Die Schirme können geschlossen werden. Viele neue Bekanntschaften wurden unter den Schirmen geschlossen.

Diese drei Beispiele von »Erlebnisgastronomie« sind geradezu perfekt geeignet, Ideen für neue Formen der Kundenbindung im Gastro-Bereich zu suchen und zu finden, Denkanstöße zu liefern.

Genauso wenig, wie es bewiesen ist, dass Goethe jemals im Auerbachkeller war, genauso wenig ist es bewiesen, dass Luther je in Wenzels Scheune übernachtete. Aber spielt das eine Rolle? Sind die Gäste nicht dennoch begeistert? Fragt tatsächlich irgendjemand nach dem messbaren Wahrheitsgehalt? Wollen die Menschen nicht mehr denn je, dass sie unterhalten werden?

Sie erinnern sich: Kein Mensch geht mehr essen, weil er Hunger hat. Menschen möchten Ess-Erlebnis, Trink-Erlebnis, Restaurant-Erlebnis, sie haben Sehnsucht nach Erlebnis, nach Emotionalität.

Wenn Sie also ein Restaurant haben, sollten Sie und Ihre Mitarbeiter einmal ernsthaft untersuchen, welche historische nationale oder regionale Größe denn irgendwann einmal vor grauer Zeit ihren Hunger an Ihrem Ort gestillt haben könn-

CLIENTING-STRATEGIE AM BEISPIEL »GASTRONOMIE«

te. Und wenn Sie selber nicht fündig werden, fragen Sie in Ihrem Heimatmuseum nach oder den Heimatkundelehrer der örtlichen Schule. Der weiß, wer hier im 17. oder 18. Jahrhundert einmal durch die Lande gezogen ist.

Und dann chartern Sie bei der nächsten kleineren Bühne zwei oder drei Schauspieler oder Schauspielerinnen, die so etwas können und kreative Texte des ausgehenden Mittelalters rezitieren. Die Schauspieler sind sehr gerne bereit, so einen Job zu übernehmen – nicht zuletzt deshalb, weil sie neben dem normalen Honorar von etwa 140 bis 300 DM pro Abend auch noch mit dem mittelalterlichen Hut rumgehen können. Das klimpert meist sehr gut. Außerdem macht es den jungen Schauspielern sehr viel Spaß, sich ein paar gute Texte zur Leier oder zur Mandoline einfallen zu lassen – und fertig ist der »Schinderhannes-Abend« im Rhein-Main-Raum, der »Rattenfängerabend« in wer weiß wo in Niedersachsen oder der »Nostradamus-Abend« in Schleswig-Holstein und vielleicht auch der »Störtebeker-Abend« in Ostfriesland etc.

Verschaffen Sie Ihren Gästen Erlebnisse, indem Sie »Performance Gastronomie« betreiben

Die Sache wird sich wie ein Lauffeuer herumsprechen, versprochen. Wenn Sie dann noch bei der Rechnung, die Sie Ihren Gästen schreiben, nach deren Visitenkarte fragen (jeder gibt gerne die eigenen gedruckten Kärtchen her), dann können Sie die Gäste auch zur nächsten Performance direkt einladen. Die bringen dann gleich alle Freunde mit – und Sie bekommen Platzprobleme im Restaurant.

10.5 Clienting-Strategie am Beispiel einer Arztpraxis

Es gab eine Zeit, da hätte ein niedergelassener Arzt für das Thema »Marketing« günstigstenfalls ein müdes Lächeln übrig gehabt. Heute dagegen ist Praxismarketing ein Thema geworden, in der Ärzteschaft. Die Berliner Ärztekammer und einige Arbeitskreise aus der Ärzteschaft arbeiten intensiv an Strategiepapieren zum Thema »Praxis-Marketing«.

In Bezug auf Clienting müsste der Begriff dann – zumindest in Deutschland – »Patienting« lauten.

Gemeint ist, wie bei allen anderen Branchenbeispielen in diesem Buch, das verantwortungsvolle Kümmern um den Kun-

Clienting als »Patienting«

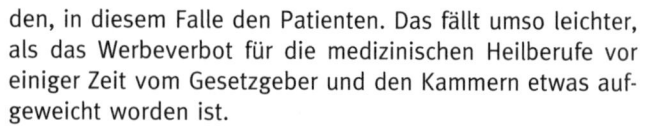

den, in diesem Falle den Patienten. Das fällt umso leichter, als das Werbeverbot für die medizinischen Heilberufe vor einiger Zeit vom Gesetzgeber und den Kammern etwas aufgeweicht worden ist.

Da es in der Natur der Sache liegt, dass Leser im Verlauf des Lesens eines solchen Buches in Sachen Clienting immer versierter werden (es wäre ja auch schlimm, wenn es nicht so wäre), möchte ich nicht schon wieder eine Komplettstrategie aufzeigen, sondern das Ganze abkürzen.

Folgende Tipps zum Clienting in der Praxis:

Der Arzt repräsentiert für den Patienten ein ganz gewisses Image. Das Image ist geprägt durch einen Vertrauensbonus von Seiten des Patienten. Also muss der Arzt alles tun, um den Vertrauensbonus nicht in einen Malus zu verwandeln.

Das fängt mit der Sprechstundenhilfe am Telefon an.

Sorgen Sie dafür, dass völlig lockere Freundlichkeit dem Anrufer signalisiert, hier bist du gut aufgehoben, hier mögen wir dich, hier bist du nie lästig und immer Mittelpunkt allen Interesses, egal, was du willst.

Der zweite Tipp:

Lesen Sie noch einmal das Kapitel »Was meinen Sie, wen Ihr Kunde alles kennt« und ersetzen Sie das Wort »Kunde« durch »Patient«. Nutzen Sie so die Kontakte Ihrer Patienten für »Patientenstammmarketing«.

Der dritte Tipp:

Nutzen Sie die Beziehungen Ihrer Patienten für Ihr »Patientenstamm-Marketing«

Wenn Ihre Patienten Sie den ganzen Tag anlachen, wenn Sie also Zahnarzt wären, warum sorgen Sie nicht für eine verantwortungsvolle Prophylaxe? Verschicken Sie jedes Vierteljahr eine möglichst farbige Karte mit etwa dem Text:

Ich kenne Sie als einen sehr verantwortungsvollen Patienten. Selten gehen Menschen so ordentlich mit ihren Zähnen um wie Sie. Dennoch ist es Zeit für mich, mir Ihr Lächeln noch einmal anzuschauen. Damit wir beide zukünftig lachen können. Ich habe für Sie folgenden Termin notiert ...

Falls der Termin Ihnen nicht zusagt, einfach anrufen. Wir planen dann neu.

Bis dahin, Ihr Zahnbeschützer

CLIENTING-STRATEGIE AM BEISPIEL EINER ARZTPRAXIS

Wichtig hierbei ist, dass Sie ein lächelndes Gesicht auf die Karte malen (malen lassen, fragen Sie mal einen Grafiker).

Es darf aber kein Foto einer lächelnden Frau auf die Karte. Mit einem gemalten lächelnden Gesicht kann sich jeder identifizieren – mit einem Foto jedoch nur diejenigen, die auch so aussehen wie die oder der auf dem Foto abkonterfeite. Da kann man leicht schief liegen und den gegenteiligen Effekt erzielen.

Wenn ich Sie nun etwas sensibler für Praxis-Marketing gemacht habe, bin ich sehr zufrieden.

Weiterdenken müssen Sie selber.

11 Damit Sie nichts vergessen – Checkliste für erfolgreiches Clienting

Wer jemals im Cockpit mit dabei war, wie der verantwortliche Pilot (der Kapitän) einer Linienmaschine mit seinem Kopiloten die Checklisten vor dem Start durchgeht, der weiß, dass Sicherheit, Wohl und Wehe der Passagiere nicht nur von den Fertigkeiten und Fähigkeiten der beiden Flugzeugführer abhängen, sondern auch von der vollständigen Abarbeitung der Start-Checklisten.

Nun sind Checklisten nicht nur dazu geeignet, die Flüge von Linienmaschinen (die Flüge aller Flugzeuge, auch der kleinen Cessnas) abzusichern, sondern Checklisten dienen auch dazu, in vielen anderen Arbeitsbereichen die Vollständigkeit von »etwas« zu sichern.

So könnten Sie die folgende, ziemlich umfangreiche Checkliste zum Thema Kundenbindung und Clienting natürlich komplett in Ihrem Betrieb »abchecken«.

Oder Sie könnten Teile davon für ganz bestimmte betriebliche Bereiche herausnehmen und sich auf diese Teilbereiche beschränken. Dann fertigen Sie einfach Kopien von den Checkbereichen, die Sie besonders interessieren, und besprechen diese Arbeitsfelder dann mit Ihren Mitarbeitern. So könnten Sie aus der Gesamt-Checkliste etwa 20 einzelne Bereiche »isolieren«, wenn Sie das möchten.

CHECKLISTE FÜR ERFOLGREICHES CLIENTING

Wie beim Fliegen dient die Checkliste, ob in vollem Umfang oder in Teilbereichen, dazu, dass Sie nichts vergessen, was wichtig sein könnte. Was noch nicht bedeutet, dass die anstehenden Überlegungen und Probleme damit bereits gelöst wären – aber:

Nichts vergessen im Marketing, Wesentliches in den großen Zusammenhängen beachten, alles, was möglich wäre, abchecken, das ist die halbe Miete. Außerdem haben die Checklisten noch einen sehr brauchbaren Nebeneffekt:

Sie kommen durch das systematische Abchecken von Marketing- und Clienting-Strategien auf immer mehr Ideen und Möglichkeiten, die man vermutlich ohne systematisches Checking gar nicht oder kaum beachten würde.

Die Reihenfolge der einzelnen Checklistenschritte entspricht genau der Reihenfolge der Themen im Buch. Insoweit ist diese Checkfragensammlung sozusagen auch gleichzeitig eine sehr geraffte, stichwortartige Kurzfassung aller wichtigen Themen dieses Buches.

Arbeiten Sie in Ihren Workshops zum Thema Clienting mit dieser Checkliste

Sie sollten auch in den Workshops (den Arbeitskreisen mit Ihren Mitarbeitern, Kollegen oder Studierenden), die ich Ihnen an den unterschiedlichsten Stellen im Buch wieder und wieder empfahl, mit dieser Checkliste arbeiten. Zum Beispiel mit einer solchen Fragestellung:

»Welche der Checkfragen sind für uns wichtig – und welche der Checkfragen sind bereits erledigt.«

oder:

»Isolieren Sie alle Fragen aus dem Katalog, die direkt etwas mit unserem Betrieb zu tun haben könnten.«

Um Ihnen die Auswahl einfacher zu machen, sind die Checkfragen durchnummeriert. Das bedeutet nicht, dass die Frage 1 wichtiger wäre als die Frage 112 – alles ist gleichermaßen wichtig.

Die Nummerierung ist lediglich ein Hilfsmittel für Sie und Ihre Mitarbeiter, um die für Sie und Ihre Workshops wichtigen Fragen auszusondern.

Grundsätzlich jedenfalls gilt zum Thema Checkliste:

»Abkupfern« und Kopieren nicht nur erlaubt, sondern erwünscht.

Checkliste für erfolgreiches Clienting

1. Wissen meine Mitarbeiter und ich, was Kundenbindung bedeutet und wie man den Begriff umschreiben könnte?
2. Wissen meine Mitarbeiter und ich, wie sich »Marketing« definiert?
3. Haben meine Mitarbeiter und ich verstanden, was in Bezug auf Kundenbindung »Tragfähigkeit der Austauschfunktion« bedeutet?
4. Haben meine Mitarbeiter und ich verstanden, was »Dynamisierung von Turbulenzen« wirklich heißt?
5. Haben wir im Betrieb verstanden, warum in 1.000 Tagen die Marketing-Welt anders aussehen wird als heute?
6. Wenn die Zeiten vorbei sind, wo Wissen Macht bedeutet – und Wissen einfach abrufbar ist: Wo können wir Wissen über unsere Branche abrufen, wo ist es verfügbar?
7. Haben wir verstanden, dass Innovationsfeindlichkeit unseren Erfolg verhindert?
8. Haben wir verstanden, dass klare Zielvorgaben für den Erfolg eines Unternehmens (einer Unternehmung, eines Projekts, eines Vorhabens) lebenswichtig sind?
9. Haben meine Mitarbeiter und ich verstanden und vor allem auch akzeptiert, dass Fertigungs-Know-how out ist und in den Bereich des Selbstverständlichen gehört?
10. Haben wir auch verstanden, dass technisches Know-how inzwischen auch zum selbstverständlichen Bestandteil eines Leistungsangebotes gehört?
11. Haben meine Mitarbeiter und ich verstanden, dass ein Unternehmen zukünftig noch intensiver in seinem Umfeld (den sozialen, politischen und ökonomischen Umfeldern) Fuß fassen muss, um sich erfolgreich zu positionieren?
12. Glaubwürdigkeit unseres Unternehmens und unseres Angebotes ist zukünftig ein Wettbewerbsfaktor. Wie glaubwürdig sind wir?
13. Der Trend nach ökologischer Glaubwürdigkeit wird ebenfalls zum Wettbewerbsfaktor (Gaia-Trend). Was bedeutet das für unser Unternehmen?

CHECKLISTE FÜR ERFOLGREICHES CLIENTING

14. Immer kleinere Gruppen und Grüppchen formulieren ihre Bedürfnisse am Markt. Haben wir verstanden, was das für unser Unternehmen bedeutet?
15. »Lebendigkeit« und »Erlebnis« werden zur zentralen Marketing-Forderung. Tragen wir dem Rechnung?
16. Bringt unser Produkt, unsere Leistung dem Kunden tatsächlich mehr Lebensqualität?
17. Wie lässt sich zwischen unserem Leistungsangebot und dem Stichwort »Lebensqualität« eine überzeugende Brücke schlagen?
18. Haben wir verstanden, dass in unserer zunehmenden High-tech-Welt eine gewisse emotionale Verarmung dazu führt, dass die Kunden einen hohen Anspruch an emotionaler Nähe fordern? (High-tech vs. High-touch)
19. Wie gehen wir mit sozialen Erwünschtheiten um? Was bedeutet das für unser Leistungsangebot?
20. Es herrscht eine allgemeine Prognoseunsicherheit. Wer erledigt in unserem Haus (oder extern) Prognosen und wie können wir Prognosen sicherer machen?
21. Die Faktoren »Zeit« und »Schnelligkeit« werden zum Wettbewerbsfaktor. Was bedeutet das für unsere Lieferfähigkeit oder Leistungserstellung und die schnelle Erledigung der Kundenwünsche? Haben wir da Entwicklungsbedarf? Wie sieht dieser Entwicklungsbedarf in unserem Team konkret aus?
22. Nicht nur die Kundengruppen, auch die Märkte und die einzelnen Segmente splittern sich auf. Was bedeutet das für unser Unternehmen? Was müssen wir tun, um die Segmente zu analysieren, mit denen wir im Unternehmen etwas zu schaffen haben?
23. Welche Teilmärkte und Nischen könnten wir uns vorstellen, wenn wir kreativ in den Dimensionen unseres Leistungsangebotes weiterdenken?
24. Welche neuen Segmente unseres Marktes haben sich in den letzten zwei Jahren entwickelt?
25. Welche neuen Segmente werden sich in den nächsten zwei Jahren entwickeln?

CHECKLISTE FÜR ERFOLGREICHES CLIENTING

26. Haben wir uns bereits umgestellt, von der reinen Produkt- und Leistungsbezogenheit auf die neue Wertbezogenheit?

27. Wie selbstverantwortlich arbeiten wir in unseren Teams? Lassen wir Kreativität zu, unterstützen wir neues Denken oder machen wir nur Bewährtes und wiederholen das Marketing von gestern?

28. Arbeiten wir selbst kontrollierend (das heißt, dass viele Augen und viele Ohren viel sehen im Betrieb) oder arbeiten wir in hierarchischen Ordnungssystemen? Muss der Chef immer alles absegnen, was andere denken? Oder lassen unsere Chefs auch »querdenken« zu?

29. Wie gehen wir mit dem systematischen Suchen nach neuen »Chancen« um. Wer ist eigentlich der »Chancen Manager« im Unternehmen? Oder gibt es bei uns so etwas noch gar nicht?

30. Haben wir verstanden, dass unsere Märkte nicht mehr regionalisierbar sind, dass wir in einer sich internationalisierenden Welt leben?

31. Haben wir deshalb je ernsthaft darüber nachgedacht, dass zum Beispiel Frankreich oder die Niederlande oder Österreich auch Märkte haben, die für uns möglicherweise interessant sind?

32. Wissen wir, dass wir alles, was wir zukünftig erreichen können, nur miteinander im Betrieb erreichen – niemals gegeneinander?

33. Wissen wir, dass sich die Leistungen und Produkte immer mehr ähneln, dass lediglich die Menschen, die diese Produkte und Leistungen am Markt platzieren, sich wirklich voneinander unterscheiden?

34. Wir werden in der Bundesrepublik Deutschland in ein neues soziales Ordnungssystem eintreten, das dem sozialen Ordnungssystem der USA sehr ähnlich sein wird. Haben wir Vorkehrungen getroffen, diese Veränderungen in unserem Betrieb bewältigen zu können? Was bedeutet die soziale Veränderung hin zu einer sich immer stärker ausformenden Zweiklassengesellschaft für unseren Betrieb und die uns anvertrauten Mitarbeiter?

CHECKLISTE FÜR ERFOLGREICHES CLIENTING

35. Wissen wir, dass die Wertvorstellungen der Verbraucher sich weiter verändern werden? Dass sich Trends polarisieren werden? Was bedeutet das für unser Produkt- und Leistungsangebot?

36. Wissen wir, dass die soziologischen Trends etwas mit uns und unseren Kunden zu tun haben? Was bedeutet »Erlebniskauf« für unser Unternehmen? Hat der Kunde tatsächlich ein »Kauferlebnis« im Zusammenhang mit unserem Produkt oder Leistungsangebot? Was können wir tun, um das zu leisten?

37. Wie können wir in unserem Unternehmen die Formel »Das geht bei uns nicht ...« durch die Fragestellung ersetzen »Wie geht das bei uns im Betrieb ...«? Können wir konstruktiv denken?

38. Kennt jeder (wirklich JEDER, auch der Mitarbeiter im Lager oder an der Schreibmaschine) unserer Mitarbeiter den USP unserer Leistung? Oder haben einige immer noch vage (oder gar keine) Vorstellungen davon, was unseren USP ausmacht?

39. Oder haben wir noch gar keinen USP entdeckt oder entwickelt?

40. Ist es uns gelungen, mehr als nur einen brauchbaren UCP zu entwickeln?

41. Wer in unserem Betrieb kümmert sich um die Key-Accounts? Wer übernimmt die Betreuung der Schlüsselkunden?

42. Haben wir je über »Loyalitätsgruppen« nachgedacht? Wissen wir, was damit gemeint ist? Wo könnte unser »Loyalitätsmarketing« angesiedelt sein?

43. Sind uns die psychologischen Handlungsmotive und Motivbündel unserer Loyalitätsgruppen bekannt und können wir bestimmten Gruppen bestimmtes Loyalitätsverhalten zuordnen? Oder denken wir da eher in Vermutungen?

44. Können wir die Vorgehensweisen von »Marketing-Dialektik« und die Methodik von Clienting nachvollziehen und anwenden? Was genau müssen wir tun, um da leistungsfähiger zu werden?

170

Checkliste für erfolgreiches Clienting

45. Wie pauschal erledigen wir Mailings? Nach welchen Methoden erarbeiten wir die Inhalte? Wie sieht es mit der Evaluierung von Mailings aus?

46. Kennt jeder Mitarbeiter im Unternehmen tatsächlich den Unterschied zwischen den Merkmalen unseres Leistungangebotes und dem konkreten Nutzen, der für den Kunden dahinter steht? Oder haben wir da eher vage Vorstellungen?

47. Haben wir ein »Beschwerdemanagement« oder denken wir in den Dimensionen des lästigen »Reklamierers«? Wie ist die tatsächliche Haltung unserer Mitarbeiter zu dem Thema?

48. Wie sieht es mit den Rahmenbedingungen für ein verantwortungsvolles Beschwerdemanagement in unserem Betrieb aus? Haben wir dazu etwas getan, was uns tatsächlich weiterbringt – und besonders unseren Kunden weiterbringt?

49. Ist mir und meinen Mitarbeitern klar, was es in unserem Betrieb kostet, einen Kunden zu verlieren? Und wissen wir, was es kostet, einen Neukunden zu akquirieren?

50. Neben dem rein fachlichen Wissen der Mitarbeiter – ist es uns klar, dass zum verantwortungsvollen »Beschwerdemanagement« auch hohes kommunikatives Können gehört? Was haben wir konkret getan, um die Mitarbeiter dahingehend zu trainieren?

51. Wie sieht es mit der Einstellung und Haltung (dem emotionalen Set) der Mitarbeiter aus, wenn es um das Thema »Beschwerdemanagement« geht?

52. Haben etwa einige Mitarbeiter ein »Will-nicht-Problem«? Was haben wir getan, um unsere Mitarbeiter vom »Will-nicht-Problem« weg zu motivieren?

53. Lassen sich Ihre Mitarbeiter auf Machtkämpfe mit den Kunden ein?

54. Erbringen Sie als Chef (Vorgesetzter) eine Vorbildleistung, wenn es um »Beschwerdemanagement« und Kundenbindung geht?

CHECKLISTE FÜR ERFOLGREICHES CLIENTING

55. Nehmen Sie als Vorgesetzter die Bedürfnisse Ihrer Mitarbeiter wirklich ernst?
56. Führen Sie Ihre Mitarbeiter »by Ausnahme«? Lassen Sie die Mitarbeiter selbst das wesentliche Tagesgeschäft erledigen oder »hängen Sie sich überall rein«?
57. Tun Sie etwas zur Bewältigung von Stress? Auch für Ihre Mitarbeiter?
58. Ist der Begriff »Interne Kunden« bekannt? Handeln wir im Betrieb danach?
59. Haben Sie als Chef das Gefühl, alle Beschwerden immer selber erledigen zu müssen? Oder delegieren Sie an die Mitarbeiter?
60. Haben Sie zum Thema Kundenbeziehungen mit Ihren Mitarbeitern einen »Beziehungsgeflecht-Workshop« abgehalten? Wissen Sie, welche Beziehungen Ihrer Kunden für Sie wichtig sind?
61. Wissen Ihre Mitarbeiter und Sie, dass Menschen langfristig nur mit gleichartigen Menschen erfolgreich klarkommen? Was bedeutet das für die Beziehungen zu Ihren Kunden? Was bedeutet das für die Beziehungen von Kunden zu Kunden? Wie können Sie aus dieser Erkenntnis konkret Nutzen für Ihr Unternehmen ziehen?
62. Gibt es in Ihrem Betrieb bereits ein »Informationsmanagement«? Oder sind Sie noch Informationssammler?
63. Sind Ihnen und Ihren Mitarbeitern die konkreten Kundenerwartungen bekannt? Wissen Sie, was Ihre Kunden wirklich wollen?
64. Wissen Sie und Ihre Mitarbeiter, wie der Kunde in Ihrem »System Betrieb« lebt – oder steht der Kunde außen vor?
65. Sind Ihnen die Vorgehensweisen des »Korrelierens« bekannt? Kann das in Ihrem Betrieb mit Leben erfüllt werden? Was nutzt das konkret in Ihrem Betrieb?
66. Kennen Sie die Anzahl innerhalb der einzelnen Kundentypen und die Menge der Kunden in den einzelnen Gruppen (A, B und C), die mit Ihrem Betrieb arbeiten?
67. Sind deren Umsätze in den einzelnen Produkt- und Leistungsgruppen bekannt?

Checkliste für erfolgreiches Clienting

68. Sind die Abverkäufe (die Stückzahlen) im Verhältnis zu den Zeiten bekannt (wer kauft wann was?)?
69. Sind die Produktpräferenzen Ihrer Kunden im Betrieb bekannt?
70. Haben Sie mit Ihren Mitarbeitern die Liste der zu beschaffenden Informationen zu Ihren Kunden vervollständigt (im Kapitel »Was wissen Sie eigentlich über Ihre Kunden?«) Vervollständigt in dem Sinne, dass Ihnen und Ihren Mitarbeitern noch viel mehr einfällt, was ganz direkt mit Ihren Kunden und Ihrem Betrieb zu tun hat?
71. Kennen Sie die Besonderheiten des Standortes Ihrer geschäftlichen Kunden? Was hat das für eine Bedeutung für Ihren Betrieb?
72. Kennen Sie die Besonderheiten des Wohnorts Ihrer privaten Kunden? Was hat das für eine Bedeutung für Ihren Betrieb?
73. Hat der Standort eines Kunden etwas mit Ihrem Umsatz, Absatz, mit dem Deckungsbeitrag oder der Beschwerdehäufigkeit zu tun?
74. Hat der Standort des Kunden etwas mit der Hartnäckigkeit von Preisverhandlungen zu tun?
75. Hat der Standort des Kunden etwas mit dem Zahlungseingang zu tun?
76. Haben die Transaktionskosten etwas mit Kundenzufriedenheit zu tun? Würde die spezifische Kundenzufriedenheit steigen, wenn Sie die Transaktionskosten erhöhen würden?
77. Hat der Qualitätsanspruch des Kunden etwas mit der gelieferten Stückzahl zu tun (Absatz) oder mit dem Zufriedenheitsgrad des Kunden?
78. Hat die Lieferzeit Einfluss auf die Beschwerdemenge?
79. Hat die Zugehörigkeit des Kunden zu einer bestimmten Berufsgruppe etwas mit dem Produkt zu tun?
80. Hat das Produkt etwas mit der Einstellung und Haltung der Nachbarschaft des Kunden zu tun?
81. Hat das Preisbewusstsein des Kunden etwas mit einer Art »Kaufreue« zu tun, die dann zu Beschwerden führen könnte?

82. Hat der Produktionsstandort eines Unternehmens Einfluss auf die Verwendung bestimmter Produkte?
83. Verkauft Frau an Frau erfolgreicher als Mann an Mann oder Frau an Mann oder umgekehrt?
84. Geht Frau mit Frau bei Reklamationen routinierter und kommunikativ freundlicher um als Mann mit Frau oder Frau mit Mann – oder kommen Männer da besser miteinander klar?
85. Hat das Lebensalter des Kunden etwas mit der Akzeptanz Ihrer Mitarbeiter zu tun – oder etwa umgekehrt?
86. Kümmern Sie sich mit Ihrem Betrieb eher adäquat oder ambivalent um die Person des Entscheiders beim Kunden? Reden da junge Menschen mit eher älteren oder gleich alte Menschen miteinander? Oder sprechen alte Herren mit jungen Damen? Was wäre denn günstiger? Und hat das Einfluss auf Kaufentscheidungen und den Zufriedenheitsgrad des Kunden?
87. Haben die möglichen Kosten eines Lieferantenwechsels etwas mit der Beschwerdehäufigkeit des Kunden zu tun?
88. Wer in Ihrem Unternehmen ist zuständig für Kundenkontakte und Kundenbetreuung, Kundenzufriedenheit, Kundengewinnung und Kundenklassifizierung?
89. Welche Ihrer Mitarbeiter reden mit welchen Kundenmitarbeitern über was?
90. Wer ist zuständig im eigenen Unternehmen und im Kundenunternehmen, wenn es um das Thema Kontakte geht?
91. Wer sammelt, pflegt und managt die Informationen in Ihrem Unternehmen?
92. Wer trennt die sinnvollen von den weniger sinnvollen Informationen in Ihrem Betrieb?
93. Wer entscheidet, wann welche Informationen für welche Zwecke gebraucht werden?
94. Wer entscheidet darüber, ob die gesammelten Informationen dazu dienen, den Kunden noch mehr als bisher zufrieden zu stellen?
95. Welche Maßnahmenpläne gab es bereits in der Vergangenheit in Ihrem Betrieb zum Thema »Kundenerfolgsmanagement«?

Checkliste für erfolgreiches Clienting

96. Welche Kernkompetenzen Ihres Leistungsangebotes stellen den Kunden wirklich zufrieden? Was macht den Kunden erfolgreicher?
97. Was ist bereits in Form von Jahresgesprächen, Rahmenverträgen und Vereinbarungen geklärt?
98. Entlasten die bisher getroffenen Vereinbarungen den Kunden tatsächlich von der mühsamen Einzelbewertung der unterschiedlichen Kaufentscheidungsprozesse?
99. Sind die geschlossenen Vereinbarungen kurzfristig, mittelfristig und langfristig in Ordnung?
100. Wie ist die Verhältnismäßigkeit zwischen meiner Leistung und der Gegenleistung des Kunden geklärt?
101. Haben der Kunde und ich so etwas wie eine gemeinsame Ebene der Geschäftstätigkeit?
102. Wie kann ich die Marktposition des Kunden sichern und stabilisieren helfen?
103. Sind wir als Betrieb in der Lage, aktives Cross-Selling zu betreiben?
104. Wissen meine Mitarbeiter und ich, was Cross-Selling im Sinne von Kundenzufriedenheit für uns bedeutet?
105. Welche konkreten Cross-Selling-Programme lassen sich bei uns entwickeln?
106. Kennen die Mitarbeiter den Unterschied zwischen Inbound- und Outbound-Marketing?
107. Welche »Informationswertgegenstände« gibt es in unserem Unternehmen?
108. Ist es uns allen klar, wie wir mit Informationen im Unternehmen umgehen? Ist Information bei uns eine Bringschuld oder eine Holschuld?
109. Ist mir und den Mitarbeitern klar, was »Merchandising« bedeutet? Wie können wir in unserem Unternehmen an Merchandising teilhaben? Was nutzt uns das – und dem Kunden?
110. Ist uns der Begriff »Event-Marketing« bekannt und wie könnten wir mit Events arbeiten? Was bedeutet das für uns – und für den Kunden?
111. Sind uns unsere strategischen Marketingziele bekannt? Haben wir die Ziele gemeinsam erarbeitet?

CHECKLISTE FÜR ERFOLGREICHES CLIENTING

112. Sind wir in der Lage, gemeinsam ein komplettes Strategiepapier zu entwickeln, wenn es um strategische Ziele geht?
113. Welche Informationen müssten wir im Vorfeld einer solchen Strategieentwicklung beschaffen?
114. Wer sollte mit der Informations-Beschaffung beauftragt werden?
115. Haben wir verstanden, dass der von uns vermittelte Erfolg unserer Kunden auch unser Erfolg ist?
116. Können wir aus dem Beispiel der »Volksbank Südostland« etwas zum Thema »Info-Pool« auf unsere Kunden übertragen?
117. In welchen Bereichen können wir unsere Kunden schlauer machen?
118. Können wir unsere Kunden mit Know-how versorgen, wenn es um die EU geht?
119. Was hat die Branche des Kunden mit der EU zu tun?
120. Wo liegen die möglichen Ängste des Kunden zu dem Thema?
121. Was können wir tun, um die Ängste des Kunden zu minimieren?
122. Könnten wir dem Kunden mit punktgenauen Financial-Service-Modellen helfen, Leasing oder Factoring oder anderen Modelle?
123. Könnten wir dem Kunden Impulse geben, wenn es um sein Benchmarking geht?
124. Sind wir in der Lage, das Kostenmanagement des Kunden positiv zu beeinflussen?
125. Können wir dem Kunden helfen, wenn es um den Kenntnisstand seiner Mitarbeiter zu unseren Produkten geht?
126. Könnten wir nicht nur unsere eigene Pressearbeit auf neue Füße stellen – sondern auch die Pressearbeit und PR des Kunden? Welche Tipps können wir dem Kunden da geben, damit er noch erfolgreicher wird?
127. Was bedeutet TQM für unseren Betrieb? Kann TQM dazu beitragen, den Kunden noch mehr an uns zu binden?

Checkliste für erfolgreiches Clienting

... die Fragen 128 bis unendlich sollten Sie mit Ihren Mitarbeitern erarbeiten – und klären.

Sie haben nun diese Checkliste gelesen oder zumindest überflogen. Jede einzelne Fragestellung gibt es her, dass man einen kompletten Workshop zu der betreffenden Problematik abhalten könnte.

Das wiederum würde bedeuten, dass sich aus einer einzigen Fragestellung viele neue Fragestellungen herleiten ließen und immer so weiter. Es wäre ungefähr so, als würden Sie einen langen Flur betreten, von dem eine Menge Türen abgehen. Öffnen Sie eine der Türen, betreten Sie einen neuen langen Flur, von dem Türen abgehen ...

Mit Marketing wird man halt niemals fertig – glücklicherweise.

Weiterführende Literaturempfehlungen und Quellen

- Gaitanides, Michael: PROZESSMANAGEMENT, KONZEPTE, UMSETZUNGEN UND ERFAHRUNGEN. München, 1994
- Grünwald, Helmut: KUNDEN FINDEN – KUNDEN BEHALTEN. Ehningen, 1995
- Haitsch, Dieter: VERKAUFEN. München, 1994
- Herbst, Dieter: CORPORATE IDENTITY. Berlin 1998
- Huth, Rupert: EINFÜHRUNG IN DIE WERBELEHRE. Berlin/Köln, 1995
- Klein, Hemjö: FÜR CHURCHILL SOCIETY MÜNCHEN. Lufthansa Marketing, Frankfurt, 1997
- Kotler, Philip: MARKETING MANAGEMENT. Stuttgart, 1997
- Lay, Rupert: FÜHREN DURCH DAS WORT. München, 1977 – 1996
- Peppers, Don: ONE TO ONE MARKETING, STRATEGIEN FÜR EIN INDIVIDUELLES KUNDENMARKETING. Freiburg, 1996
- Saamann, Wolfgang: AUF DEM WEG ZUR ORGANISATION VON MORGEN. Stuttgart, 1993
- Saamann, Wolfgang: MITARBEITER ERFOLGREICH MACHEN. Stuttgart, 1993
- Weis, Hans Christian: MARKETING-KOMPENDIUM. Ludwigshafen, 1997
- Wiswede, G.: SOZIOLOGIE DES VERBRAUCHERVERHALTENS. Stuttgart, 1993.
- Zimbardo, Philip: PSYCHOLOGIE GRUNDLAGEN. Berlin, 1997

Verzeichnis wichtiger Fachausdrücke

Wie jede wissenschaftliche Disziplin hat auch das Marketing im Laufe der Zeit eine sehr spezifische Fachsprache ausgebildet. In den vergangenen Jahren und Monaten sind immer mehr Begriffe in den zunehmend dynamischen Marketing-Bereichen aufgetaucht, die teils sogar von den Marketing-Profis kaum mehr richtig interpretiert werden können.

Der größte Teil der Marketing-Begriffe kommt naturgemäß aus den USA. Die Vereinigten Staaten von Amerika liegen in der Marketing-Entwicklung uns Mitteleuropäern etwa um fünf bis sechs Jahre voraus. Die in den Vereinigten Staaten geprägte Begriffswelt taucht im europäischen Raum zunächst in England auf, nimmt dann den Weg über die Niederlande und Belgien, Nordfrankreich nach Deutschland. Erst mit weiterer Zeitverzögerung findet sich die amerikanisierte Marketing-Ausdrucksweise in Österreich und in der Schweiz wieder.

Sie finden im Folgenden eine Auswahl von Erklärungen zu den wichtigsten Marketing-Begriffen im Zusammenhang mit dem Thema dieses Buches: Clienting und Kundenbindung. Ein Schwerpunkt liegt auf dem psychologischen Hintergrund. Nicht alle Begriffe wurden im Buch verwendet, tauchen aber in den unterschiedlichsten Veröffentlichungen zum Thema Marketing immer wieder auf.

Absatzforschung
Synonym für Marketing-Forschung oder Marketing-Research oder auch für Marktinformationsbeschaffung.

Absatzgebiet
Der Begriff kommt aus dem Vertriebsbereich und ist bereits etwas älter. Heute benennt man »Verkaufsgebiete« oder »Vertriebsgebiete« und kaum noch »Absatzgebiete«. Neudeutsch heißen diese Gebiete »Sales-Area« oder »Distribution-Area«.

Absatzmarkt
Im Groben der Markt, auf dem ein Unternehmen versucht, seine Leistungen oder Produkte zu vermarkten. Absatzmärkte können regional, überregional, national und international sein. In den neuen Bundesländern ist der Begriff »territorialer Absatzmarkt« bekannter.

Absatzmarktforschung
Mit Hilfe der Methoden der Absatzmarktforschung werden die Absatzmärkte erforscht. Der Begriff ist bereits etwas älter. Eher spricht man heute von »Marketing-Research« und »Marktinformationsbeschaffung«.

Absatzpotenzial
Anteil am gesamten Marktpotenzial, das für ein Unternehmen erreichbar erscheint.

Absatzsegmente
Der Begriff wird sehr vielfältig gebraucht. Gemeint sein können unterschiedliche Kundengruppen, die man »Kunden-Segmente« nennt, unterschiedliche »Zielgruppen-Segmente« aber auch unterschiedliche Absatzkanäle.

Account-Manager
Derjenige Manager im Vertrieb oder Verkauf, der sich um die Kunden kümmert.

Der → »Key-account-Manager« betreut die besonders wichtigen Kundengruppen, die »Schlüsselgruppen« eines Unternehmens. Häufig wird der Begriff auch als Synonym für Außendienstmitarbeiter benutzt.

Adressmaterial
Viele Adressverlage verkaufen Adressmaterial in der Bundesrepublik Deutschland. Adressmaterial kann unterschiedliche Qualitäten haben, wenn es unterschiedlich ausgewählt ist. Adressmaterial ist Synonym für die Summe der zu verarbeitenden Adressen.

Adressverlag
Unternehmen, die mit Hilfe umfangreicher, gut organisierter Datenbanken Adressenmaterial sammeln, aufarbeiten, in Datensätze zerlegen und vermieten, und zwar zur einmaligen Nutzung. Der aktive Verkauf von Adressen – wenn den Adressen also persönliche Kriterien zugeordnet werden – ist in der Bundesrepublik auf Grund des Bundesdatenschutzgesetzes verboten. Aber nur mit Kriterien versehene Adressen sind im Rahmen von Kundengewinnung und Kundenbindung wirklich brauchbar. Der größte Adressenhändler in Deutschland ist die Firma SCHOBER.

Advertising
Der Begriff stammt aus dem Amerikanischen und ist mit »Werbung« zu übersetzen. Dabei beinhaltet der Begriff »Advertising« allerdings mehr als der deutsche Begriff »Werbung«. »Advertising« umfasst sämtliche Aktivitäten im Werbereich bis hin zu → Aktionen und → Merchandising.

Advertising-Manager
Derjenige Manager im Unternehmen, der sich um die Werbebereiche kümmert, aber auch um → Merchandising, Promotion und andere verwandte Bereiche.

After Sales Marketing
Alle Marketing- und Service Aktionen, die nach dem eigentlichen Verkauf stattfinden. Häufig sind die »After-Sales-Aktionen« ebenso wichtig wie die eigentliche Verkaufsaktion. In Bezug auf die Kundenzufriedenheit kommt den »After-Sales-Aktionen« im Rahmen der ständigen Kundenbetreuung und des Beschwerdemanagements besonder Bedeutung zu.

Akquisition
Alle Aktivitäten von Verkäufern und Außendienstmitarbeitern, aber auch Reisenden und Handelsvertretern, die dazu dienen, neue Kunden zu gewinnen. Aber auch wenn der Vertriebsleiter sich um neue Aufträge kümmert oder der → »Key Accounter« Neukunden sucht, nennen wir das »Akquisition«. Der Begriff stammt aus dem Lateinischen und setzt sich als Kunstwort zusammen aus »Aktivität« und »Questition«. Zusammengesetzt würde das bedeuten »aktiv nachfragen«. Und genau das tut ein guter Verkäufer, um neue Kunden zu gewinnen.

Aktion
Im Handelsbereich bedeutet Aktion, dass Maßnahmen zur Kundengewinnung und/oder zur Kundenbindung getroffen werden. Zum Beispiel Sonderverkäufe, Propaganda, Veranstaltungen, Schlussverkäufe, Flyerwerbung, Handzettelwerbung, etc.

Aktivierung
Der Begriff kommt aus der Verhaltenspsychologie und wird auch in der Werbepsychologie gerne benutzt. Mit »Aktivierung« wird der Ausprägungsgrad der inneren Spannung von Menschen beschrie-

ben. Hoch aktivierte Menschen erleben einen Werbespot als sehr interessant und spannend oder unterhaltsam, wenig aktivierte Menschen nehmen den Spot zwar zur Kenntnis, sind aber nicht in einem Spannungszustand.

Anmutung
Hier handelt es sich um den spontanen Eindruck, den ein Produkt oder ein Leistungsangebot beim potenziellen Kunden auslöst. Eine Anmutung kann eher positiv oder eher negativ ausgeprägt sein. Man spricht von unterschiedlichen Anmutungen. Zum Beispiel die Qualitätsanmutung, die emotionale Anmutung oder die Designanmutung.

Bei jeder Anmutung handelt es sich psychologisch im Kern um ein reines Vermutungsgebilde. So vermutet der Käufer eines elektronischen Gerätes, einer Stereoanlage, dass die Anlage dem gezahlten Preis in Leistung und Ausstattung entspricht. Er kann diese »Anmutung« erst sehr viel später für sich bestätigt finden oder nicht. Alle Produkte, deren Tatsachenqualität nicht sofort und jetzt für den Kunden tatsächlich überprüfbar ist, leben von dieser »Anmutungsqualität«.

Je weniger die eigentliche Produktleistung nachvollziehbar ist oder bei zunehmend austauschbaren Produkten eine Rolle spielt, desto mehr werden Kaufentscheidungen auf Grund der »Anmutungsqualität« getroffen.

Anspruchsgruppe
Synonym für → »Zielgruppe« im Rahmen des neuen Marketing. Der Tenor liegt hier auf → »Kundenzufriedenheit«. Der Kunde ist nicht länger das »Ziel« von Marketing-Aktivitäten, vielmehr versucht das Marketing die Wünsche und Vorstellungen, die Ansprüche und Erwartungshaltungen der Kunden zu ermitteln, um entsprechende Aktivitäten exakt daran auszurichten.

Anspruchsniveau
Unterschiedliche → Anspruchsgruppen/ Zielgruppen haben ein unterschiedliches Anspruchsniveau. Zum Beispiel ist eine Gruppe von Hausfrauen mit einem Waschmittel zufrieden, welches sehr preiswert ist und eine mittlere Qualitätsvermutung zulässt. Eine andere Gruppe von Hausfrauen ist bereit, mehr Geld für ein Waschmittel auszugeben, möchte dafür aber auch eine höhere Qualitätsvermutung erleben. Die beiden Anspruchsniveaus sind hier sehr unterschiedlich. Auch bei hochpreisigen Markenartikeln spielt das Anspruchsniveau eine große Rolle.

Apperzeption
Das bewusste Aufnehmen und Erfassen von Wahrnehmungsinhalten und deren Eingliederung in eine Struktur bereits vorhandener Vorstellungen. Wenn jemand etwas »apperzeptiert« hat, hat er einen Wert oder eine Vorstellung tatsächlich (→ intrinsisch) angenommen und kann bewusst darüber verfügen.

Assoziation
Die Verknüpfung von Ideen und Vorstellungen nach Maßgabe ihrer Ähnlichkeit und vorliegenden praktischen Erfahrungen, zum Beispiel Rauch und Feuer oder die Verbindung eines bestimmten Artikels mit einer Marke. Assoziationen dienen im Alltag vor allem der Lösung von Aufgaben. In der Werbung versucht man in Bezug auf Angebote positiv besetzte Assozia-

tionen hervorzurufen, um so Kaufentscheidungsprozesse zu beeinflussen.

Benchmarking
Der amerikanische Begriff »bench« bezeichnet eine »Werkbank« wie wir sie vom Schreiner/Tischler her kennen. »Marking« bezeichnet so etwas wie »markieren«. Unter »Benchmarking« verstehen die Marketing-Spezialisten »das Markieren der Leistungsfähigkeit des/der Wettbewerber/s«. Man könnte das sogar ziemlich wörtlich nehmen. In der Tat könnte man die »Werkbank« des Wettbewerbers vermessen und sehen, wie baut dieser denn seine Teile, konzipiert seine Produkte? Die Leistungsfähigkeit des Wettbewerbers wird dann zur Messlatte der eigenen Leistung.

Dabei muss dies nicht immer etwas mit Produktion zu tun haben. Auch im Dienstleistungsbereich, etwa in der Hotelerie, könnte zum Beispiel die HOLIDAY INN-Hotelgruppe im Sinne von »Benchmarking« die Leistungsfähigkeit ihres Wettbewerbers QUEENS-HOTELS »vermessen« und sich dann daran maßstäblich orientieren – natürlich mit dem Ziel, es »besser« zu machen als der Wettbewerber.

Business-Unit
Amerikanischer Begriff für »Verkaufseinheit« oder »Verkaufsbereich«. Die »Business Unit« wird von einem »Business-Unit-Manager« gemanagt, was soviel bedeutet, wie »Verkaufsleiter« oder »Vertriebsleiter« für diesen einen Vertriebsbereich.

Callcenter
Immer mehr Unternehmen, zum Beispiel CITIBANK, QUELLE VERSAND, OTTO VERSAND, FIELMANN BRILLEN, AMERICAN EXPRESS usw. richten so genannte »Callcenter« ein. Dies sind meist über eine kostenlose 0130-Nr. zu erreichende Telefoncenter, die alle Fragen der Kunden bearbeiten, Reklamationen annehmen oder Bestellungen notieren und oft telefonischen Service rund um die Uhr leisten.

Die Mitarbeiterinnen und Mitarbeiter der Callcenter sind sehr gut geschult und sind überaus freundlich. Das bringt Kundenbindung, Markentreue und mit vergleichsweise kleinem Aufwand eine sehr effektive Kundenbetreuung.

Clienting
Der aus dem Amerikanischen kommende Begriff »Client« bedeutet Kunde, »Clienting« meint im übertragenen Sinne also etwa soviel wie »Kundenbindung«. Ein an der »Clienting-Philosophie« ausgerichtetes Marketing versteht sich nicht länger als »Produktmanagement«, sondern vielmehr als »Kundenmanagement«. Auf enger werdenden Märkten mit zunehmend austauschbaren Produkten und Leistungen erscheint es sinnvoller, weniger die Produkte als vielmehr die Kunden zu managen.

»Clienting« versucht daher das Vorteilsdenken des Unternehmens in Vorteilshandeln für den Kunden umzusetzen. Dahinter steht letztendlich die Erkenntnis, dass langfristig der Nutzen des Kunden immer auch der Nutzen des Unternehmens ist.

»Clienting« stellt die Kundenzufriedenheit in den Mittelpunkt und versucht die Erwartungshaltungen der Kunden zu ermitteln, um ihnen in der höchstmöglichen Form entsprechen zu können.

Verzeichnis wichtiger Fachausdrücke

Cluster
Der Begriff kommt aus dem Amerikanischen und bezeichnet so etwas wie einen »Klumpen«. »Cluster« entstehen immer dann, wenn aus einer Grundgesamtheit, um sie zu strukturieren, einzelne Mengen ausgegrenzt werden. Zum Beispiel werden im Rahmen der → »Korrelation« von Daten zunächst versuchsweise »Cluster« von Daten gebildet, um sinnvolle Abhängigkeiten herauszufiltern.

Corporate Design
Der Begriff bezeichnet in der sinngemäßen Übersetzung die Einheitlichkeit des Auftretens eines Unternehmens nach außen. Ein passendes Beispiel, diesen Begriff zu erklären, bietet uns der aus den USA kommende Kurier und Carrier *United Parcel Service*. Alle Uniformen der Fahrer weltweit sind identisch. Alle Fahrzeuge weltweit werden exklusiv für *UPS* gebaut. Niemand kann das braune Plattschnauzenauto irgendwo kaufen. Nur *UPS* fährt diese Fahrzeuge. Sogar die Flugzeuge von *UPS* sind weltweit farbidentisch. Das heißt, das gesamte Design dieses Unternehmens ist selbst zum Logo geworden, bis hin zur gewählten Schrifttype in den Briefen von *UPS*, die weltweit identisch sind.
Das wird das Blumengeschäft in der Kleinstadt so schnell nicht nachmachen können. Aber die Idee, dem Kunden ein einheitliches Bild des Unternehmens zu präsentieren, ist erfahrungsgemäß sehr erfolgreich und setzt sich schnell beim Kunden fest.

Cross-Selling
Der Begriff stammt aus dem amerikanischen Sprachgebrauch und bedeutet in der wörtlichen Übersetzung: »Über-Kreuz-Verkaufen«. Damit sind letztendlich alle Aktivitäten eines Unternehmens gemeint, die dem Verkauf einer Ware oder dem Absatz einer Leistung dienen und sich mit den sich überkreuzenden Interessen und Haltungen des Kunden auseinander setzen.

Zum Beispiel: Würde der Verkäufer eines Autohauses dem Autokäufer nicht nur das Fahrzug verkaufen, sondern auch noch den passenden Wohnwagen dazu, und würde der Verkäufer sich dann auch noch um den Stellplatz am Urlaubsort kümmern, dem Kunden die Fahrtroute nach Spanien entwerfen, dem Kunden das Gummiboot beschaffen usw. – dann hätten wir es mit »Cross-Selling« zu tun.

Customer Satisfaction
Bedeutet so viel wie »Kundenzufriedenheit«. Gelingt es einem Anbieter, seinen Kunden ein hohes Maß an Zufriedenheit zu vermitteln, kann man hier von einem hohen Grad der Kundenbindung und einer gewissen Preisresistenz ausgehen. Der zufriedene Kunde wird wegen eines Preisvorteils nicht so schnell den Anbieter wechseln wie ein neutral eingestellter oder gar unzufriedener Kunde.

Customer-Value
Gemeint ist der Wert, den ein Kunde für das Unternehmen darstellt. Hier geht es nicht nur um den reinen Geldwert in Bezug auf den durch den Kunden getätigten Umsatz. Wesentlich ist vielmehr der »Langzeitbindungswert« des Kunden. Wer sehr lange (am besten lebenslang) die gleiche Automarke präferiert, ist fast schon automatisch für den Anbieter abertausende von Mark wert.

Erhebung
Unter einer Erhebung versteht man sämtliche Arten von Datenbeschaffung für das Marketing. Daten werden zum Beispiel im Rahmen von Umfragen, Explorationen, Beobachtungen und anderen Datenermittlungen »erhoben«. In Bezug auf Clienting dienen Erhebungen dazu Kundeninformationen zu erlangen, die sich in Bezug auf Kundenzufriedenheit und Kundenerwartungen auswerten lassen. Siehe auch → »Informationsmanagement«

Event-Marketing
Der Begriff für jede Art von Veranstaltung oder Ereignissen unter der Berücksichtigung von Vertriebs- oder Marketinggesichtspunkten. Events finden häufig in Einkaufszentren statt oder werden bei der Eröffnung eines neuen Geschäfts veranstaltet. Häufig sind Events mit Gewinnmöglichkeiten für Kunden verbunden. Sonderangebote, Einführungsrabatte oder Showeinlagen und der Besuch von Prominenten ergänzen das Event-Marketing.

Einige Agenturen haben sich darauf spezialisiert, Event-Marketing professionell zu organisieren. Die größte Event- und → Incentive-Agentur ist die amerikanische MARITZ INC. mit ihrem deutschen Sitz in Frankfurt/Main.

Extrinsisch motiviert
Bedeutet, dass jemand auf Grund einer »Sekundärmotivation« zu Handlungen motiviert ist. Beispielsweise ist derjenige extrinsisch motiviert, der ein Produkt nur wegen eines damit verbundenen Prestigegewinns erwirbt. Siehe auch den Gegensatz → »intrinsisch motiviert«.

Field
Gemeint ist der gesamte Vertriebsbereich, und zwar ganz präzise draußen, im Arbeitsfeld der Außendienstmitarbeiter.

Fieldsales-Manager
Der Manager, der das Vertriebsfeld im Außendienst managt. »Fieldsales-Manager« stehen in der Hierarchie höher als Regionalmanager. Insoweit ist der Begriff »Field« mehr als eine Vertriebsregion.

Gruppe
Im Sinne des Marketing und der Soziologie eine klar definierte Menge von Menschen (im Marketing: Kunden-, Konsumentengruppe). Mitglieder einer Gruppe weisen im Vergleich zu anderen Gruppen spezifische Merkmale auf. Zum Beispiel die Gruppe der Jugendlichen, die Gruppe der preisbewussten Käufer oder die Gruppe der Werbeverweigerer.

Herrschaftswissen
Fachwissen und Informationen weniger Experten oder Führungskräfte, die ihnen eine gewisse Macht über Laien oder Mitarbeiter verleihen, zum Beispiel in der Psychologie, Medizin und Juristerei. Im Rahmen eines wirkungsvollen → »Informationsmanagements« sollte die Ausbildung von Herrschaftswissen innerhalb der betrieblichen Hierarchie vermieden werden.

Impact
Kommt aus dem amerikanischen Marketing-Sprachgebrauch. Der Begriff beschreibt das Eingebundensein eines Kunden in die Wertewelt des Anbieters und seiner Leistung. Ein hoch ausgeprägter »Impact« bedeutet, dass der Kunde sehr preisresistent geprägt und sehr stabil

gegen Wettbewerbseinflüsse ist. Für eine Vielzahl junger Käufer hat z.B. die Firma LEWIS (der Jeans-Bauer aus USA) einen Wert erhalten, der bemerkenswert hoch im »Impact« ist. Kein*LEWIS*-Jünger käme je ernsthaft auf die Idee, sich in eine andere Jeans zu zwängen als ausgerechnet in LEWIS. Natürlich ist es für einen Hersteller von hochwertigen Markenartikeln einfacher, einen hohen »Impact« beim Kunden zu erreichen als für den Frisör in der Kleinstadt. Aber es lohnt sich grundsätzlich auch für den Frisör in der Kleinstadt, darüber nachzudenken, den »Impact« bei seinen Kunden dauerhaft zu erhöhen.

Incentive-Marketing
Wird meist von Agenturen gemacht, häufig auch Werbeagenturen. Hier handelt es sich um alle Varianten, Mitarbeiter der Vertriebsorganisationen zu motivieren, noch mehr und noch besser zu verkaufen. Man könnten den Begriff auch mit »Um-die-Wette-Marketing« übersetzen.

Ich-(Selbst-)Bewusstsein
Wissen und Erfahrung des Menschen, dass er alle Erlebnisse, Erfahrungen, Erinnerungen und Empfindungen individuell wahrnimmt, abruft und weiterverarbeitet.

Informationsmanagement
Im Rahmen der Kundenbindung bedeutet Informationsmanagement den Versuch, Daten und Informationen zu einzelnen Kunden und → »Anspruchsgruppen« nicht nur aus den vorhandenen vertrieblichen Daten zu gewinnen, sondern ganz gezielt Kundendaten zu → »erheben« und zu sammeln. Werden Informationen über Kunden so sinnvoll gemanagt, kann ein ganzheitliches Kunden-Informationssystem aufgebaut werden, das als Grundlage für wirkungsvolle Marketing-Aktionen im Sinne von → »Clienting« dienen kann.

Individualität
Einmaligkeit der Person als Inbegriff ihrer besonderen Merkmale, die im Spannungsfeld zwischen Anpassung und Selbstverwirklichung so weit wie möglich erhalten bleiben sollten. Kunden und → »Anspruchsgruppen« werden in Zukunft immer individueller anzusprechen sein, wenn Marketing erfolgreich sein soll.

Intention
Absicht, die hinter allem Erleben, Verhalten und Handeln steht.

Interesse
Neigung des Menschen, sein Verhalten und Handeln auf bestimmte Erlebnisse, Tätigkeiten oder Objekte zu richten, die einen subjektiven Wert für ihn haben.

Intrinsisch motiviert
Dies bedeutet eine so genannte »Primärmotivation«. Intrinsisch motiviert sind Menschen, wenn sie aus einem tatsächlichen inneren Antrieb etwas tun oder lassen und ihre Entscheidungen treffen. Zum Beispiel ist jemand intrinsisch motiviert, der ein Produkt wegen seiner Qualitäten erwirbt, von denen er innerlich überzeugt ist. Wenn es einem Anbieter gelingt, seine Kunden so an sich zu binden, dass sie seine Leistungen »intrinsisch motiviert« in Anspruch nehmen, ist er dem Druck seiner Wettbewerber kaum mehr ausgesetzt.

Kaizen
Das Wort stammt aus dem Japanischen und beschreibt so etwas wie »Vervollkommnung«, das ständige Streben nach dem Perfekten. Der Tenor liegt hier auf »ständig«. »Kaizen« stößt einen Verbes-

serungsprozess an, der im Prinzip niemals abgeschlossen ist und nicht etwa mit Erreichung eines bestimmten Qualitätsstandards endet. Der Begriff »Kaizen« steht in engem Zusammenhang mit der Einführung des → »Total Quality Management«.

Key Account Manager
In der wörtlichen Übersetzung bedeutet der Begriff: »Schlüssel-Rechnungs-Manager«. Im übertragenen Sinne ist damit derjenige Mitarbeiter gemeint, der sich um die »Schlüsselkunden« des Betriebes kümmert, also um die Kunden mit hohem → »Customer Value«. Ein Beispiel wäre die Firma DURACELL Deutschland, ein Anbieter von hochleistungsfähigen Batterien. DURACELL beschäftigt nicht nur Vertriebsmitarbeiter, die sich um den Facheinzelhandel, um die Cash+Carry-Märkte oder um den Großhandel kümmern, sondern auch »Key Account Manager«. Diese kümmern sich intensiv um diejenigen Kunden, mit denen großvolumige Rahmenverträge abgeschlossen sind, zum Beispiel die METRO GRUPPE, KARSTADT, KAUFHOF, MARKTKAUF usw.

Korrelation
Abhängigkeit von mindestens zwei zufälligen Einzelparametern zueinander. Zum Beispiel das Präferieren einer bestimmten Automarke bei bestimmten Persönlichkeitsmerkmalen und Umfeldbedingungen. Hier korrelieren dann zum Beispiel die Kunden-Merkmale »30 – 50 Jahre«, »höheres Einkommen«, »höhere Bildung«, »eher unkonventionell« etwa mit der Automarke SAAB. Für den Anbieter ist das Wissen um solche Korrelationen sehr wertvoll, da er sich so Kundeninformationen erschließen kann. Da diese Abhängigkeiten und Beziehungen nicht mit logischer Notwendigkeit auftreten, müssen sie in einer Art »Versuch-und-Irrtum-Verfahren« aufgefunden und aus der Menge der vorliegenden Daten ausgesondert werden.

Merchandising
Das Wort »merchand« bedeutet »Kaufmann«. Die Verlaufsform »Merchandising« bedeutet also etwa »der Kaufmann verkauft«. Und so benutzen die amerikanischen Marketing-Leute den Begriff auch. In den USA versteht man unter »Merchandising« alles, was mit verkaufen zu tun hat. In der Bundesrepublik wird der Begriff eingeschränkter für die Vermarktung von Zusatznutzenangeboten verwendet.

Unter »Merchandising« verstehen die bundesdeutschen Marketing-Spezialisten die Vermarktung aller möglichen Zusatzprodukte, die mit dem eigentlichen Produkt oder dem eigentlichen Leistungsangebot zwar etwas zu tun haben, aber im Kern eigenständige Nutzenvorstellungen der Verbraucher ansprechen. Hier wird das Hauptprodukt dann zum »Trailer« (Zugpferd) für die Nebenprodukte. Siehe auch → »Cross-Selling«.

Motivation
Der Antrieb, eine Sache zu tun oder zu lassen. Man unterscheidet sieben wesentliche Motivationshaltungen auf die sich alle andern Motivationen zurückführen lassen, das heißt, sieben wesentliche Gründe, etwas zu tun oder zu lassen, z.B etwas zu kaufen oder nicht zu kaufen. Streben nach: 1. Sicherheit, 2. Prestige, 3. Neugier und Entdeckung, 4. sozialem Engagement, 5. Bequemlichkeit, 6. Gesundheit, 7. Gewinn- und Bereicherung.

Alle Antriebe sind gleich stark. Wenn es einem Anbieter gelingt, zu erkennen, welche Motive im Rahmen des Kaufentscheidungsprozesses seiner Kunden maßgeblich sind, und diesen zu entsprechen, wird er einen hohen Grad an Kundenbindung erreichen.

One-to-One-Marketing
Begriff des populären amerikanischen Marketing. Don Peppers schrieb das Buch »Die One-To-One-Zukunft«. Er meint damit, dass die Firmen sich zentral um jeden einzelnen Kunden kümmern müssen. Peppers spricht nicht mehr von Marktanteilen, sondern von Kundenanteilen usw. Er propagiert, dass sich eine Firma am Markt so zu verhalten habe, dass ein jeder Kunde das Gefühl hat, er sei der einzige. Diese Haltung des kundenzentrierten Marketings findet sich in unterschiedlichsten Begriffen wieder, so zum Beispiel in → »Clienting«, → »Customer Satisfaction« usw. Insoweit ist die Idee des Don Peppers nicht neu. Erste Ansätze des kundenzentrierten Marketings erschienen in Deutschland bereits in den Jahren 1984 – 1988, konnten sich aber kaum durchsetzen.

Point of Sale
Sinngemäß gemeint ist der »Punkt des Verkaufs«. Das bedeutet den Ort, wo der potenzielle Kunde oder der bereits kaufende Kunde mit dem Produkt in Berührung kommt. Zum Beispiel in der Fachabteilung eines Warenhauses oder im Supermarkt.

Rolle
Der Begriff aus der Sozialpsychologie bezeichnet die mehr oder weniger bewusste, freiwillige oder durch äußere Umstände erzwungene Art und Weise, in der sich ein Mensch in einer bestimmten Situation in einer bestimmten Gruppe verhält; das richtet sich unter anderem nach der Stellung, die er innerhalb der Gruppe einnimmt, und nach den Erwartungen, die andere Mitglieder der Gruppe an ihn richten. In der Regel verlangt rollenkonformes Verhalten also immer Anpassung und schränkt so die freie Selbstentfaltung ein. Das Kaufverhalten von spezifischen Kundengruppen wird sehr stark von ihrem jeweiligen Rollenverständnis bestimmt.

Soziale Erwünschtheit
Ein Begriff aus der Soziologie und Psychologie. Soziale Erwünschtheit bezeichnet das Phänomen, dass innerhalb von bestimmten Gruppen- oder Rollenbezügen ganz bestimmte Normen, Werte, Vorstellungen und Verhaltensweisen gefordert werden. Verstößt ein Gruppenmitglied gegen diese Forderungen, muss es mit Sanktionen rechnen. Beispielsweise ist es unter Gruppen von Jugendlichen sozial erwünscht, nur Schuhe oder Kleidung einer bestimmten Marke zu tragen.

Da sich die Märkte in immer kleinere Teilmärkte und Marktnischen aufgliedern, stellt sich im Marketings zunehmend die Notwendigkeit, im Rahmen des Katalogs der Anforderungen an soziale Erwünschtheit von immer kleineren und spezifischeren Anspruchs- und Kundengruppen zu agieren.

Status
Der Status umfasst die Zugehörigkeit eines Menschen zu einer sozialen Klasse innerhalb der Gruppe und Gesellschaft und definiert sich hauptsächlich über Ausbildung, Beruf und Einkommen, darüber

hinaus aber auch noch über Alter und Geschlecht.

Transaktionskosten
Unter einer »Transaktion« versteht man in der Psychologie sämtliche Akte verbaler und non-verbaler Kommunikation, die zwischen mindestens zwei Kommunikationspartnern stattfinden. Einfacher ausgedrückt: »Transaktion« ist alles, was an Kommunikation zwischen mir und dem Kunden stattfindet, also Werbung in den Medien, persönlicher (personalisierter) Verkauf, Verkaufsgespräche, PR, Akquisitionsgespräche usw. Planung, Durchführung und Kontrolle dieser Aktivitäten sind natürlich mit Kosten verbunden.

»Transaktionskosten« sind demnach alle die Kosten, die ursächlich damit im Zusammenhang stehen, dass der Kunde letztendlich den Nutzen meiner Leistung erfährt, versteht und akzeptiert. Und diese Kosten können ganz erheblich sein. Zum Beispiel hatte die Automarke *Deewo*, noch bevor überhaupt der erste *Deewo* im bundesdeutschen Markt auftauchte, das Land schon mit einer Masse von Plakaten überzogen: »Deewo und Du«. Zusätzlich wurden aufwändige Werbespots geschaltet, Werbung in den Printmedien platziert usw. Diese Vorlaufkosten, die entstanden sind um die Marke einzuführen, gehören damit ebenfalls zu den Transaktionskosten.

Total Quality Management (TQM)
Unter diesem Begriff verstehen die Marketing-Leute etwa das Gleiche, wie die Techniker und Ingenieure. Der Begriff beschreibt die totale Qualitätskontrolle im Sinne kaum mehr steigerbarer Qualität. Eine Qualitätsprüfung erfolgt dabei nicht mehr lediglich nach der Fertigung oder der Leistungserbringung, sondern schon während des gesamten Leistungserstellungsprozesses. So werden Fehlerkosten nachhaltig reduziert. Hand in Hand mit der Einführung von »TQM« in immer mehr Produktionsbetrieben geht die ISO-Zertifizierung nach den 900er-Normen.

Unique Communication Proposition (UCP)
Einmaligkeit der kommunikativen Voraussetzung; in der Werbung auch »Claim« genannt. Gemeint ist die unverwechselbare Werbebotschaft eines Anbieters, die sich wie ein roter Faden durch alle Kommunikationsmaßnahmen hindurchzieht und gewissermaßen die Kernkompetenz des Leistungsangebotes sprachlich auf den Punkt bringt. Der UCP wird aber auch in der Leitlinienphilosophie von Unternehmen benutzt, um die wesentliche Kernkompetenz des gesamten Unternehmens nach außen zu formulieren. Zum Beispiel: »Ford, die tun was.« oder: »Opel, wir haben verstanden.« usw.

Unique Selling Proposition (USP)
Bedeutet in der sinngemäßen Übersetzung: »Einmaligkeit der Verkaufsvoraussetzung«. Auch »Alleinstellungsmerkmal« genannt. Der »USP« umfasst also die Merkmale (oder *das* Merkmal) eines Angebotes, die es aus der Menge ähnlicher Angebote herausheben und zu etwas Besonderem machen.

Hinter dem »USP« steht die weit reichende Frage: Warum eigentlich soll irgendjemand *mein* Produkt kaufen oder *mein* Leistungsangebot in Anspruch nehmen – und nicht das Angebot des Wettbewerbers. Unternehmen, die für ihre Produkte oder

Leistungen einen für den Anwender oder Verbraucher nachvollziehbaren und auch glaubhaften »USP« entwickelt haben, sind im Markt in der Regel auch erfolgreich.

Verhalten
Gesamtheit der Aktivitäten eines Menschen oder einer Gruppe von Menschen. Im Marketing ist besonders das spezifische Kauf- und Konsumverhalten bestimmter Kundengruppen von Interesse.

Verhaltensänderung
Eine Veränderung von Verhalten ist immer → »intrinsisch motiviert«. Das bedeutet, dass der Betreffende seine Wertevorstellungen in Bezug auf ein bestimmtes Verhalten geändert hat.

Vorurteil
Vorgefasste Meinung gegenüber einzelnen Menschen oder Gruppen (oft handelt es sich um Minderheiten).

Werteregal
Die Summe von verschiedenen ethisch-moralischen und sozial-kulturellen Wertvorstellungen (im übertragenen Sinne ein Regal von Wertevorstellungen im Kopf von Menschen), die in ihrer Gesamtheit auf ein typisches Verhaltensmuster schließen lassen.

Wertvorstellung
Darunter versteht man ethische, moralische, soziale und auf andere Werte bezogene Vorstellungen von Menschen. Zum Beispiel kann ein Markenprodukt mit spezifischen Werten besetzt sein. Mit je positiveren Werten ein Produkt oder eine Leistung verbunden wird, umso wertvoller wird sie für den Kunden. Wertevorstellungen müssen aber nicht notwendig positiv sein, sie können auch negativ besetzt werden.

Zielgruppe
Eine Gruppe von Personen (Konsumenten, Kunden), auf die eine Marketing-Aktivität »abzielt«. Es ist das Marketing-Ziel, diese Zielgruppe zu erreichen, im günstigsten Fall zu kaufenden Kunden zu machen. Die möglichst genaue Definition der »Zielgruppe« (customer-group) ist eine wichtige Voaussetzung dafür, dass eine beabsichtigte Werbekampagne erfolgreich erledigt werden kann.

Der Begriff »Zielgruppe« ist schon sehr lange in Gebrauch. Die ganz aktuellen und Clienting-orientierten Marketing-Leute mögen diesen Begriff nicht so sehr. Sie reden eher von »Kundengruppendefinierung« oder → »Anspruchsgruppen«.

Stichwortverzeichnis

Aktion 124
Anspruchsgruppe 96
Anspruchsniveau 67
Arbeitslosigkeit 39
Arztpraxis-Clienting 163
Ausgangssituation 134
Authentizität 37
Autohaus-Clienting 154 ff.
Baubetrieb-Clienting 148 ff.
Bedeutungswandel 35
Benchmarking 145
Beschwerdemanagement 79 ff.
Beziehung, aktivierte 95
Beziehungsgeflecht 93
Bringschuld 123
Call-Center 30
Chancen-Manager 40
Claim 49
Client 22
Clienting 22
Clienting-Strategie 132 ff.,
Cluster 120
Corporate Design 51, 152
Cross-Selling 118
Customer Care Management 25
Customer Lifetime Value 28
Customer Value 142
Datenkumulation 101
Denkansatz, neuer 24
Dialektik 65
Dialektische Methode 64 ff.
Dienstleistung 24 ff.

Dienstleistungs-gesellschaft 27
Dienstleistungswüste 26
Diskontinuität, neue 18, 32
Einfühlungsvermögen 86
Empfehlungsmanagement 93 ff.
Erlebnisgastronomie 160
Erlebnistrend 35
Erlebniswelt, geplante 37
Erwartungshaltung 98
Erwünschtheit, soziale 37
Eventmanagement 124 ff.
Eventmarketing 126 ff.
Fertigungs-Know-how 30
Gaja-Trend 34
Gastronomie-Clienting 160 f.
Gießkannen-Marketing 57
Glaubwürdigkeit 33
Gruppe, soziale 58
Handeln, ökologisches 34
Händlerbetreuer 156
Handlungsmotiv 70, 73 ff.
Herrschaftswissen 123
High-tech 36
High-touch 36
Human Resources Management 40
Inbound-Marketing 42
Industriegesellschaft 28
Information, richtige 98; sinnvolle 107 ff.

Informationsgefüge, systemisches 99
Informationsgesellschaft 28
Informationsmanagement 97 ff.
Informationsstand 119
Informations-übersättigung 57
Informationswert 123
Kaizen-Prinzip 59
Kann-nicht-Problem 86
Key Account Manager 61
Konfetti-Generation 35
Konsumprozess 36
Korrelation 100 ff.;
 multivariable 104;
 negative 104;
 positive 104;
 sinnvolle 102, 113 f.
Korrelieren 100 ff.
Kriterium, wertbezogenes 40
Kunde 22;
 hochwertiger 142;
 interner 89;
 multidimensionaler 43
Kunden-Datensatz 101
Kunden-Informations-management 97 ff.
Kundenansprache, individuelle 57
Kundenbarometer 80
Kundenbindung, lebenslange 53
Kundenbindungs-management 54
Kundendatei 83

Stichwortverzeichnis

Kundenerfolg 144
Kundenerfolgsmanagement 61 ff.
Kundengruppen-Manager 62
Kundengruppendifferenzierung 52
Kundeninformation 59
Kundenkümmern 25
Kundennutzen 49, 69 ff.
Kundenportfolio 63, 138
Kundensprache, individuelle 66
Kundenverlust 55
Kundenzufriedenheit 80, 98
Kundenzufriedenheitsgrad 101
Kundenzufriedenheitskultur 28
Kundenzufriedenheitsmanagement 52
Lebensqualität 36
Leitmotiv 74
Leitungsstruktur, betriebliche 138
Low Value Customer 142
Loyalitätsbereich 63
Loyalitätsmanager 64
Mailing 58
Management by Exception 89
Marketing-Dialektik 64 ff.
Marketing-Trend 31 ff.
Marketingziel, strategisches 139
Marktnische 40

Massenanschreiben, undifferenziertes 67
Merchandising 124 ff.
Merkmalsausprägung 63
Meta-Plan-Technik 120
Motivansprache 73
Motivationsniveau 66
Nachhaltigkeit, ökologische 34
Nähe, emotionale 36
Negativ-Multiplikator 81
Netz, soziales 41
Niedriglohnjob 25
Normvorstellung 38
Nutzenargument 76
Organisationsstruktur, betriebliche 137
Outbound-Marketing 42
Parameter, persönliche der Mitarbeiter 105
Patientenstamm-Marketing 164
Patienting 163
Portfoliomanager 63
Preis 48
Produkt, austauschbares 52
Produktdifferenzierung 52
Produktleistung 36
Produktmanagement 52
Produktmerkmal 69
Produktpalette, multidimensionale 133
Prognoseunsicherheit 40
Reklamation 84
Servicequalität, mangelnde 55
Standardisierung 140

Subunternehmer 152
System, betriebliches 100
Teilmarkt 40
Total Quality Management 149
Trailer 124
Trend, soziokultureller 43
Umfeld, soziales 134; wirtschaftliches 134
Unique Communication Proposition (UCP) 49 ff.
Unique Selling Proposition (USP) 44 ff.
USP-Frage 45
Verantwortung, regionale 33; soziale 33
Verhaltensmuster 37
Volksbank-Clienting 132 ff.
Vorbildfunktion 88
W-Frage 77, 91
Werbebotschaft 57
Werbeetat 19
Werte-Aura 36
Wertewandel 35, 42 ff.
Wertvorstellung 38, 41 ff.
Wettbewerbssituation 136
Will-nicht-Problem 86
Zertifizierung 30
Zuhören, aktives 91
Zusatzangebot 63
Zweiklassengesellschaft 39 f., 43, 58

Das professionelle 1 x 1

Marketing, Werbung, Kommunikation, Verkauf – sie gehören zu den Faktoren, die den Erfolg eines Unternehmens mit bestimmen – bei jeder Firmengröße und in jeder Branche. Die Bände dieser neuen Reihe liefern zu griffigen Themen handfeste Informationen und Tipps. Nicht als bloße Rezepte, sondern mit knapper Theorie, umfassender Praxis, immer mit Beispielen und, wo es sich anbietet, mit Checklisten.
Angesprochen werden Anfänger/innen im Job, Selbstständige und auch alle, die sich in Akademien aus- und fortbilden und dafür praxisbezogen Literatur suchen.

BISHER SIND ERSCHIENEN:

Dieter Herbst
PUBLIC RELATIONS
1997. 180 Seiten.
Kartoniert. Mit teils farbigen Beispielen
24,80 DM
ISBN 3-464-490319

Joachim W. Steuck
GESCHÄFTSERFOLG IM INTERNET
1998. 176 Seiten.
Kartoniert.
24,80 DM
ISBN 3-464-49015-7

Mike Barowski
TEXTGESTALTUNG
1997. 176 Seiten.
Kartoniert. Mit zahlreichen, teils farbigen Beispielen
24,80 DM
ISBN 3-464-49033-5

Klaus Schwantes
ZEITARBEIT
1998. 172 Seiten.
Kartoniert.
24,80 DM
ISBN 3-464-49042-4

R. Llewellyn · A. Staar
ERFOLGREICH SELBSTSTÄNDIG
1997. 184 Seiten.
Kartoniert.
24,80 DM
ISBN 3-464-49029-7

IN VORBEREITUNG
Jörg Brandt u.a.
AKTIV VERKAUFEN – BESSER VERKAUFEN
1998. 176 Seiten.
Kartoniert. 24,80 DM
ISBN 3-464-49036-X

Dieter Herbst
CORPORATE IDENTITY
1998. 176 Seiten.
Kartoniert. Mit teils farbigen Beispielen
24,80 DM
ISBN 3-464-49032-7

IN VORBEREITUNG
Gerhard Kunz
DIREKT-MARKETING
1998. 176 Seiten.
Kartoniert. Mit teils farbigen Beispielen. 24,80 DM
ISBN 3-464-49039-4